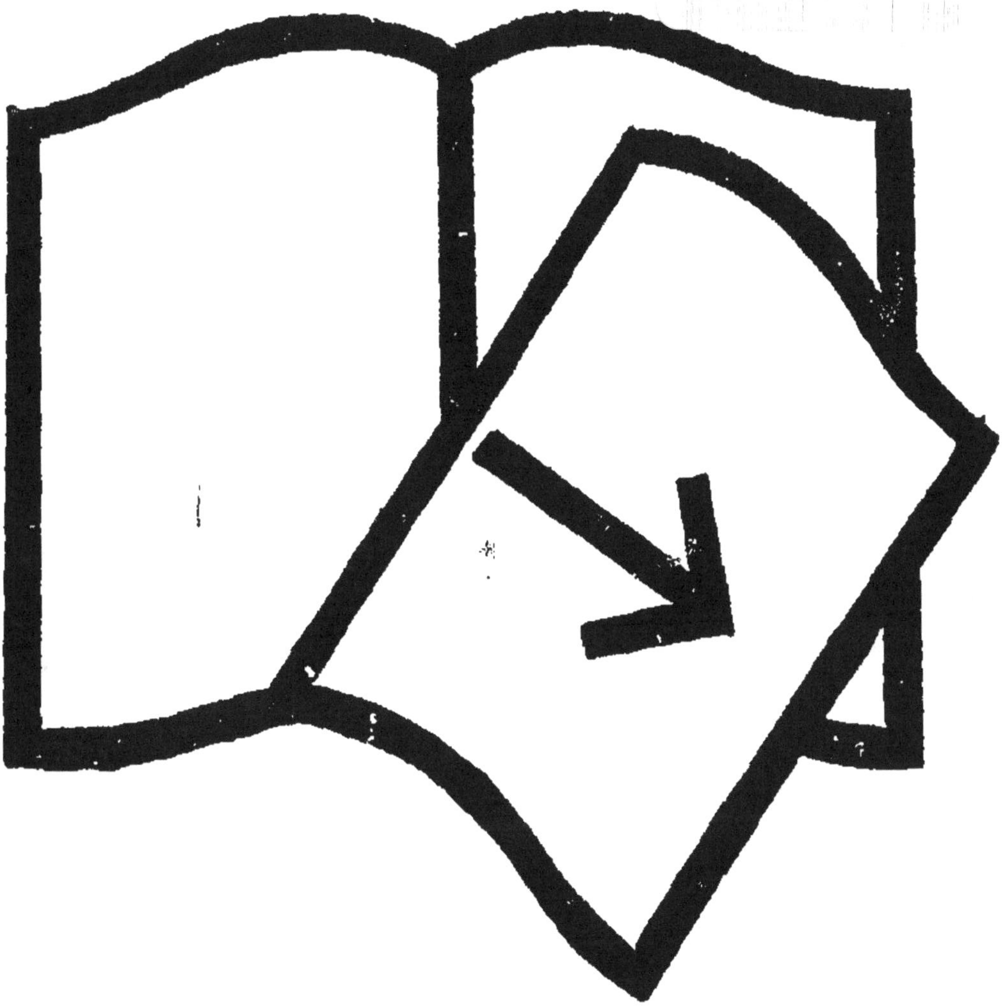

Couvertures supérieure et inférieure manquantes.

LA TUNISIE

A LA MÊME LIBRAIRIE

AUTRES OUVRAGES DE M. J.-L. DE LANESSAN

L'Expansion coloniale de la France, étude économique, politique et géographique sur les établissements français d'outre-mer, 1 vol. in-8° de la *Bibliothèque d'histoire contemporaine*............ 12 fr.

Le Sapin, introduction à la botanique, 1 vol. in-8° de la *Bibliothèque scientifique internationale*, avec figures dans le texte, cartonné à l'anglaise... 6 fr.

AUTRES OUVRAGES SUR LES POSSESSIONS FRANÇAISES

L'Algérie, par Maurice Wahl, ancien professeur d'histoire et de géographie au lycée d'Alger, 1 vol. in-8°................. 5 fr.

L'Algérie, impressions de voyages, par M. J. Clamageran, sénateur, 1 vol. in-12, 2° édition, avec une carte.............. 3 fr. 50

Les Peuples de l'Afrique, par R. Hartmann, 1 vol in-8° de la *Bibliothèque scientifique internationale*, avec figures dans le texte, 2° édition, cartonné à l'anglaise................................ 6 fr.

Les Colonies françaises, par P. Gaffarel, professeur à la faculté des lettres de Dijon, 1 vol. in-8°, 3° édition............ 5 fr.

LA TUNISIE

PAR

J.-L. DE LANESSAN

Député de la Seine

AVEC UNE CARTE EN COULEURS DANS LE TEXTE

PARIS
ANCIENNE LIBRAIRIE GERMER BAILLIÈRE ET Cⁱᵉ
FÉLIX ALCAN, ÉDITEUR
108, BOULEVARD SAINT-GERMAIN, 108
—
1887
Tous droits réservés.

LA TUNISIE

CHAPITRE PREMIER

Le sol, le climat et la population

Pour donner à mon travail toute la clarté désirable, il me paraît nécessaire de commencer par un exposé succinct des caractères que présentent le sol, le climat et la population de la Tunisie.

Avec une superficie généralement évaluée à onze ou douze millions d'hectares, c'est-à-dire ayant un peu moins du quart de la France, la Tunisie présente à peu près la forme d'un grand rectangle baigné par la mer au nord et à l'est, où ses bords sont creusés d'un grand nombre de golfes ou de baies, contigu par son bord occidental à la province algérienne de Constantine, et se fondant au sud dans les espaces déserts du Sahara.

Dans le nord, se trouvent deux massifs montagneux, distincts par les caractères géologiques et par la végétation qui les couvre, formés par le prolongement des chaînes du Tell et du Sahara qui traversent de l'ouest à l'est toute la partie septentrionale de l'Afrique. Les arêtes principales de ces deux chaînes de montagnes sont dirigées du sud-ouest au nord-est, la plus septentrionale allant se terminer au nord du golfe de Tunis à la hauteur du cap ou Ras El Abiad, tandis que la plus méridionale se prolonge au sud du golfe de Tunis jusqu'au sommet de la presqu'île du cap Bon. Dans la partie occidentale de la Tunisie, ces deux arêtes principales sont réunies par des arêtes secondaires très nombreuses, de manière à former un massif en apparence unique, dont on ne peut aisément distinguer les deux parties constituantes que par les caractères géologiques, le grès dominant dans la partie qui sert de prolongement au Tell algérien, tandis que les roches crétacées caractérisent celle qui appartient à la chaîne saharienne et qui fait suite au massif algérien du Djebel Aurès.

Dans le nord-est de la Tunisie, les deux systèmes de montagnes sont plus distincts; ils sont séparés par deux grandes vallées qui s'étendent de l'ouest à l'est jusqu'aux environs de Tunis et dans lesquelles tombent deux rivières ayant de l'eau en tout temps : la Medjerdah et la Milianah.

Dans le sud-ouest, les montagnes sont moins hautes que dans le sud, et encore moins régulièrement disposées; elles envoient vers le sud des prolongements qui contournent à l'est le grand chott El Djerid et vont se terminer dans les montagnes des Metmatas, entre Gabès et Zarzis.

C'est seulement dans la partie supérieure du massif montagneux dont nous venons de parler que se trouvent les forêts de la Tunisie, chacun des divers éléments géologiques de ces montagnes portant des essences forestières spéciales. Dans toute la partie tellienne, qui est formée de grès, les forêts sont composées de chênes « zen » et de chênes-lièges. Ces deux espèces d'arbres manquent, au contraire, absolument dans la partie du massif qui est formée de roches calcaires; ils y sont remplacés par le chêne vert et le pin d'Alep.

La partie la plus élevée de la région montagneuse de la Tunisie est celle qui confine, dans le nord-ouest, à la province de Constantine et qui a reçu le nom de Kroumirie. C'est là aussi que se trouvent les plus belles forêts de chênes « zen » et de chênes-lièges. Le massif de la Kroumirie fait suite à celui de Beni-Salah de la province de Constantine ; il est traversé par la Medjerdah, qui va prendre sa source sur le territoire algérien aux environs de Souk-Ahras, et à laquelle il fournit un grand nombre d'affluents. Il est formé de deux chaînes principales séparées par la Medjerdah, courant comme cette dernière de l'ouest à l'est, et se complétant par un grand nombre de chaînes secondaires plus ou moins parallèles entre elles. Les grès qui forment ce massif surgissent, en cent endroits, des flancs des montagnes, en pitons dressés à pic sur les bords de ravins profonds ou de vallées étroites, que sillonnent pendant l'hiver d'impétueux torrents. Les sommets de la plupart de ces montagnes sont couverts de magnifiques chênes « zen » (*Quercus Mirbeckii* Dr.) sur les flancs exposés au nord, et de chênes-lièges (*Quercus Suber* L.) sur ceux qui regardent le sud. Les forêts s'étendent sur tous les sommets montagneux de la région des Kroumirs, des Nefza et des Mogods, jusqu'au bord de la Méditerranée. La base des montagnes qui les portent est couverte d'arbustes qui se trouvent aussi dans les vallées intermédiaires. Ces dernières sont d'une grande fertilité, mais elles sont encore peu cultivées. Du reste, dans toute la région montagneuse de la Tunisie, les habitants sont rares et présentent un degré de civilisation inférieur à celui des indigènes des grandes et fertiles plaines de la Medjerdah, de la Milianah, des environs de Tunis, de la presqu'île du cap Bon et de l'est.

A mesure qu'on avance de l'ouest à l'est ou qu'on descend vers le sud-ouest, la hauteur des montagnes diminue et les forêts disparaissent. On ne trouve ces dernières que dans quelques points peu nombreux que nous croyons utile de signaler ici, afin de n'avoir pas à y revenir. Au sud de Ghardimaou, entre Sidi-Yousef et le Kef, se trouvent des forêts de chênes verts et de pins d'Alep ; il en existe d'autres des mêmes essences dans les montagnes de Zaghouan, d'où elles se prolongent vers le sud-ouest, aux environs de Kessera, de Djidjil, d'El Mekhita, entre le Djebel-Chansami et Haïdra, et dans le voisinage de Kasryn.

En dehors de ces points limités, les montagnes ne sont couvertes que d'arbustes plus ou moins rabougris ou même, plus souvent, de simples herbes.

Quant aux plaines de la région montagneuse de la Tunisie, elles sont presque partout formées d'une terre fertile, cultivée en bien des points par les indigènes, et presque partout susceptible de recevoir les soins de l'agriculteur et de lui payer avantageusement le travail qu'il y dépenserait. Les plaines de la Medjerdah, de la Milianah, celles qui entourent les lacs salés de Tunis et de Bizerte, portent les traces non seulement de la culture arabe moderne, mais encore des établissements agricoles plus anciens qu'y fondèrent, tour à tour, les Carthaginois et les Romains. C'est aussi dans cette contrée qu'ont été créés récemment la plupart des domaines agricoles français. Formées de terres d'alluvions déposées par les rivières et les torrents qui les sillonnent et qui souvent les inondent pendant l'hiver, ayant presque partout une couche d'eau souterraine peu profonde, ces plaines et les mamelons qui les bordent sont d'une admirable fécondité.

A l'est de la région montagneuse dont nous venons de tracer l'esquisse, s'étendent de vastes plaines, déprimées çà et là par des chotts dont les plus importants sont situés sur le parallèle de Gabès, dans la région où l'on a proposé de créer une mer intérieure qui s'enfoncerait jusqu'au sud du massif montagneux de l'Aurès algérien.

Les plaines orientales de la Tunisie n'offrent pas partout les mêmes caractères. On peut les diviser en deux régions que séparerait très exactement une ligne horizontale reliant Sfax à Feriana. Au nord de cette ligne, les pluies sont chaque année abondantes pendant l'hiver et permettent une culture régulière ; au sud, elles sont d'autant plus rares qu'on se rapproche davantage du Sahara.

C'est au nord de la ligne à laquelle nous faisons allusion, entre les montagnes et la mer, que s'étalent les magnifiques plaines et coteaux de l'Enfida, les plaines de Kairouan, irrigables par les eaux douces du lac Kelbia, plaines aujourd'hui en partie incultes, mais couvertes des traces des établissements agricoles qu'y fondèrent les Romains. C'est aussi dans cette région que se trouvent les magnifiques cultures d'oliviers du Sahel, sur un vaste triangle dont la base est entre Sousse et Mahédia, et le sommet à El-Djem. Sfax lui-même est entouré, dans un rayon de dix à douze kilomètres, de très beaux jardins d'oliviers, de figuiers, de grenadiers, etc., et Maharès, plus au sud, sur le bord du golfe de Gabès, paraît être susceptible de recevoir des vignobles.

Les plaines situées plus au sud sont d'une extrême aridité, ne recevant que peu de pluies et parfois seulement tous les deux ou trois ans; mais, presque partout, sauf au niveau des chotts, elles sont formées de terres cultivables, elles portent des herbes et servent de pâturages aux troupeaux.

J'insiste sur ce fait que, sauf dans les chotts et dans quelques parties où des bancs horizontaux de gypse se montrent à la surface du sol, les plaines du sud de la Tunisie sont susceptibles d'être cultivées; elles le sont même effectivement par les Arabes toutes les fois que se présente une année suffisamment pluvieuse; dans ces cas, malheureusement trop rares, elles produisent de superbes récoltes.

Certaines parties sont à peu près constamment exploitables grâce à l'alfa qui les couvre. D'autres présentent des plantations de dattiers, dont la plupart sont d'une grande richesse; nous nous bornons à citer, pour le moment, les oasis de toute la région du Djerid dont les dattes jouissent dans toute l'Afrique d'une grande réputation; celle de Gabès dont les dattes mûrissent insuffisamment et sont peu estimées, mais qui est rendue très pittoresque et très gaie par les cultures de légumes, de vignes, de grenadiers, etc., que les indigènes font à l'abri des dattiers. Tout à fait au sud, nous devons mentionner l'oasis de dattiers et surtout les plantations d'oliviers des environs de Zarzis, et les magnifiques jardins de l'île de Djerba. Dans ces derniers, les indigènes cultivent, depuis longtemps déjà, des vignes qui produisent d'excellents raisins de table, des figues, des amandes, des abricots, des pêches, etc.

On voit que le sud de la Tunisie est loin d'être absolument stérile et improductif. Ayant presque partout de l'eau à une faible profondeur, il pourrait, dans la plus grande partie de son étendue, être mis en culture si l'on savait amener les eaux à la surface.

Sauf dans les parties voisines du Sahara, la Tunisie reçoit chaque année des pluies en grande quantité; elle est même, à cet égard, plus favorisée que l'Algérie. Du reste, on a constaté que dans la partie septentrionale de l'Afrique les pluies sont d'autant plus abondantes qu'on s'avance de l'ouest à l'est, en partant du Maroc et en traversant successivement les provinces d'Oran, d'Alger et de Constantine jusqu'en Tunisie.

Dans la Régence, les pluies commencent avec l'automne, c'est-à-dire en octobre, et durent jusqu'en mars; elles sont surtout abondantes pendant les mois de décembre et de janvier, où règnent les vents d'ouest et de nord-ouest. Le thermomètre ne dépasse jamais alors 15° à 18°, et il descend parfois au-dessous de zéro. Dans la région montagneuse des Kroumirs, la neige persiste souvent pendant tout l'hiver.

Le printemps commence vers le milieu de mars et se prolonge jusqu'à la fin de mai avec une température de 18° à 25° centigrades et de rares pluies. Les chaleurs de l'été commencent à se faire sentir dans le courant du mois de juin; elles vont en augmentant jusque vers la fin d'août. Le thermomètre se maintient alors, d'ordinaire, entre 25° et 30° centigrades, mais il monte parfois au-delà de 40°, non seulement dans le sud-ouest, qui est la partie la plus chaude de la Tunisie, mais même à Tunis, où il se maintint, pendant une quinzaine de jours du mois d'août 1885, entre 45° et 49° ou 50°. La chaleur est surtout pénible lorsque souffle le vent du sud-est, que les colons européens désignent sous le nom de siroco. Il est rare que pendant l'été il tombe de la pluie. Il y a cependant parfois quelques orages de courte durée. Durant cette saison, les nuits sont généralement peu humides, sauf sur les bords de la mer ; aussi les plantes se dessèchent-elles à partir du mois de juin avec une grande rapidité. De vertes et émaillées de fleurs qu'elles étaient au printemps, les vastes plaines de la Tunisie prennent alors un aspect jaune ou grisâtre qui pourrait faire croire à leur infécondité, si l'on ne voyait à la surface du sol les traces des champs de blé et d'orge qui sont moissonnés par les indigènes dans la première quinzaine du mois de juin.

Le voyageur qui parcourt la Tunisie en été est étonné de voir, au milieu de plaines dont les herbes sont desséchées ou pour mieux dire rôties par un soleil que ne voile presque jamais aucun nuage, se dresser des buissons de jujubiers sauvages, de lentisques, etc., d'un vert éclatant, et il admire la vigueur des oliviers et la fraîcheur des vignes. Cette différence tient à la présence d'une couche d'eau souterraine qui entretient la fraîcheur du sol dans les parties profondes où s'enfoncent les racines des arbres et des arbustes, tandis que la surface, où vivent les herbes, est brûlée par le soleil. Ainsi s'explique la prospérité des oliviers et de la vigne dans des régions où il ne tombe pas une goutte d'eau pendant sept mois de l'année, et où les rosées de la nuit sont peu abondantes, sinon même à peu près nulles.

A cette esquisse du sol et du climat de la Tunisie, nous devons ajouter quelques traits pour donner une idée des habitants. On a généralement en France une idée assez fausse de la nature de ces derniers. Prenant l'Algérie comme terme de comparaison et ne tenant compte que du voisinage des deux pays, on est tenté de croire que les populations de la Tunisie sont semblables à celles de l'Algérie. Il existe, au contraire, des différences profondes entre les habitants de ces deux parties contiguës de notre domaine colonial.

Ce qui domine en Tunisie, ce n'est pas l'Arabe pur, mais le Maure, c'est-à-dire un type créé par le mélange, depuis un grand nombre de générations, du sang arabe avec celui de toutes les races et variétés humaines qui bordent la Méditerranée. Les Maures forment avec les Juifs, dont l'origine n'est pas moins obscure, la presque totalité des populations des villes. Ces deux catégories d'indigènes, très semblables par les caractères physiques, ne se distinguent que par la religion, par les habitudes sociales qui en découlent et par le genre d'occupations auxquelles ils se livrent, les Maures étant propriétaires, fermiers et commerçants, tandis que les Juifs font partout le trafic de l'argent.

Quant aux gens des campagnes, soit qu'ils vivent à l'état plus ou moins nomade dans des gourbis en branches ou sous la tente, soit qu'ils habitent les villages permanents qui existent en grand nombre dans toutes les parties fertiles et régulièrement cultivées de la Tunisie, ils appartiennent en majeure partie au type berbère. On trouve ce type non seulement dans le nord, où il est presque seul, mais même dans l'extrême sud de la Tunisie, parmi les tribus errantes des frontières de la Tripolitaine. L'Arabe pur, l'Arabe n'ayant d'autre occupation que la guerre et le pillage, l'Arabe haineusement fanatique, uniquement pasteur et nomade, ne se livrant à aucune culture, cet Arabe-là n'existe pour ainsi dire pas en Tunisie. La plupart des tribus tunisiennes auxquelles dans le pays on donne le nom de nomades ne le sont, en réalité, qu'à moitié. Les tribus des grandes plaines du Sud, qui, plus que les autres, mériteraient cette épithète, sont toutes composées de familles se livrant à la fois à la culture et à l'élevage des bestiaux (bœufs, moutons, chèvres ou chameaux). Quand l'année est pluvieuse dans le Sud, elles labourent la terre de cette région, l'ensemencent de blé ou d'orge et attendent sur place la récolte. Lorsque celle-ci est terminée, elles font paître leurs troupeaux dans les champs moissonnés, remontant graduellement vers le Nord à mesure que le soleil dessèche leurs plaines. Quand le Sud ne reçoit pas de pluies pendant l'hiver, ce qui est malheureusement très fréquent, les mêmes tribus vont louer et cultiver dans le Nord des terres mieux arrosées sur lesquelles elles s'établissent avec leurs troupeaux. La plupart de ces tribus ont même des greniers permanents dans lesquels elles transportent après la moisson les grains qu'elles ont récoltés. Entre Gabès et Zarzis, sur la bande de terrain qui sépare la chaîne de montagnes des Metmatas de la mer, il existe un assez grand nombre de ces greniers. Ce sont des villages bâtis en pierres, avec des maisons à deux ou trois étages superposés. Au rez-de-chaussée habitent des familles sédentaires, parmi lesquelles un grand nombre de tisserands, de cordonniers et autres gens de métiers ; ces familles gardent les grains déposés par les familles nomades dans les étages supérieurs des maisons. Parmi ces villages-greniers, nous citerons surtout Kesseur-Métameur et Kesseur-Médénine, auprès desquels nous avons établi un poste militaire, sur la seule route par laquelle on puisse pénétrer du Sahara en Tunisie. Par ce poste, nous tenons à la fois la route stratégique du Sud et les vivres d'une partie des tribus de cette région.

Quant aux montagnes des Metmatas, elles sont habitées par une catégorie d'indigènes dont il faut connaître les mœurs et le caractère si l'on veut avoir une idée exacte du sud de la Tunisie. Ces populations, d'origine berbère probablement, mais parlant l'arabe, furent refoulées jadis par les nomades et se réfugièrent dans ces montagnes ; elles y ont, non pas bâti, mais creusé d'immenses villages, dont les habitants, hommes et bestiaux, sont logés dans les entrailles du sol. Les plus importants de ces villages, Hadedje et Metmata, notamment, comptent plusieurs milliers d'âmes. On estime à près de dix mille individus cette population de troglodytes. Comme les pluies sont extrêmement rares et que les montagnes des Metmatas sont peu fertiles, une partie de leurs habitants va chaque année dans le Nord louer et ensemencer des terres et faire paître les troupeaux. Situées sur la frontière du Sahara, ces populations sédentaires et éminemment pacifiques forment une barrière contre les invasions des tribus qui habitent un peu plus au Sud, dans la partie du désert tunisien qui se confond avec les déserts de la Tripolitaine. La protection des troglodytes des Metmatas doit donc être l'un des soucis de notre politique. Avec leur aide et l'occupation de la route que dominent Métameur au centre et Zarzis au sud, la Tunisie est complètement fermée aux tribus arabes véritablement nomades, pillardes et guerrières, qui écument le désert au delà de ses frontières naturelles.

Ce que nous venons de dire des habitants des campagnes de la Tunisie permet d'affirmer qu'en dehors de circonstances exceptionnelles, telles que des revers subis par la France en Europe et des excitations provenant du dehors, les colons français qui vont féconder de leur travail et de leurs capitaux les terres fertiles de la Tunisie peuvent espérer y jouir d'une entière sécurité. Si l'on se place à un point de vue général, celle-ci est encore accrue par la nature pacifique, je dirais volontiers indolente, des habitants des villes. Ceux-ci sont le produit d'une civilisation vieillie, plus raffinée que puissante ; ils songent bien davantage aux agréments et aux avantages nouveaux que notre présence peut leur procurer qu'aux froissements produits par un changement de régime qu'ils considèrent comme une inéluctable fatalité.

Avec les caractères que nous venons de tracer et la nature du sol sur lequel ils vivent, les indigènes réunissent à peu près toutes les conditions nécessaires pour jouir d'une réelle prospérité. Cependant les industries nationales se sont effondrées, à mesure que les mœurs s'amollissaient et que la civilisation répandue jadis dans le pays par les Romains allait en s'obscurcissant. L'agriculture elle-même perd chaque jour de son énergie sous l'influence des charges énormes dont elle est accablée.

Il me paraît intéressant et utile de tracer ici le tableau de l'état dans lequel se trouvaient l'agriculture, le commerce et l'industrie de la Tunisie au moment où la France est intervenue dans ses destinées. Cela rendra plus facile l'appréciation des efforts que nous avons déjà faits pour relever ce pays, et de ceux que nous avons encore à faire pour créer la prospérité et la puissance qu'il est en droit de réclamer en échange de la soumission qu'il nous témoigne.

CHAPITRE II

La situation de l'agriculture indigène

Je parlerai d'abord de l'état de l'agriculture tunisienne. C'est l'agriculture qui alimente le commerce et fait vivre l'industrie. C'est donc elle qu'il faut étudier en premier lieu, si l'on veut avoir une idée exacte de la situation économique d'un pays.

Il existe en Tunisie trois grandes cultures indigènes : celle des céréales, celle des oliviers et celle des dattiers, auxquelles il faut joindre celle que l'on appelle dans le pays « les jardins » : celle-ci comprend, avec les plantes maraîchères, une certaine quantité d'arbres et d'herbes qui fournissent des éléments à l'alimentation de l'homme ou des animaux et qui exigent des soins spéciaux et un arrosage régulier.

1° Culture des céréales

Sous le titre de culture des céréales, nous comprendrons surtout celle du blé dur et de l'orge. Les centres principaux de ces cultures sont : dans le Nord, les plaines de la Medjerdah, parmi lesquelles il faut citer la vaste vallée qui s'étend entre Béja et Ghardimaou sur une longueur de plus de quatre-vingts kilomètres et une largeur moyenne de cinq à six kilomètres; celle d'Utique, au voisinage de l'embouchure du fleuve dans le golfe de Porto-

Farina, les plaines de la Milianah, etc.; dans l'Est et le Sud, toute la partie du pays qui s'étend entre la mer et les montagnes.

Si toutes ces parties de la Régence recevaient régulièrement des pluies pendant l'hiver, toutes se prêteraient également à la culture des céréales, parce que toutes ont un sol suffisamment fertile. Mais, ainsi que nous l'avons dit plus haut, les pluies ne sont régulières qu'au nord d'une ligne transversale joignant Sfax à Feriana. C'est donc au nord de cette ligne que se trouve véritablement le grenier de la Tunisie.

Mais je dois noter que ce grenier est aujourd'hui bien pauvre relativement à ce qu'il a dû être à l'époque de l'occupation romaine. Des gourbis en branchages ou des tentes en toile brune sont aujourd'hui les seules manifestations de la vie agricole que l'on trouve dans une foule de lieux où se dressaient jadis les maisons en pierre des agglomérations romaines. Des surfaces immenses, des terres magnifiques ne portent que des chardons ou des broussailles; quant aux parties cultivées en blé ou en orge par les Tunisiens, elles ne sont jamais fumées et ne reçoivent qu'un labour insignifiant. Après les premières pluies de l'automne, les indigènes font passer dans les champs qu'ils veulent ensemencer une charrue de très petite taille qui ne fait que râcler le sol; puis ils sèment le blé ou l'orge et ne s'occupent plus de la terre que pour faire la moisson dans le courant du mois de juin. Ils coupent alors la partie supérieure seulement des tiges du blé ou de l'orge, laissant un chaume très haut qui servira de pâture aux bestiaux. Ils ne font ainsi que très peu de paille. Le dépiquage est fait avec un appareil qui paraît dater de l'époque carthaginoise.

Avec une semblable culture, le rendement des terres ne peut être que très peu considérable. On l'estime généralement à six hectolitres seulement par hectare. Aussi, la Tunisie fait-elle à peine assez de blé et d'orge pour la nourriture de ses habitants.

Les terres à céréales n'appartiennent pour ainsi dire jamais à ceux qui les cultivent. Ces derniers ne sont que des locataires temporaires ou des métayers d'une sorte particulière, auxquels on donne le nom de « khammès ».

Les locations ne sont faites d'ordinaire que pour un an, parfois pour deux ou trois années au plus. Le locataire n'a donc aucun intérêt à améliorer la terre de son propriétaire ; son insouciance à cet égard est si grande qu'il ne se donne même pas la peine d'arracher ou de couper les broussailles ; il les contourne avec la charrue, sans y toucher plus que si elles étaient sacrées. Si les broussailles sont formées de plantes que respectent les moutons, les bœufs et les chèvres, comme les jujubiers épineux et les lentisques, elles se multiplient à leur aise, envahissant chaque année une portion nouvelle du champ, qui ne tarde pas à être tout entier impropre à la culture. Beaucoup d'excellents terrains ont été ainsi perdus par la négligence des agriculteurs.

Lorsque les locataires sont indépendants, ils possèdent la charrue et les bœufs nécessaires au labour ; ils payent au propriétaire une certaine somme pour la location du terrain, ensemencent et récoltent à leurs frais et gardent toute la récolte. Ces sortes de cultivateurs sont peu nombreux.

La catégorie des khammès est beaucoup plus importante. Le khammès reçoit du propriétaire, pour la méchia de terre (environ dix hectares) qui lui est allouée, une paire de bœufs qu'il doit nourrir, entretenir en bon état, une charrue et la quantité de grain nécessaire à l'ensemencement. Il laboure le sol, le sème, fait la récolte avec le concours du propriétaire, dépique l'orge ou le blé, met la paille en meules et nettoie le grain. On prélève alors l'impôt, puis le propriétaire prend quatre cinquièmes de la récolte et en laisse un cinquième au khammès. Si l'on estime la récolte à six hectolitres par hectare ou soixante hectolitres par méchia de dix hectares et l'impôt au dixième (1), soit six hectolitres, la semence à un hectolitre par hectare, soit dix hectolitres pour la méchia ; il reste à partager entre le propriétaire et le khammès quarante-quatre hectolitres par méchia, dont le cinquième d'environ neuf hectolitres constitue la part du khammès. A douze francs l'hectolitre, le khammès retire de sa peine environ cent francs par méchia ensemencée.

Il est vrai que dans les bonnes années la récolte dépasse six hectolitres par hectare, et que le khammès peut cultiver pour son compte quelques légumes, s'il a de l'eau à sa disposition. Il est aussi propriétaire d'une vache, de quelques chèvres et de volailles qui vivent comme elles peuvent. Cependant, même dans les années de bonnes récoltes et en réunissant les conditions les plus favorables, son revenu est à peine suffisant. Aussi, quoique vivant de la façon la plus misérable, se trouve-t-il entraîné presque fatalement à devenir le véritable serf de son propriétaire.

Lorsque la récolte est bonne, il se tire d'affaire, grâce à une sobriété et à une simplicité de vie dont il est difficile de se faire une idée quand on n'a pas observé les choses directement. Son habitation est une hutte ou gourbi permettant à peine de se tenir debout et entouré d'un parc dans lequel est logé son bétail. Son lit est une natte ou une peau de mouton. Son vêtement se compose de loques et d'un burnous qui semble avoir servi à plusieurs générations. Les femmes sont vêtues d'une simple pièce de cotonnade bleue. Les enfants vont nus, ou peu s'en faut. Quant à la nourriture de la famille, elle se compose d'eau comme boisson, de galettes de semoule pétries par les femmes et cuites dans de petits fours en terre, d'huile rance dans laquelle on trempe légèrement le pain, et, une fois par jour seulement, de couscouss, avec, ou, plus souvent, sans viande. Celle-ci est

(1) On verra plus loin que l'impôt dépasse souvent de beaucoup le dixième du revenu.

représentée soit par des volailles maigres, soit par la viande ou simplement les intestins frais ou séchés au soleil du mouton ou du bœuf.

Grâce à cette vie de privations constantes, le khammès peut, quand la récolte a été bonne et s'il est industrieux, s'il sait, par exemple, ajouter à son revenu normal le prix d'un peu de beurre fabriqué par les femmes, il peut, dis-je, attendre la récolte suivante. Mais lorsque l'année est mauvaise, c'est-à-dire lorsque la pluie a été trop rare, il a vite consommé sa maigre part de grain; il s'adresse alors à son propriétaire, qui est tenu par la coutume de lui faire des avances, mais auquel, à partir de ce jour, il sera presque indissolublement lié. Comment, en effet, pourrait-il rembourser les cent ou cent cinquante ou deux cents francs qui lui seront donnés en acompte sur la récolte future? Désormais le khammès est un serf; il ne pourra quitter le propriétaire auquel il doit et se lier à un autre qu'à la condition que celui-ci rembourse au premier sa créance.

L'influence d'un pareil état de choses sur le régime économique du pays en général et sur son agriculture en particulier ne peut être que funeste.

Le khammès n'ayant aucune chance de devenir propriétaire du sol, ne pouvant même pas caresser l'espoir de se libérer vis-à-vis du propriétaire à l'aide de la maigre part que celui-ci lui abandonne sur la récolte, le khammès, dis-je, ne fait aucun effort pour améliorer la terre et se laisse volontiers aller à ne faire que la somme de travail tout à fait indispensable pour assurer sa subsistance. Tout au plus, s'il est particulièrement laborieux, fera-t-il des efforts pour élever une vache, quelques chèvres et des volailles, et pour cultiver le jardinet dont le propriétaire lui abandonne, d'ordinaire, la jouissance exclusive.

D'autre part, comme le propriétaire retire de sa terre, sans efforts et à peu près sans dépense, un revenu relativement considérable, il ne se préoccupe pas plus que le khammès des moyens d'augmenter le rendement du sol.

De là le mauvais état de la plupart des terres à céréales de la Tunisie, la négligence apportée dans le labour, l'absence absolue de fumure et de sarclages ; de là, en un mot, la situation déplorable de l'agriculture dans un pays où sont réunies la plupart des meilleures conditions pour qu'elle soit très prospère.

Nous rechercherons plus loin quels sont les moyens qu'il serait utile d'employer pour remédier à cet état de choses.

2° Culture des oliviers

La seconde grande culture indigène de la Tunisie est celle de l'olivier.

Les localités dans lesquelles les oliviers sont cultivés sur une vaste échelle sont : les environs de Tunis et de Bizerte, la partie inférieure de la presqu'île du cap Bon, le Sahel, les environs de Sousse, de Sfax, ceux de Gafsa, de Zarzis et l'île de Djerba. Nous ne citons que les lieux dans lesquels ils forment des cultures assez importantes et assez homogènes pour mériter le nom de bois ou forêts d'oliviers. Mais ils sont cultivés en moindre quantité dans un grand nombre d'autres localités, ou, pour mieux dire, au voisinage de la plupart des centres de population, sans présenter toutefois des agglomérations comparables à celles que nous venons d'indiquer.

Partout où les oliviers forment des bouquets ou des bois plus ou moins étendus, ils sont plantés à vingt ou trente mètres les uns des autres, souvent en rangées quinconciales ; ils ne sont pas entremêlés d'autres arbres, et on ne fait sous eux aucune culture ;

le sol est soigneusement débarrassé des herbes et même labouré une ou plusieurs fois par an.

Quelques personnes estiment à une dizaine de millions le nombre total des oliviers de la Tunisie, mais cette évaluation est purement hypothétique; on ignore même le chiffre réel qu'atteignent ces arbres dans les points où, comme le Sahel, l'impôt est perçu par pied d'olivier, parce que, souvent, dans les terrains de mauvaise qualité, les répartiteurs de l'impôt réunissent, pour la perception des droits, plusieurs arbres en un seul. Quant à la valeur des arbres, elle est très différente dans les diverses localités.

Les oliviers de la région de Tunis sont pour la plupart très vieux, en mauvais état et mal cultivés. Cela est vrai surtout pour ceux qui couvrent les collines entourant immédiatement la ville de Tunis. On fait remonter la plantation de la majeure partie de ces arbres à l'époque romaine, c'est-à-dire à plus de deux mille ans. Un grand nombre sont creux, réduits à la portion corticale du tronc et couronnés par un maigre bouquet de branches; d'autres sont des repousses déjà centenaires de souches énormes. Tous ces vieux débris sont presque entièrement abandonnés à eux-mêmes; on ne les taille presque jamais; la récolte se fait sans aucun soin, souvent en brisant les branches les plus jeunes et les plus productives, afin d'économiser quelques moments plus ou moins précieux; le sol n'est labouré que superficiellement et deux fois seulement chaque année; il se montre presque partout couvert d'herbes qui attirent les chèvres, les pires destructeurs des arbres.

Ces oliviers d'un âge trop avancé donnent à peine une bonne récolte tous les huit ou dix ans. Ils occupent inutilement un sol fertile; mais la négligence des propriétaires est telle qu'on les laisse mourir sur place plutôt que de faire les dépenses nécessaires à leur remplacement par des cultures rapportant davantage. Un espace considérable de terrain sur lequel de jeunes oliviers pousseraient admirablement, et qui conviendrait non moins bien à la vigne, se trouve ainsi, à proximité même de Tunis, occupé par une forêt d'arbres presque absolument improductifs.

Dans le nord, notamment près de Bizerte, on trouve encore un assez grand nombre de ces très vieux troncs ; cependant, la plupart des oliviers de cette région sont en meilleur état que ceux dont nous avons parlé plus haut.

Ils sont plus beaux encore dans les forêts assez étendues qui entourent les petites villes de Soliman, de Menzel-Bou-Zalfa, de Nebeul, de Menzel-Tennis, et de Kebilia, dans la presqu'île du cap Bon.

Mais les plus jeunes, les plus beaux et les mieux cultivés de la Tunisie sont ceux du Sahel, c'est-à-dire de la région comprise autour des villes de Sousse, Monastir et Mahédia.

Les statistiques officielles indiquent dans le Sahel plus de trois millions deux cent mille pieds d'oliviers (exactement trois millions, deux cent trois mille, quatre-vingts), mais ce chiffre est considéré comme très inférieur à la réalité ; les indigènes ont tout intérêt à en dissimuler le nombre exact, puisque l'impôt est payé à raison de tant par arbre et que les répartiteurs de l'impôt en font souvent payer deux, trois ou quatre pour un seul.

Dans tout le Sahel, le sol des bois d'oliviers est labouré au moins trois ou quatre fois chaque année, la récolte se fait avec un assez grand soin et les arbres sont taillés régulièrement. Les meilleures dispositions sont prises pour qu'ils bénéficient de la plus grande quantité possible d'eau des pluies. Des levées en terre limitent des espaces à peu près quadrangulaires comprenant de quatre à six arbres, espaces dans lesquels toute l'eau tombée s'accumule et reste enfermée jusqu'à ce qu'elle ait été absorbée par le sol. Dans tous les points où le bois est voisin d'une colline inculte, ces levées de terre sont aménagées de façon à conduire au pied des arbres l'eau qui tombe sur la colline. Aux environs de Sousse, ces levées coupent les routes tous les vingt ou trente mètres et les rendent presque impraticables aux voitures.

Bien qu'ils soient relativement jeunes, la plupart des oliviers du Sahel paraissent avoir une centaine d'années, mais ils sont en pleine production, très vigoureux et de grande taille. Les plus grands des environs de Nice pourraient à peine lutter avec eux pour les dimensions. Quant à ceux des environs d'Aix, ils paraîtraient des pygmées à côté de ces géants aux belles et robustes formes.

J'ai noté, en traversant le Sahel de Sousse à Monastir et à Mahédia et de Mahédia à El-Djem, quelques plantations récentes d'oliviers, mais je dois dire qu'elles sont peu nombreuses. On paraît presque se borner à remplacer les arbres disparus.

Il en est autrement dans les environs de Sfax et de Zarzis, où existent aussi de très belles plantations.

Les environs de Sfax sont occupés, sur une région variable entre six à huit et dix à douze kilomètres autour de la ville, par des jardins formés en majeure partie d'oliviers auxquels sont parfois mélangés des figuiers, des amandiers, des grenadiers et quelques autres arbres fruitiers. Les plantations nouvelles sont assez nombreuses et paraissent gagner chaque jour du terrain en dehors des plantations anciennes qui sont les plus rapprochées de la ville et qui ont dû être également nombreuses autrefois, dans la vallée qui s'étend entre El-Djem et Sfax. On trouve, en effet, tout le long de la route qui relie ces deux villes, de vieux oliviers épars dans la plaine; ils sont aujourd'hui à peu près entièrement abandonnés, mais ils restent, avec les ruines romaines, abondantes dans cette région, comme les témoins d'une prospérité aujourd'hui disparue.

Les statistiques officielles indiquent dans toute la circonscription de Sfax 568,774 pieds d'oliviers en pleine production, plus 250 à 300,000 plantés depuis moins de dix ans et encore exempts d'impôt. Ces chiffres sont probablement très inférieurs à la réalité.

Autour de Zarzis, il existe une ancienne oasis de dattiers de deux à trois kilomètres de diamètre, aujourd'hui très négligée en ce qui concerne les dattiers, mais que les indigènes tendent à remplacer par des plantations d'oliviers. Les plus âgés d'entre ces derniers paraissent n'avoir pas plus d'une trentaine d'années, sauf un petit nombre de pieds qui ont survécu à la ruine d'anciennes cultures. En dehors des bosquets d'arbres en production, se voient un grand nombre de plantations nouvelles datant de trois, quatre ou cinq ans. Le gouverneur de l'Arad a pris sur lui, l'année dernière, afin d'activer ce mouvement, d'ordonner la plantation de 60 à 80,000 jeunes oliviers. Ses ordres ont été déjà, en partie, mis à exécution et tout permet de penser que dans quelques années les environs de Zarzis pourront rivaliser pour leurs bois d'oliviers avec ceux de Sfax.

Dans l'île de Djerba, ces arbres sont très nombreux ; la plupart sont d'un âge avancé et les plantations nouvelles sont rares. Tout dans cette île, dont le climat est relativement agréable et où l'eau est abondante à une légère profondeur, tout, dis-je, semble indiquer une prospérité en décadence. Les dattiers ont dû autrefois couvrir l'île ; ils sont aujourd'hui négligés, non sans raison, il est vrai, car leurs fruits sont, comme ceux de Zarzis et de Gabès, peu estimables ; mais les oliviers, qui donneraient d'excellents produits sont beaucoup moins bien soignés que dans le Sahel et dans les environs de Sfax. Ils sont mal taillés et le sol est encombré d'herbes nuisibles. Je ne sais à quoi tient cette décadence de l'île de Djerba, mais elle m'a beaucoup frappé et je crois utile de la signaler ici afin que les personnes autorisées s'en préoccupent. Avec ses eaux abondantes et superficielles, sa température insulaire, c'est-à-dire relativement tempérée et exempte des variations brusques que l'on rencontre sur beaucoup de points du continent, l'île de Djerba se prête admirablement à toutes les cultures riches, particulièrement à celles de l'olivier et de la vigne.

Si l'on compare la surface relativement minime des terres plantées en oliviers avec celle qui se prêterait à cette culture, si surtout on compare leur état dans les diverses régions où ils se trouvent, on est naturellement amené à se demander pourquoi une culture à laquelle la majeure partie de la Tunisie est si favorable y est relativement aussi peu répandue et surtout pourquoi, dans certaines régions, les oliviers sont aussi négligés.

Dégager les motifs de cet état de choses me paraît d'autant plus indispensable que c'est le premier pas à faire dans la voie des améliorations où la France doit entrer.

Parmi les causes qui ont dû, jusqu'à ce jour, entraver dans une importante mesure le développement de la culture de l'olivier, je crois devoir citer, en premier lieu, et pour n'y plus revenir, la lenteur avec laquelle cet arbre se développe et le nombre relativement considérable d'années qui s'écoulent entre l'époque de la plantation et celle de la production.

On estime généralement en Tunisie qu'un olivier ne commence à rapporter quelques fruits que cinq ans après la plantation et que c'est seulement au bout de dix à douze ans qu'il entre en plein rapport.

Pour un peuple indolent, ayant peu de besoins, encore moins de prévoyance, et ne pouvant disposer que de bien faibles capitaux, attendre dix ans une première récolte entièrement rémunératrice, c'est sans contredit une condition bien peu favorable à la culture, même la plus riche. Cette première condition nous paraît avoir joué un grand rôle dans l'abandon dont les oliviers sont l'objet depuis longtemps déjà de la part des Tunisiens.

Les particuliers et le gouvernement lui-même ont cependant

fait depuis quelques années des efforts importants dans le but de remédier à cette condition défectueuse, mais inévitable, de la culture de l'olivier. Dans les environs de Sfax (j'ignore exactement si cela se fait ailleurs), les propriétaires du sol ont imaginé une manière de procéder qui leur permet de faire des plantations sans avoir à débourser des sommes importantes. Un grand nombre des fortunes des indigènes résultent, m'a-t-on dit, de l'emploi de cette méthode. Le propriétaire met à la disposition d'un khammès ou m'garsi une surface déterminée de terrain à planter en oliviers, et lui fait une avance de fonds pour l'achat de chameaux et d'instruments aratoires et pour sa nourriture pendant deux ans environ. Le khammès fait la plantation et la soigne jusqu'à ce qu'elle rapporte. A partir de la troisième année il sème des céréales sous les oliviers et le produit en est partagé entre lui et le propriétaire dans la proportion d'un tiers pour ce dernier, qui fournit un tiers de la semence, et de deux tiers pour le m'garsi.

Lorsque les oliviers ont atteint l'âge d'une production moyenne, la propriété est partagée par moitié entre les deux parties contractantes. Cet état de choses se prolonge jusqu'à la fin de la douzième année, c'est-à-dire jusqu'à ce que les arbres soient en plein rapport, époque à laquelle le propriétaire rentre en possession de sa terre et la cultive à ses frais.

Ainsi, grâce à une première mise de fonds d'environ cinq cents francs, le propriétaire se trouve au bout de douze ans en jouissance d'un revenu qui, dès la première année souvent, le rembourse de ses avances et qui désormais est pour lui tout bénéfice jusqu'au jour où il rentre en entière et absolue jouissance d'une terre en plein rapport. Dans un pays où le prix de la terre est très minime, un pareil système ne peut qu'enrichir celui qui l'emploie. Ajoutons que, sans être aussi avantageux au khammès qu'au propriétaire, il est loin de lui être défavorable :

le khammès, en effet, peut vivre en attendant les premières récoltes à l'aide du travail qu'il a le loisir de faire en dehors de la plantation et à l'aide des animaux qu'il élève pour son propre compte. A partir du jour où les oliviers commencent à rapporter, sa situation devient réellement bonne.

Il y a une quinzaine d'années, le gouvernement tunisien se préoccupa, de son côté, de favoriser la plantation des oliviers. Un décret de Mohamed Es-Sadok-Bey du 1er chaaban 1286 (5 novembre 1869) dispense de l'impôt les oliviers et les dattiers plantés dans les terrains où il n'en existait pas précédemment, et cela pendant quinze années.

C'est sans doute grâce à cette législation bienveillante que s'est produit le mouvement assez actif de plantation d'oliviers dont nous avons parlé plus haut à propos des régions de Sfax et de Zarzis.

Si ce mouvement n'a pas été plus intense et si les forêts d'oliviers sont très négligées dans un grand nombre de points de la Tunisie, il faut, à mon avis, en chercher la cause dans un ordre spécial de conditions sur lesquelles je crois devoir insister, parce qu'elles figurent parmi celles qu'il importe le plus de modifier à bref délai si nous voulons donner à l'agriculture tunisienne toute la valeur qu'elle comporte.

En premier lieu, la culture et l'exploitation des oliviers sont soumises à une réglementation aussi vexatoire qu'il est possible de l'imaginer. Il n'y a pas un seul des actes qu'elle nécessite qui ne soit soumis au contrôle incessant et arbitraire de l'administration spéciale (Direction de la Gaba) et des fermiers.

La raison de cette législation est, d'après le texte du décret qui l'a créée (Décret d'Es-Sadok-Bey, du 17 sfar 1287, ou 19 mai 1870), « d'assurer le bon état de la forêt et la prospérité de ses arbres ». Or, ce sont précisément les localités auxquelles elle s'applique, c'est-à-dire les environs de Tunis, de Bizerte, etc., qui offrent les oliviers les plus défectueux et les moins bien tenus. Le labour, l'émondage des arbres, le transport et la vente des bois qui en résultent, la récolte, la vente des olives, le paiement des ouvriers, etc., sont soumis à une réglementation qui, non seulement fait du propriétaire la chose de l'administration, mais qui encore l'entraîne à des frais pouvant être, sinon supprimés, au moins considérablement atténués, s'il jouissait d'une plus grande indépendance.

L'Administration de la Gaba n'est d'ailleurs pas la seule puissance dont le propriétaire ait à subir les vexations; il faut encore qu'il compte avec les fermiers, la perception de l'impôt sur les oliviers, dans les pays à dîme, leur étant livrée par adjudication. Leur action est malheureusement dans bien des cas plus intéressée que juste et modérée.

Ajoutons à ces conditions le taux très élevé de l'impôt qui est prélevé sur la récolte dans les pays à dîme, sur les arbres eux-mêmes dans les autres régions, et nous aurons suffisamment mis en relief les causes qui ont jusqu'à ce jour entravé la culture de l'olivier dans un pays qui peut rivaliser à cet égard avec les portions les plus favorisées du midi de la France et de l'Italie.

3° Culture des dattiers

La troisième grande culture indigène de la Tunisie est celle des dattiers. Elle caractérise les oasis. Celles-ci ne sont autre chose que des bosquets plus ou moins vastes de dattiers sous lesquels on fait souvent des cultures diverses dont nous parlerons ultérieurement à propos des « jardins ».

On trouve des dattiers épars dans toute la région du Sud, mais il n'existe de véritables oasis de ces palmoës que dans trois points de cette partie de la Tunisie : Gabès, les Nefzaoua et le Djerid.

L'oasis principale de Gabès est située autour des deux villages qui forment l'agglomération européenne et la ville de ce nom. Elle est arrosée par l'Oued-Gabès dont les eaux, habilement distribuées par de petits canaux, entourent et traversent chaque propriété. Sous l'ombrage des dattiers, dont les troncs atteignent quinze et vingt mètres de haut, les indigènes ont planté des grenadiers, des amandiers, des abricotiers, des pruniers, des vignes, dont les sarments s'enlacent aux arbres et forment entre eux d'énormes et élégantes guirlandes. Le sol est couvert d'orge, de maïs, de légumes, de henné, de piments, de tomates, de toutes les plantes que mangent les hommes et les animaux, souvent entremêlées de rosiers et de géraniums. Au milieu du désert aride qui l'entoure, sur le bord de la vaste mer bleue qui baigne l'un de ses flancs et dont les dunes l'envahissent peu à peu, cette oasis toujours fraîche et riante produit sur le voyageur l'un des effets les plus séduisants que nous ayons éprouvés pendant le cours de notre voyage à travers la Tunisie.

Malheureusement l'eau de l'Oued-Gabès n'est pas potable, les eaux des puits sont mauvaises, sulfatées ou saumâtres et la dysenterie décime les troupes que nous avons inutilement groupées dans le voisinage de cette séduisante mais malsaine oasis.

On compte à Gabès de cent à cent vingt mille dattiers, en y comprenant les deux ou trois oasis plus petites et moins belles qui entourent celle dont nous venons de parler. Malheureusement les dattes qu'elles produisent ne mûrissent qu'imparfaitement et sont de trop mauvaise qualité pour être recherchées par l'exportation ; elles ne servent guère qu'à la nourriture des indigènes de la localité et à celle de leurs chameaux. Il manque aux dattiers de Gabès l'une des conditions indispensables à la maturité de leurs fruits, une température suffisamment élevée. Suivant un proverbe arabe bien connu, il faut que ces arbres aient les pieds dans l'eau et la tête dans le feu. A Gabès ils ont les pieds dans l'eau, mais la tête manque du feu qui lui est indispensable. Il en est de même de tous les dattiers qui croissent au bord de la mer; la fraîcheur des vents met obstacle à la maturation de leurs fruits. C'est pour cela que les dattes de Zarzis, de l'île de Djerba, de Tripoli, sont si peu estimées. C'est seulement dans l'intérieur des terres, à l'abri des brises rafraîchissantes de la mer, au milieu des sables toujours brûlants, que le dattier trouve les conditions nécessaires à la production de fruits succulents et sucrés, pourvu toutefois que l'eau abonde à ses pieds.

Ce qui fait la valeur de l'oasis de Gabès, ce sont surtout les arbres fruitiers (grenadiers, amandiers, pêchers, etc.), et les plantes alimentaires que les indigènes cultivent sous les dattiers. Ceux-ci ont l'avantage de protéger les autres cultures de leur ombre, tandis que l'Oued-Gabès leur fournit en abondance l'eau dont elles ont besoin.

C'est à une dizaine de kilomètres des oasis de Gabès, à l'entrée de la ligne des chotts du Sud, que le commandant Landas a creusé son premier puits artésien. L'immense quantité d'eau qui en jaillit (huit mille litres à la minute) témoigne de la richesse de la nappe aquifère qui s'étend au-dessous du sol.

Il existe dans cette région une autre oasis assez importante, celle d'El-Hamma, qui compte, au moins, soixante-dix mille dattiers. Elle est située à une trentaine de kilomètres à l'est de Gabès, au pied de l'extrémité orientale de la chaîne des Tebbaga et autour d'une source thermale qui a une température de 45° centigrades. A sa sortie du sol, l'eau tombe dans des piscines romaines, d'où elle est distribuée dans l'oasis. Cette dernière est aujourd'hui en mauvais état, mais elle a dû être autrefois très prospère, si l'on en juge d'après les ruines romaines qui sont abondantes. La présence de l'Oued-Hamma, qui vient des Metmatas et qui contient toujours de l'eau, permettrait de donner un grand développement à cette oasis dont les dattes sont assez bonnes.

Ce que nous avons dit des dattiers de Gabès s'applique entièrement à ceux de Zarzis et de l'île de Djerba.

Ainsi que nous l'avons dit plus haut, à Zarzis, les indigènes abandonnent chaque jour davantage la culture du dattier pour se livrer à celle de l'olivier qui promet d'être beaucoup plus avantageuse. L'oasis de Zarzis est, pour ce motif, beaucoup moins riante que celle de Gabès. L'eau, du reste, y est moins abondante et surtout plus difficile à obtenir. Tandis que Gabès est arrosée par un fleuve dont il suffit de détourner les eaux pour les distribuer dans les jardins, Zarzis n'est desservie que par des puits. Il est vrai que ceux-ci sont très nombreux et que l'eau se trouve à cinq ou six mètres seulement, mais il n'en est pas moins nécessaire de dépenser, pour l'amener à la surface, une main-d'œuvre assez coûteuse. Indépendamment du creusement et de l'entretien des puits, il faut que, pendant la journée, un animal (chameau, bœuf ou cheval) soit employé à faire monter l'eau. A cet animal, il faut un gardien. Ce sont bouches à nourrir et à entretenir d'un bout de l'année à l'autre, car il pleut rarement à Zarzis, et la quantité d'eau que fournit un puits suffit à peine à l'arrosage d'un ou deux hectares. Les dattes de Zarzis et de Djerba, étant de qualité inférieure, sont incapables de rémunérer un pareil travail. Il n'est donc pas étonnant que leur culture soit peu à peu abandonnée. Dans les conditions d'arrosage dont nous venons de parler, Zarzis et Djerba ne peuvent faire que des cultures de jardins ou des cultures de plantes pouvant se passer de pluie, comme l'olivier et la vigne.

Les oasis dont il me reste à parler se présentent dans de tout autres conditions et seules elles méritent véritablement d'attirer l'attention des Européens qui voudraient se livrer à une culture productive de dattiers.

Arrêtons-nous d'abord dans les oasis des Nefzaoua qui sont les plus rapprochées des précédentes.

On donne le nom de *Nefzaoua* à une région du sud de la Tunisie, riche en dattiers, bornée au nord par la petite chaîne de montagnes de Tebbaga qui est dirigée, à peu près, de l'est à l'ouest, au sud du chott El-Fedjejd qu'elle sépare de l'extrémité orientale du chott El-Djerid, s'avançant de l'est à l'ouest entre ces deux grandes dépressions, sous la forme d'une sorte de promontoire. La chaîne de Tebbaga est formée de deux chaînons à peu près parallèles, séparés par une vallée, très étroite à l'est, mais s'élargissant de plus en plus à mesure qu'on s'avance vers l'ouest. Les deux chaînons sont formés par des soulèvements de calcaires crétacés ; le fond de la vallée qui les sépare est constitué par des alluvions que l'on trouve également dans le fond des chotts et sur les flancs de la chaîne de montagnes. C'est sur ces alluvions que se dressent les oasis de Nefzaoua.

Les plus importantes sont situées sur le flanc méridional de la chaîne de Tebbaga, sur une bande de terrain large seulement de quelques kilomètres, entre Kebili à l'est, et Debabcha à l'ouest. On peut donner à cette portion du Nefzaoua le nom de Nefzaoua septentrional. Au sud de Kebili, dans la partie du Nefzaoua que l'on peut dénommer Nefzaoua méridional et qui est formée par un terrain tout à fait plat, sur la rive orientale du chott El-Djerid, les oasis sont beaucoup plus petites et les agglomérations humaines moins importantes. Le régime des eaux est également différent dans les deux parties du Nefzaoua.

Les oasis du Nefzaoua méridional sont au nombre de plus de trois cents, mais chacune d'elles n'a pas plus de quelques hectares de superficie et se compose d'une ou parfois plusieurs sources entourées d'un petit nombre de palmiers souvent sans aucune agglomération de maisons, chaque village contenant d'habitude des familles qui cultivent plusieurs oasis. Toutes les sources y sont superficielles. Le terrain est sablonneux et les oasis sont entourées de dunes de sable dont les vents modifient sans cesse la surface en les chassant contre les plantations qu'elles tendent à envahir et à détruire en comblant les sources. Le mal est surtout causé par le sable que les vents enlèvent de la crête des dunes et qu'ils abandonnent au pied de l'obstacle formé par les palmiers.

Le sol des oasis a été ainsi graduellement exhaussé au point que chacune semble reposer sur un petit monticule de sable, plus haut que la plaine voisine et dont le point culminant est occupé par la source fécondatrice. Pour éviter l'ensablement de cette dernière, les indigènes ont soin d'exhausser ses bords à mesure que le sol s'élève par les dépôts de sable. Suivant que les vents ont une direction constante ou variable, les oasis sont envahies soit sur tous les points à la fois, comme dans le cas précédent, soit sur un ou plusieurs côtés ; dans ce dernier cas, des dunes de huit à dix mètres de haut se dressent dans un point de la circonférence correspondant à la direction des vents les plus habituels. Afin d'éviter l'envahissement par ces dunes, les habitants ont soin d'élever leurs maisons entre elles et l'oasis, mais cette précaution est habituellement insuffisante à cause de la violence des vents qui transportent le sable à de grandes distances et à une hauteur suffisante pour défier l'obstacle offert par les maisons basses des Arabes. Dans certains points, notamment à Béchilli, les indigènes déplacent leurs jardins à mesure que le sable gagne ; ils fuient, en quelque sorte, devant l'ennemi, emmenant avec eux l'eau de la source, à l'aide de canaux souterrains. Les jardins nouveaux de Béchilli se trouvent aujourd'hui à une distance de plus de cinq cents mètres à l'est des anciens ; l'eau de la source qui arrosait ces derniers et qui était placée à leur centre est drainée dans les jardins nouveaux par des conduits souterrains.

On peut considérer comme une dépendance du Nefzaoua méridional un certain nombre de petites oasis assez semblables aux précédentes et répandues au sud de celles dont nous venons de parler, à la lisière de l'Areg ou Sahara sans eau, autour de Douz et d'El-Aouïna, sur le territoire des Mérazig, des Adaras et des Ghéribs. Les oasis disposées autour des sources sont encore plus petites dans le Nefzaoua méridional; elles sont plus ensablées; beaucoup même sont en voie de disparition ou ont déjà disparu, laissant des puits à demi ensablés et isolés dans la plaine. Cependant, l'eau doit être à une très faible profondeur, car toute cette région est couverte de bosquets de grands arbustes dont quelques-uns atteignent et dépassent trois ou quatre mètres.

Ces détails montrent que les oasis du Nefzaoua méridional ne peuvent pas avoir une grande importance. Cependant les dattes sont de bonne qualité, et il est du devoir de l'administration de favoriser le développement des petits centres fixes qui existent au milieu de cette région. Attacher l'indigène au sol doit être notre plus grande préoccupation, en Tunisie comme en Algérie. Dans le premier de ces pays, la tâche est facilitée par le caractère des indigènes. Partout où on leur donnera de l'eau en quantité suffisante, ils formeront des établissements stables.

Nous allons trouver une première preuve de la vérité de cette proposition dans le Nefzaoua septentrional. Ayant davantage d'eau, il a une population fixe beaucoup plus nombreuse.

Les oasis du Nefzaoua septentrional forment une chaîne presque continue, depuis Kebili au sud-est jusqu'à Debabcha au nord-est, c'est-à-dire sur une longueur d'environ trente-cinq kilomètres. Elles sont toutes d'une grande dimension et accompagnées d'agglomérations importantes de maisons formant des villages très peuplés. Leurs sources sont de deux sortes : les unes venant de nappes superficielles; les autres, de nature artésienne, c'est-à-dire ascendante, et provenant de couches aqueuses profondes. On a émis l'idée que ces dernières ont été amenées à la surface par des forages artésiens remontant à une époque très reculée.

Les habitants de certaines de ces oasis ont fait preuve d'une grande ingéniosité en drainant, par des canaux souterrains creusés dans le calcaire de la montagne, les eaux qui filtrent entre les couches de cette dernière. Ce sont particulièrement les villages situés au sud du chaînon inférieur du Tebbaga et principalement ceux de Menchia qui se sont livrés à cette pratique ; ils donnent à leurs galeries de drainage le nom de « leviga ». Les levigas menacent de devenir une cause de guerre intestine entre les habitants du versant nord et ceux du versant sud de la montagne, les seconds reprochant aux premiers de leur enlever, par les drainages dont nous venons de parler, une partie de l'eau qui, abandonnée à elle-même, se rendrait dans leurs sources. Il ne paraît pas cependant que ces plaintes aient un fondement sérieux.

Le sol des oasis du Nefzaoua septentrional est extrêmement productif et l'eau y abonde. Elles devraient donc être d'une grande fertilité. Il n'en est cependant pas ainsi. En premier lieu, elles sont souvent ravagées par des tribus ennemies, qui, dans cette région, sont divisées en deux camps ou çofs se faisant une guerre acharnée et se livrant réciproquement les uns contre les autres aux plus regrettables excès. En second lieu, les sables tendent à les envahir, mais dans des conditions moins déplorables que dans le Nefzaoua méridional. Les dunes mobiles que nous avons signalées plus haut n'existent pas dans le Nefzaoua septentrional ; les sables qui y sont apportés par le vent sont simplement enlevés à la surface même des plaines voisines; ils sont par conséquent apportés en beaucoup moins grande quantité que s'ils étaient pris sur des dunes et il sera plus aisé de remédier aux dégâts qu'ils produisent. C'est surtout à la lisière des oasis que le sable se dépose, arrêté qu'il est par les palmiers et les autres arbres et par les talus des canaux d'irrigation. Il s'est formé ainsi autour d'elles, par suite de l'apport du sable, des bourrelets circulaires qui atteignent jusqu'à quatre et cinq mètres de haut et qui ont depuis quelques mètres seulement jusqu'à trois cents et quatre cents mètres de largeur. Il suffirait de fixer ces sables à l'aide de plantes à racines profondes pour diminuer dans de très fortes proportions sinon pour arrêter entièrement l'envahissement, car cet envahissement résulte de la marche graduelle mais très lente de ces ceintures de sable de l'extérieur vers l'intérieur de l'oasis.

Au nord de la chaîne des Tebbaga existent encore deux oasis, celle de Seftimi et celle de Limaguès, que nous réunissons aux précédentes parce que leurs habitants sont en relations fréquentes ; ceux de Seftimi obéissent au cheikh de Menchia qui appartient au Nefzaoua septentrional. Ces deux oasis n'ont, d'ailleurs, à l'heure actuelle, qu'une faible importance ; elles ont été plusieurs fois dévastées dans les luttes entre tribus et n'ont été remises en culture que depuis quelques années. Les sources de Seftimi n'ont qu'un faible débit, mais elles ne sont pas ensablées. Celles de Limaguès sont très belles et donneraient beaucoup d'eau si elles étaient remises en bon état, ce qui ne demanderait que très peu de travail.

Le Nefzaoua ne contient pas moins de trois cent mille dattiers, si l'on en croit les statistiques officielles ; mais l'avis général est que le nombre de ces arbres y est beaucoup plus considérable. On y compte, en outre, officiellement, plus de six mille oliviers. Les habitants cultivent aussi quelques plantes potagères et quelques arbres fruitiers, mais dans une proportion beaucoup moindre qu'à Gabès. Ils sèment également du blé et de l'orge dans les années où la pluie tombe en quantité suffisante.

Les dattes du Nefzaoua sont de qualité supérieure à celles de

Gabès et les habitants en exportent une certaine quantité ; mais, par suite du mauvais état de la plupart des oasis, la récolte est très inférieure à ce qu'elle pourrait être et la majeure partie est consommée par les habitants.

Les plus belles oasis de dattiers de la Tunisie, celles aussi dont les fruits sont le plus estimés, sont celles de Djerid.

On désigne sous le nom de Djerid la portion de la Tunisie méridionale qui forme une sorte d'isthme entre le chott El-Djerid et le chott Rharsa. Il existe dans cet isthme quatre oasis : celles de Tozeur, El-Oudian, Nefta et El-Hamma. Nous les avons, dans cette énumération, disposées dans l'ordre de leur étendue ; cependant, les trois premières ne diffèrent que peu par la superficie, tandis que la quatrième, celle d'El-Hamma, est plus petite de moitié que les autres. Elle est aussi la moins bien cultivée et celle qui donne les plus maigres résultats, quoique son sol soit fertile et son eau abondante. La plus fertile et la plus peuplée est celle de Nefta ; celle de Tozeur vient, à cet égard, au second rang et celle d'El-Oudian au troisième.

L'oasis de Nefta est située auprès d'une ville véritable d'où elle tire son nom et qui compte avec ses sept faubourgs une population de près de neuf mille habitants logeant dans plus de onze cents maisons. On compte dans l'oasis plus de deux cent mille dattiers taxés, ce qui permet de penser qu'il y en a au moins trois cent mille. Sous les palmiers, on cultive une couple de centaines d'oliviers et un certain nombre d'autres arbres fruitiers ainsi que des plantes alimentaires et fourragères, mais le dattier absorbe la majeure partie des soins des habitants, et c'est de lui qu'ils tirent véritablement leur richesse. En 1885, l'oasis de Nefta a exporté plus de six millions de kilogrammes de dattes et l'on estime sa production à plus de huit millions de kilogrammes. Elle est arrosée par des sources qui prennent naissance au fond d'une sorte de cirque profondément entaillé dans le plateau sablonneux sur lequel est bâtie la ville; leurs eaux, très abondantes, sont distribuées par un système de canaux qui s'étalent en éventail dans toutes les parties de l'oasis. Malheureusement les sables l'envahissent rapidement et son état actuel ne donne qu'une idée très insuffisante de ce qu'elle était autrefois. Sa superficie a dû être double ou triple de ce qu'elle est aujourd'hui. Les sables apportés par le vent s'accumulent antour d'elle, y forment des dunes envahissantes qui comblent les canaux et peu à peu détruisent les cultures. Les habitants ont fait de grands efforts pour combattre cet ennemi ; ils élèvent des talus et construisent avec des broussailles et du sable de véritables fortifications ; mais ces travaux, ayant été exécutés sans vues d'ensemble, ont été impuissants. Aujourd'hui, la partie qui reste de l'ancienne oasis est déjà coupée en deux, dans le nord, par une dune de sable qui s'enfonce comme un coin entre les cultures, et les sources, elles-mêmes, sont fort menacées. Il est nécessaire que l'administration française intervienne au plus tôt pour arrêter le désastre.

L'oasis de Tozeur, située sur le bord du chott El-Djerid qui la limite immédiatement au sud et à l'est, est la plus grande des oasis du Djerid et par conséquent de toute la Tunisie ; elle compte plus de palmiers que celle de Nefta, mais le nombre de ses habitants est moindre, il ne dépasse guère six mille. On y compte officiellement près de deux cent trente milles dattiers dont plus de treize mille « dagla » ou de première qualité ; mais le nombre de ces arbres doit être beaucoup plus considérable ; il est probablement double du chiffre officiel. En 1885, il a été vendu à Tozeur près de sept millions de kilogrammes de dattes ayant payé l'impôt de vente ou « mex ». On estime la production totale pendant la même année à huit millions et demi de kilogrammes. Les oliviers sont peu nombreux, environ trois cents ; il en est de même des autres arbres fruitiers, qui sont, par ordre d'abondance, l'abricotier, le citronnier, le grenadier, le pommier, le pêcher, l'amandier et le jujubier. Les sources qui arrosent l'oasis sont au nombre de cent cinquante-cinq ; elles prennent naissance dans les anfractuosités d'un ravin très ramifié, couvert de palmiers et situé à l'ouest de Tozeur, à une certaine distance de la ville. La gorge principale du ravin a un kilomètre et demi de longueur. De ces sources résulte une petite rivière dont les eaux, habilement distribuées, vont arroser toutes les parties de l'oasis et se répandent ensuite en dehors dans le chott El-Djérid. Comme l'oasis de Nefta, mais à un moindre degré, celle de Tozeur est menacée par les sables, particulièrement au nord et à l'ouest, où elle est dominée par le plateau sablonneux d'où sortent les sources. Des dunes importantes se sont formées sur ces points et le sable empiète graduellement sur les cultures. A l'est et au sud, l'oasis ne court aucun danger, le sol du chott qui la borne étant solidifié par la couche de sel incorporée au sable. L'envahissement des sables à l'ouest et au nord est favorisé par ce fait que les habitants arrachent les arbustes du plateau qui domine les sources pour chauffer leurs fours ; le sable de la surface ainsi dénudée devient très mobile, puis est enlevé par le vent, qui, ne rencontrant plus d'obstacle, le transporte jusque dans l'intérieur de l'oasis. Malgré cela, l'oasis de Tozeur a beaucoup moins à redouter l'envahissement que celle de Nefta, et il sera plus facile de la protéger contre ce redoutable destructeur des cultures du désert.

L'oasis d'El-Oudian, qui vient au troisième rang par ordre de richesse, est cependant la plus étendue de toutes celles du Nefzaoua. Elle a huit kilomètres environ de longueur et un à trois kilomètres de largeur ; mais sa population dépasse à peine le chiffre de quatre mille individus, et le nombre officiel de ses palmiers, nombre, il est vrai, très inférieur à la réalité, n'est que de cent dix-huit mille, dont huit mille « dagla ». En 1885, il a été vendu environ quatre millions et demi de kilogrammes de dattes, ce qui fait supposer une production totale d'environ cinq millions et demi de kilogrammes. El-Oudian compte plus de vingt-cinq mille oliviers payant l'impôt, ce qui doit faire supposer l'existence d'un nombre bien supérieur de ces arbres. Les orangers et les citronniers y sont très abondants et donnent des fruits d'excellente qualité ; il y existe aussi beaucoup d'abricotiers, de pommiers, de pêchers, de grenadiers, de figuiers, d'amandiers, etc. Le petit nombre relatif des dattiers et le grand nombre des oliviers s'expliquent aisément par ce fait que l'oasis d'El-Oudian ne reçoit qu'une quantité d'eau très inférieure à celle qui arrose Nefta et Tozeur. Or, le palmier a besoin de beaucoup plus d'eau que les oliviers et les autres arbres fruitiers. On compte actuellement à El-Oudian quarante-quatre sources ; elles prennent naissance dans la chaîne de collines qui forme l'axe de l'isthme de Kriz entre le chott El-Djerid et le chott Rharsa. Il en existait autrefois cinquante-sept, mais treize sont taries. Toutes sortent de terre dans des bassins profonds creusés de main d'homme et leurs eaux sont dirigées vers l'oasis par des canaux très encaissés qui ont demandé un travail considérable. Le débit de ces sources est très faible et si les habitants n'ont pas le soin d'arrêter l'eau, pendant une partie de la journée ou de la nuit, par de petits barrages, elle se perd avant d'arriver aux parties éloignées de l'oasis. Celle-ci n'est donc arrosée que d'une manière intermittente et insuffisante. En revanche, les sables ne lui font courir que peu de dangers ; elle est bordée au sud et à l'est par le chott El-Djerid à sol formé de sables agglutinés par le sel et peu mobiles, et, au nord-ouest, par des collines rocailleuses, à surface peu friable. Le seul péril qu'il y ait à craindre et à prévenir est l'envahissement des sources par le sable qui se détache des flancs de la colline d'où elles sortent.

L'oasis d'El-Hamma est située dans le bassin du chott Rharsa, sur le versant nord de la chaîne de collines qui forme l'axe de l'isthme Kriz, entre le chott Rharsa et le chott El-Djerid. En raison de sa position, elle jouit d'une température moins élevée que ses voisines et ne peut rapporter ni autant de fruits ni des fruits d'aussi bonne qualité que les oasis de Tozeur, de Nefta et d'El-Oudian. On la considère même comme étant dans des conditions plus défavorables que celles du Nefzaoua dont nous avons parlé plus haut et qui sont très inférieures à celles du Djerid.

L'oasis d'El-Hamma ne contient guère plus de neuf cents habitants distribués dans cent trente maisons et deux ou trois villages. Les dattiers sont au nombre d'environ cinquante-deux mille sur lesquels on compte moins de six cents « dagla ». En 1885, elle n'a produit qu'un million sept cent mille kilogrammes de dattes.

Il n'y existe pas plus de deux cents oliviers et un nombre restreint d'arbres fruitiers.

El-Hamma est arrosée par une quinzaine de sources, dont une chaude, qui lui a valu son nom. Quoique ces sources soient en mauvais état et mal entretenues, elles pourraient arroser une étendue double de celle de l'oasis actuelle, mais celle-ci est très négligée, peu cultivée, entièrement abandonnée même sur certains points, très menacée par les sables auxquels les habitants n'opposent aucune résistance, et probablement condamnée à disparaître si l'on ne modifie pas les conditions qui ont provoqué cet état de choses, conditions qui menacent aussi, quoique à un moindre degré, les autres oasis du Djerid.

Il résulte de tout ce qui précède que la région de la Tunisie la plus propre à la culture du dattier est celle du Djerid ; le Nefzaoua vient ensuite, puis le nord de la chaîne de Tebbaga et enfin la région de Gabès, qui est très inférieure, de même que celles de Zarzis et de Djerba. La médiocre qualité des dattes de Gabès, de Zarzis et de Djerba fait de la culture du dattier dans cette région une opération agricole très secondaire et peu rémunératrice. Il en est autrement dans le Nefzaoua et surtout dans le Djerid, où l'extrême chaleur et l'absence de pluie rendent très aléatoires toutes les autres productions du sol.

Dans ces régions, le dattier constitue la première source de richesse des habitants. Si l'on part de ce fait, on est étonné de voir qu'ils prennent si peu de soins de la plupart des oasis, qu'elles sont graduellement envahies par le sable et seraient condamnées à disparaître peut-être dans un temps assez court sans l'intervention de l'administration française.

L'indolence naturelle à la race indigène n'est pas la seule cause qui puisse être signalée pour expliquer le peu d'efforts faits par les habitants des oasis pour les protéger contre l'envahissement des sables. Sans doute cette indolence y est pour quelque chose, mais il s'y joint une autre raison qu'il me paraît utile de signaler, et qui a été indiquée au gouvernement tunisien par les personnes les plus compétentes : je veux parler de l'élévation des impôts qui frappent les dattiers et les dattes.

Dans toute la région du Djerid, les arbres ordinaires paient un impôt dit de « khanoun » de seize caroubes par pied et ceux de la qualité supérieure, dits « dagla », un impôt de trente-deux caroubes par pied. De plus, au moment de la vente des dattes, le fisc perçoit, sous le nom de « mex », un impôt d'une caroube par piastre.

Les dattiers payent le khanoun à partir de l'âge où ils commencent à porter des fruits. Les pieds mâles en sont exempts. Au Djerid, l'âge de la fertilité varie entre quatre et sept ans ; dans l'oasis de Tozeur, quelques pieds particulièrement bien favorisés commencent à donner des fruits dès l'âge de trois ans. Dans l'oasis d'El-Hamma, où la température est moins chaude par suite de l'exposition au nord, les pieds les plus favorisés portent leurs fruits à cinq ans, et ceux qui le sont moins attendent parfois leur dixième année. Il en est à peu près de même à

El-Oudian à cause de la rareté de l'eau, dans le Nefzaoua et surtout dans la région de Gabès, à cause de la moindre élévation de la température. Dans le Nefzaoua l'impôt du khanoun est moitié moindre que dans le Djerid ; il est encore un peu plus faible dans la région de Gabès et dans tout l'Arad.

Les oasis les plus favorisées du Djerid, c'est-à-dire celles de Nefta et de Tozeur, supportent assez aisément le khanoun, du moins dans les bonnes années, parce que leurs dattes sont de qualité supérieure et atteignent un prix élevé. Celle d'El-Oudian, dont les dattes sont moins estimées, se rattrape sur le produit des oliviers qu'elle renferme en grand nombre et sur celui des arbres fruitiers. Quant à l'oasis d'El-Hamma, dont les dattiers sont moins productifs, et les dattes de qualité inférieure, et qui n'a presque pas d'oliviers ou d'arbres fruitiers, elle est littéralement ruinée par l'impôt. Ainsi que nous l'avons dit plus haut, celui-ci est, en effet, le même pour l'oasis d'El-Hamma, peu favorisée par le climat, que pour les oasis les plus riches du Djerid. Dans certaines années, les habitants d'El-Hamma récoltent à peine de quoi payer l'impôt ; aussi abandonnent-ils peu à peu une contrée, qui, si elle était traitée avec moins de dureté par le fisc, serait en mesure de les faire vivre.

De cet exposé de l'état des dattiers en Tunisie, nous sommes tenus de conclure qu'à l'heure actuelle cette culture ne fournit que des résultats généraux assez peu satisfaisants. Des trois régions où existent des oasis de dattiers de quelque importance, c'est-à-dire l'Arad, le Nefzaoua et le Djerid, cette dernière est la seule où l'on obtienne des fruits d'une qualité supérieure et vraiment propres à l'exportation. Il est vrai de dire que les dattes du Djerid jouissent dans toute l'Afrique septentrionale d'une réputation exceptionnelle. Le Nefzaoua leur doit encore une réelle prospérité. Quant à l'Arad, s'il ne contenait que des dattiers, il serait condamné à la misère. Ajoutons, pour être exact, que toutes les oasis de la Tunisie ont heureusement d'autres ressources. Les oliviers qui abondent dans celle d'El-Oudian, les arbres fruitiers qui existent en assez grand nombre dans toutes les autres, les plantes maraîchères enfin, trouvent dans les coins de terre dont nous parlons un arrosage suffisant et sont pour leurs habitants de précieuses sources de bien-être ; aussi voyons-nous toutes les oasis entourées de villages stables. Il est donc du devoir de l'administration de se préoccuper de les conserver et de les multiplier dans le sud de la Tunisie. C'est le seul moyen qu'elle ait de fixer les indigènes dans cette région où la rareté des pluies rend très aléatoires les cultures faites en plein champ.

Pour terminer l'exposé de l'état actuel de l'agriculture indigène, il nous reste à parler des cultures que l'on désigne généralement dans le pays sous le nom de « jardins ».

4° Les jardins

Ce mot n'a pas en Tunisie exactement la même signification que chez nous. Il y désigne d'une manière générale toutes les cultures qui ont besoin d'être arrosées en tout temps, soit à l'aide des rivières ou des sources, soit à l'aide des pluies. A ce titre, toutes les oasis dont nous venons de parler sont des jardins, car à l'ombre des dattiers on y cultive toujours, en quantité plus ou moins considérable, des plantes qui ont besoin d'être arrosées pendant la saison chaude, comme les légumes, le maïs, certains arbres fruitiers tels que le citronnier et l'oranger, le grenadier et l'abricotier, etc. Ce que nous allons dire des « jardins » s'appliquera donc, indépendamment de celles dont nous allons parler, à toutes les cultures faites à l'ombre des dattiers dans les oasis du Sud.

Le fisc attribue aux « jardins » une signification spéciale. Il ne traite comme tels et ne fait payer l'impôt dit « m'radja » que dans la presqu'île du cap Bon et à Sfax. Le plus grand nombre des jardins échappe donc à cet impôt ; mais le fisc retrouve largement son compte à l'aide des taxes multiples dont il frappe les fruits et les produits maraîchers au moment de la vente.

Parmi les localités dont les jardins sont le plus renommés et produisent le plus, nous devons citer : la Manouba, l'Ariana et la Marsa, près de Tunis ; Soliman et Nebeul dans la presqu'île du cap Bon, et Sfax au nord du golfe de Gabès. Les jardins de l'Ariana, de la Manouba et de la Marsa sont presque tous des dépendances de palais appartenant à de grands seigneurs tunisiens. Ce sont des jardins d'agrément plutôt que de produit. On y cultive surtout des orangers et des citronniers qui donnent des fruits excellents, de la vigne dont les raisins très bons ne servent que pour la table, des figuiers, des amandiers, des pommiers, des poiriers, des abricotiers pour leurs fruits, du henné pour ses feuilles dont la poudre sert à teindre les ongles et la peau des mains et des pieds en jaune rougeâtre, des roses et des jasmins pour leurs fleurs qui sont très recherchées des indigènes et qui servent à la préparation de parfums ; des géraniums avec lesquels on fabrique une fausse essence de roses, etc. Les légumes y sont peu nombreux. A l'Ariana, l'eau des puits est généralement trop saumâtre pour servir à l'arrosage et les propriétaires font venir l'eau du dehors. A la Manouba et à la Marsa, on arrose avec l'eau des puits qui est assez bonne pour cet usage sans être potable. Les puits sont ordinairement munis de norias très simples, à godets en terre et à roues en bois que fait tourner un cheval ou un chameau. Comme dans tous les jardins de la Tunisie, l'eau est reçue à sa sortie du puits dans un bassin d'où elle se répand, à l'aide de petits canaux, dans toutes les parties du jardin, chaque arbre étant entouré d'un talus qui la retient.

Il n'existe aux environs de Tunis que très peu de jardins maraîchers. Des Arabes, des Maltais ou des Siciliens cultivent près de la ville quelques légumes, mais en trop faible quantité pour suffire à la consommation des Européens : quelques espèces manquent à peu près entièrement. Nous citerons notamment les asperges et les artichauts. Les pommes de terre, les tomates, les concombres, qui entrent dans l'alimentation des indigènes, sont, au contraire, abondants et de bonne qualité. Il n'est pas douteux qu'avec le temps la culture maraîchère prenne aux environs de la ville, et malgré les taxes énormes dont les légumes sont frappés, une importance proportionnée aux besoins nouveaux de la consommation; celle-ci a beaucoup augmenté depuis l'arrivée des Français. L'eau des puits est assez bonne sur certains points des environs de Tunis pour servir à l'arrosage, et les détritus de la ville que l'on jette aujourd'hui sur les bords des routes suffiraient amplement à la fumure des terres.

Les jardins les plus productifs en fruits et en légumes et les mieux entretenus de toute la Tunisie sont situés dans la presqu'île du cap Bon, particulièrement aux environs de Nebeul et de Soliman. Comme presque tous ceux de ce pays, ils sont entourés de talus en terre surmontés de haies très épaisses de figuiers de Barbarie. Dans les environs de Soliman, on cultive surtout des arbres fruitiers, des légumes et des plantes fourragères. A Nebeul, on y ajoute des roses et des jasmins. L'eau de ces jardins est fournie par des puits d'où elle est élevée par des norias, ou, bien plus souvent, à l'aide d'une outre que tire un bœuf ou un chameau, suivant un système à la fois très simple et très commode, que beaucoup de gens font remonter aux Carthaginois. Les jardins de la propriété du cap Bon expédient des pommes de terre, des concombres, des tomates, des melons, non seulement à Tunis, mais dans une grande partie de la Régence.

Nous avons vu au marché du Dar-el-Bey de l'Enfida des habitants de Soliman et de Nebeul qui avaient fait soixante ou soixante-dix kilomètres avec un petit âne pour venir vendre une douzaine de concombres, quelques melons et un panier de tomates. Les cultivateurs de ces localités donnent, d'ailleurs, beaucoup de soins à leurs jardins ; non seulement ils les bêchent, en extirpent les mauvaises herbes, mais encore, chose rare en Tunisie, ils fument régulièrement. Il existe dans le sous-sol de la plupart des maisons de ce pays des sortes de caves dans lesquelles on fait pourrir le fumier des animaux et les ordures ménagères avant de les utiliser à la fumure des jardins.

Les jardins de Sfax qui sont, après les précédents, les plus réputés de la Tunisie, en diffèrent par l'extrême rareté de l'eau. Aussi n'y cultive-t-on que des plantes ayant peu besoin d'arrosage et surtout des arbres et arbustes fruitiers, particulièrement le figuier, l'amandier, l'abricotier, le pommier, la vigne et le pistachier. Sfax est le seul point de la Régence où le pistachier soit cultivé en abondance ; il y donne des fruits excellents et très recherchés dans toute la partie orientale de la Méditerranée. Comme l'eau est très rare, on n'arrose que les arbres et les arbustes nouvellement plantés ou encore très jeunes : les jardins ou plutôt les vergers de Sfax entourent immédiatement la ville ; plus loin, s'étendent les cultures d'oliviers dont nous avons déjà parlé plus haut.

Nous n'avons cité que les jardins les plus renommés de la Tunisie, ceux dont la culture est le plus soignée. Il en existe d'analogues au voisinage d'un certain nombre d'autres villes, comme Sousse, Monastir et Mahédia dans le Sahel, El-Djem, etc., mais on se tromperait si l'on croyait qu'il existe comme en France des jardins autour de toutes les villes. Il n'en est absolument rien. Certaines villes tunisiennes sont entièrement ou presque entièrement dépourvues de ces sortes de cultures. Je me bornerai à citer Kairouan, dont l'enceinte de murailles blanches et crénelées apparaît de fort loin au milieu d'une plaine entièrement nue. Beaucoup de villages sont dans le même cas.

La cause principale de la rareté relative des jardins doit être cherchée dans la difficulté d'avoir de l'eau en quantité suffisante pour faire les arrosages abondants qu'exigent les plantes maraîchères. L'absence de pluie pendant une grande partie de l'année, et, dans quelques régions, pendant des années entières, oblige à faire usage pour les jardins de l'eau des puits. Or, il n'est pas partout aisé d'avoir cette eau avec les qualités qu'exige la culture. Dans beaucoup de points de la Tunisie, l'eau des puits est trop chargée de chlorure de sodium et de magnésium pour qu'on puisse l'utiliser à l'arrosage. Il faudrait aller chercher, à l'aide de forages, des nappes plus profondes, contenant une eau de meilleure qualité.

Une autre cause entrave considérablement les cultures de légumes et d'arbres fruitiers ; je veux parler des taxes énormes qui frappent les produits des jardins et des vexations de mille sortes dont la perception de ces taxes est accompagnée. Sans entrer pour le moment dans l'examen de cette question, l'une des plus brûlantes parmi celles que Français et indigènes discutent en Tunisie, je me borne à dire que tous les marchés de la Régence sont affermés à l'adjudication et que tous les produits qui s'y vendent ou que même on y apporte sont soumis à un droit proportionnel à leur valeur ; or, celle-ci est appréciée par le fermier du marché et d'après de simples usages qui ouvrent la porte à tous les abus ; ajoutons qu'à Tunis, par exemple, les légumes et les fruits apportés sur le marché sont d'abord frappés d'un droit d'entrée de trente-trois pour cent que le cultivateur est obligé de payer avant même de savoir s'il pourra les vendre, et d'un second droit de douze et demi pour cent payé par l'acheteur ; ces simples indications suffisent pour donner une idée des obstacles qui sont opposés par le fisc au développement de l'exploitation des jardins. Effrayés par la perspective de ces droits, la plupart des cultivateurs indigènes se bornent à produire la quantité de légumes dont ils ont eux-mêmes strictement besoin.

5° La culture du tabac

A côté des cultures dont nous venons de parler, nous devons dire quelques mots de celle du tabac, qui s'en rapproche par la nature des soins qu'elle exige, mais qui doit être envisagée séparément parce qu'elle est soumise à des conditions tout à fait spéciales.

En Tunisie, le monopole du tabac n'est pas, comme en France, exercé directement par l'Etat ; il est, ainsi qu'une foule d'autres dont il sera question dans une autre partie du livre, mis en adjudication et abandonné à des fermiers qui, en échange, s'engagent à verser au Trésor une somme déterminée.

En principe, le fermier ne doit employer dans sa fabrication que des tabacs fournis par la Tunisie ; mais, en fait, il tend de plus en plus à s'approvisionner au dehors et à décourager les producteurs indigènes. Le motif de cette conduite est aisé à découvrir. Le fermier, étant obligé de surveiller à ses frais la culture du tabac, ne pourrait le faire qu'à l'aide d'un personnel considérable dont le traitement viendrait en diminution de ses recettes. Il a donc tout intérêt à la faire disparaître, car il supprime ainsi d'un coup toute crainte de contrebande intérieure. Il est vrai que, d'après le cahier des charges, le fermier est « tenu de recevoir tous les tabacs indigènes, quelle qu'en soit la quantité, provenant des plantations qui auront été autorisées dans les provinces et localités où cette culture est permise ». Mais, pour détourner les indigènes d'une culture qui nuit à leurs intérêts, les fermiers ont à leur disposition bien des moyens qu'il est assez aisé de deviner, tels que classement des tabacs dans une catégorie inférieure à celle qui leur revient réellement, évaluation exagérée de la quantité cultivée, permettant de toujours prendre le producteur en faute, de lui infliger des amendes aussi iniques que vexatoires, etc.

L'administration tunisienne favorise du reste très ouvertement la tendance bien naturelle qu'ont les fermiers à provoquer la disparition de la culture indigène. Le cahier des charges autorise, en effet, le fermier à faire venir de l'étranger des tabacs en feuilles et fabriqués, et il le dispense des droits de douane que ces tabacs auraient à payer s'ils étaient introduits par des particuliers. La seule condition qu'il mette à cette autorisation est que le produit de la récolte indigène soit inférieur aux besoins de la consommation, ce que le fermier se charge aisément d'obtenir par les moyens indiqués plus haut ou par d'autres de même nature. Non content d'autoriser le fermier à recevoir des tabacs étrangers, le cahier des charges lui impose l'obligation de mettre en vente certaines variétés de ces tabacs, tels que le scaferlati, le chebli, les cigarettes algériennes, les cigarettes de Virginie, etc., et les cigares de Malte, de Virginie, etc.

Pour aider encore à la suppression de la culture indigène du tabac, l'administration limite chaque jour davantage les autorisations nécessaires et le nombre des localités dans lesquelles ces autorisations peuvent être accordées. Dans ces conditions, la culture du tabac ne peut que disparaître avec une grande rapidité. On peut dire déjà qu'elle n'existe pour ainsi dire plus.

Certaines personnes autorisées se félicitent de ce fait, à la genèse duquel l'administration française des tabacs n'est pas étrangère. Tout le monde connaît en Tunisie le rapport de l'ingénieur en chef, inspecteur, M. Caron, où se trouvent exposés tous les arguments favorables à la suppression de la culture des tabacs en Tunisie. Après avoir conseillé le remplacement de la ferme des tabacs par une régie d'Etat, M. Caron ajoute, dans le rapport auquel je fais allusion : « Quant à la culture du tabac, il n'y aurait pas autre chose à faire que de prononcer son *interdiction* ; elle n'a qu'une minime importance ; ses produits sont de mauvaise qualité et payés un prix excessif ; ils n'entrent que pour une part insignifiante dans le total de la production agricole. Le sol du nord de la Tunisie, où se trouvent situés tous les cantons planteurs de tabac, est très fertile et ne manque pas d'eau ; les vallées conviennent parfaitement à la culture des céréales, les collines à celles de la vigne ; les montagnes peuvent presque partout se regarnir spontanément de forêts ; il suffirait d'empêcher les broussailles qui les couvrent d'être tondues par la dent dévastatrice des chèvres. Ce sont là les vrais éléments de richesse de la Tunisie, qui n'a rien à gagner au maintien, sur quelques parcelles de son territoire, d'une culture sans chance de développement, dont l'existence est subordonnée à la plus-value factice accordée à ses produits. »

Ainsi que nous l'avons dit plus haut, le desideratum exprimé dans les lignes qui précèdent est à peu près réalisé, sans qu'il y ait eu besoin de prononcer l'interdiction demandée par M. Caron. Le cahier des charges de 1881 a produit son effet ; la culture du tabac n'existe pour ainsi dire plus en Tunisie, et la ferme n'a plus à redouter de contrebande intérieure. Mais une personne très autorisée m'a affirmé que huit cents familles du nord de la Régence, autrefois adonnées à la culture du tabac qu'elles ajoutaient à celle des céréales, ont abandonné le pays pour se reporter vers le sud avec leurs troupeaux. Si l'on songe que cette partie de notre Protectorat, malgré la richesse de son sol, est encore très insuffisamment peuplée, on ne pourra que regretter l'émigration d'une partie de ses habitants.

Les seuls motifs invoqués dans la citation faite plus haut en faveur de l'interdiction de la culture du tabac sont, d'une part, que les terres employées à cette culture peuvent servir à d'autres opérations agricoles, d'autre part que la quantité de tabac produite est très minime et que sa qualité est défectueuse.

Au premier argument il est aisé de répondre que plus un cultivateur demande à sa terre de produits différents, et plus il se met à l'abri de la misère résultant des mauvaises récoltes. Si à côté de son champ de blé ou d'orge, il peut exploiter un carré de tabac, c'est une source de revenus de plus qu'il se donne, et l'on n'a jamais vu un gouvernement défendre une culture quelconque sous prétexte que le sol peut en supporter d'autres.

Quant au motif tiré de la petite quantité de tabac produite par la Tunisie au moment où le rapporteur écrivait les lignes que nous avons citées, elle s'explique suffisamment par les mesures déjà prises en vue de décourager les cultivateurs. Il n'en reste pas moins certain qu'à une époque peu éloignée on faisait une assez grande quantité de tabac, non seulement dans le Nord, chez les Nefza et les Mogods, mais encore dans les jardins de la presqu'île du cap Bon. L'argument tiré de la quantité n'a donc aucune valeur.

Quant à celui que le rapporteur tire de la qualité, je l'ai entendu combattre très vigoureusement par des personnes compétentes, ayant fumé le tabac fait dans la presqu'île du cap Bon à une époque où, bien loin de vouloir interdire la culture de cette plante, le gouvernement tunisien s'efforçait de la favoriser. Pour invoquer l'infériorité du tabac tunisien à l'appui de l'interdiction qui a été proposée, il faudrait, d'ailleurs, que le tabac étranger introduit par la ferme fût de qualité supérieure. Or, personne en Tunisie n'oserait l'affirmer. Presque tous les tabacs qu'on y vend, ceux du moins qui se donnent à des prix répondant à ceux du tabac tunisien, sont de qualité tellement inférieure qu'ils méritent à peine le nom de tabac.

En réalité, le seul argument sérieux que l'on puisse donner en faveur de la suppression de la culture indigène, c'est que la ferme des tabacs se trouve ainsi protégée contre la fraude intérieure sans avoir à dépenser un centime pour la surveiller et la prévenir. Quant à la fraude extérieure, elle la prévient dans une certaine mesure en faisant entrer en Tunisie d'énormes quantités de tabacs très inférieurs qu'elle peut vendre à des prix insignifiants tout en faisant des bénéfices.

6° La culture du chanvre

La culture du tabac n'est pas la seule opération agricole dont la suppression résulte de l'état de choses créé par les conditions faites à la ferme qui a le monopole de ce produit. Une autre conséquence de cet état de choses est l'interdiction absolue de récolter du chanvre.

On fume en Tunisie une certaine quantité d'une sorte de haschisch que l'on mêle d'ordinaire au tabac. Or le haschisch tunisien est représenté par la pellicule glanduleuse qui entoure le fruit du chanvre. On lui donne le nom de « takrouri ». Les fumeurs de haschisch mêlent une certaine quantité de ces pellicules, desséchées et broyées, soit à du tabac ordinaire, soit à une sorte spéciale de tabac, très riche en nicotine, qui vient du Souf (oasis algérienne des environs de Biskra), et ils fument le tout dans des pipes à petits fourneaux assez semblables à celles des fumeurs d'opium. La ferme des tabacs ayant le monopole du takrouri n'a trouvé aucun autre moyen de se mettre à l'abri de la fraude intérieure que de provoquer l'interdiction absolue de la culture du chanvre dans toute la Régence, ce que le rapport cité plus haut trouve tout naturel : « La culture du chanvre, dit-il, est prohibée dans la Régence, conséquence logique de l'existence du monopole. »

Un agriculteur français m'a raconté qu'il avait essayé de cultiver du chanvre dans un terrain où cette plante paraissait devoir se développer admirablement : interdiction lui a été signifiée de poursuivre cette tentative. Du reste, je n'ai pas vu un seul pied de chanvre dans toute la Tunisie. Or, le chanvre est encore un produit riche, dont l'exploitation peut être faite aisément, sans préjudice de celles plus importantes de la vigne, des céréales, etc., et pour le plus grand profit de l'agriculteur. Interdire sa culture dans tout un pays, c'est évidemment le priver d'une source de bénéfices très appréciables.

7° L'exploitation de l'alfa

Parmi les produits du sol tunisien, il en est un fort important dont il est indispensable de parler : je fais allusion à l'alfa.

L'alfa est une plante de la famille des graminées à rhizome rampant et vivace comme celui du chiendent, et à feuilles enroulées au point de paraître cylindriques, hautes de trente à cinquante centimètres, propres à une foule d'usages, depuis la fabrication de nattes et de paniers, etc., jusqu'à celle d'un papier d'excellente qualité. Il vient en touffes, tantôt éparses au milieu d'autres herbes ou d'arbustes qui recherchent, comme lui, les terres arides, tantôt réunies en si grande quantité qu'elles constituent presque la seule végétation sur des espaces considérables. C'est surtout sur ces derniers points qu'on l'exploite à cause de la facilité de la récolte. Celle-ci peut se faire en tout temps ; elle consiste simplement à tirer sur les feuilles, de manière à les détacher sans briser la tige qui la porte.

On trouve de l'alfa dans presque toutes les régions incultes et arides de l'est et du sud de la Tunisie; mais son terrain de prédilection, celui où il existe en assez grande abondance pour que sa récolte soit rapide et par conséquent très productive, répond à la partie de la Régence qui s'étend entre l'Oued-Zérad au nord, le Sahel et Sfax à l'est, Kasryn et Gafsa à l'ouest, les chotts El-Djerid et El-Fedjedj au sud. Le maximum de la richesse en alfa correspond à peu près au centre de l'espace dont nous venons d'indiquer les limites. C'est Sfax qui a été pendant très longtemps le principal marché d'alfa de la Régence, mais aujourd'hui on n'en apporte plus dans cette ville qu'une très petite quantité. La majeure partie est exportée par le petit port de La Skhira et par celui de Gabès.

L'exploitation de l'alfa était autrefois entièrement libre dans toute la Régence. Dans la région dont nous parlons, il était récolté et apporté à Sfax par les Neffet, les Zlass, les Hamema, les Frechich, les Ouled Aïar, les Ouled Aziz et les gens du Senet. Les Neffet le récoltent au Gouleb, à Er-Rehem, au Douara; les Zlass le récoltent au Djebel Si Abi ben Naceur Allah, au Djebel Ledjebel, au Djebel Si El Hafi, au Djebel Sidi Khelefa, à El Khordj, dans la partie est du Djebel Er-Rehem. Les Hamema le récoltent dans la partie ouest du Rehem, au Goubet, au Metlegel Rhanga, au Djebel Hanou, au Djebel Ras El Aïn (Aïn Faouar), au sud de Gammonda, au Djebel Si Ali Ben Aoun, au Djebel El Ameur, à Gammoura, au Djebel Sekhdel, à El Achana, et jusqu'aux environs de Gafsa. Les Frechich le récoltent à l'Allong El Mekhila, à Sbeitla, à El Achachim, au Djebel Abiod. On en récolte aussi dans les environs de Chelba, qui est porté par mer à Sfax. Il existe de l'alfa dans les plaines situées au nord de cette dernière ville, et, plus au sud, dans les environs de Gabès, mais on ne le récolte que fort peu. On en cueille seulement une petite quantité dont une partie est vendue pour la nourriture des chameaux.

Jusqu'à ces dernières années, les tribus que nous venons de citer récoltaient et apportaient l'alfa à Sfax en toute saison, sauf pendant les périodes des semailles et des moissons.

L'alfa est une denrée avec laquelle chacun est toujours sûr de faire un peu d'argent; c'est donc principalement le besoin de numéraire qui détermine la plus ou moins grande activité de la récolte de cette plante. Le prix de l'alfa est à Sfax de cinq à sept piastres le quintal tunisien. Celui de Sbeitla, qui est plus fin et plus long que celui des autres localités, se vend jusqu'à trois piastres de plus.

Autrefois les indigènes apportaient à Sfax jusqu'à dix mille tonnes d'alfa par an. Aujourd'hui, pour des causes dont il est nécessaire que nous parlions, le commerce de l'alfa a diminué dans cette ville dans des proportions très considérables.

Avant que la France eût pris le protectorat de la Tunisie, un Français, M. Duplessis, sollicita du gouvernement tunisien la concession du monopole de l'alfa dans toutes les parties de la région dont nous venons de parler. M. Roustan, alors consul général de France à Tunis, était préoccupé par-dessus tout de donner à ses compatriotes une situation prépondérante dans la Régence, et il favorisait autant qu'il était en son pouvoir toutes les opérations d'achat, de concessions de terrains ou de monopoles tentés par eux. C'est ainsi que furent créées les grandes propriétés françaises de l'Enfida et de Sidi-Tabet, qui devaient jouer plus tard un rôle si considérable dans la question franco-tunisienne. M. Roustan appliqua sa méthode à la demande de M. Duplessis, et celui-ci ne tarda pas à obtenir du gouvernement tunisien, par décret du 13 juin 1881, la concession du monopole de l'exploitation de l'alfa sur un terrain qui comprenait les montagnes Bou-Hedma, El Ayacha, Heddaj et Madjourah. Un contrat survenu le 14 juin 1882 indiquait de la façon suivante le terrain sur lequel le monople de l'exploitation était concédé.

Article 1er — « M. Duplessis exploitera l'alfa existant *dans les montagnes* dénommées Djebel Bou-Hedma au nord de la route de Gafsa; Djebel Madjourah, dans les Hammamas, sur la route de Gafsa à Kairouan; Djebel Ayacha, Heddaj, au nord-ouest de Bou-Hedma. »

La délimitation exacte était renvoyée à une époque ultérieure par l'article 2 du même contrat : « Un agent, disait cet article, sera désigné par nous pour procéder à la délimitation des exploitations, qui sera faite en présence du concessionnaire ou de ses ayants droit. »

Un décret du 18 août 1883 (inséré au *Journal officiel tunisien* du 6 septembre suivant) approuve la délimitation d'une partie seulement des montagnes sus-nommées, celle de Bou-Hedma. Un second décret du 21 décembre 1885 (*Journal officiel tunisien* du 24 décembre suivant) a approuvé la délimitation des trois autres montagnes.

Dans la pensée très patriotique de M. Roustan, c'était un Français de plus introduit dans la Régence, c'était un pas de plus fait dans la voie qu'il suivait avec une persévérance inébranlable et au bout de laquelle devait se trouver l'intervention officielle de la France en Tunisie.

Malheureusement, le patriotisme de M. Duplessis n'était point à la hauteur de celui de notre consul; soit qu'il se fût prêté à une manœuvre habilement concertée d'avance, soit qu'il fût dominé par la seule préoccupation du besoin d'argent, il vendait bientôt sa concession à une société anglaise.

La prise de possession du protectorat par la France était impuissante à modifier l'état de choses créé par le décret primitif de concession, puisque nous nous engagions à respecter les actes du gouvernement tunisien antérieurs au traité du Bardo. La Compagnie anglaise concessionnaire au lieu et place de M. Duplessis ne pouvait donc pas légalement être dépossédée de son monopole. Mais la délimitation n'était pas encore faite et il était permis d'espérer qu'en l'opérant on pourrait réparer en partie l'énorme faute (pour ne pas dire plus) commise par M. Duplessis. Malheureusement les agents qui furent chargés de cette opération n'en comprirent pas l'importance, et c'est seulement lorsqu'elle eut été notifiée par l'autorité française qu'on s'aperçut qu'elle avait été faite entièrement à l'avantage des concessionnaires anglais. D'après les limites adoptées par nos agents, la Compagnie se trouve avoir le monopole de l'exploitation de l'alfa dans toute la partie de la Tunisie la plus riche en cette plante, celle précisément dont nous avons indiqué plus haut les limites extrêmes. Pour donner quelques chiffres, la surface de la concession a la figure d'un rectangle très irrégulier ayant environ cent trente kilomètres de long et quatre-vingts kilomètres de large; sa superficie est évaluée par les personnes les plus compétentes à 1,024,124 hectares.

Dans cette surface sont comprises les tribus dont nous avons parlé plus haut, qui, de temps immémorial, exploitaient l'alfa et l'apportaient à Sfax. Aujourd'hui, ces tribus sont dépossédées du plus important de leur revenu par la compagnie concessionnaire, qui n'est pas assez riche pour acheter tout l'alfa qu'elles pourraient recueillir, et qui cependant leur interdit d'en vendre le moindre brin soit à une autre société, soit à des particuliers. Établie à La Skhira, au sud de Sfax, où elle a ses chantiers et où elle embarque ses alfas pour l'Angleterre, la Compagnie concessionnaire non seulement ne tolère pas que d'autres y achètent l'alfa apporté par les indigènes, mais encore elle émet la prétention d'expulser les concurrents qui viendraient s'y établir. Dans le but de protéger encore davantage son monopole, elle a tenté d'empêcher les indigènes d'apporter de l'alfa sur le marché de Sfax et de confisquer la marchandise qui y serait conduite. D'un autre côté, n'ayant plus à redouter aucune concurrence, elle abaisse considérablement ses prix d'achat sans aucun égard pour les tribus indigènes.

Une aussi profonde modification des conditions antérieures de l'exploitation et du commerce de l'alfa ne pouvait manquer d'apporter des perturbations considérables à la fois sur le marché de Sfax et dans la vie des tribus qui se livraient à cette industrie. Les commerçants de Sfax ne cessent de faire entendre les plaintes les plus amères et les mieux justifiées sur le mauvais état de leurs affaires. Quant aux indigènes, d'après les renseignements que j'ai reçus, ils ont déjà abandonné le pays et sont allés s'établir dans la Tripolitaine. J'ai pu voir sur le marché de Tripoli un grand nombre de chameaux chargés d'alfa et conduits par des indigènes qui m'étaient désignés par des personnes compétentes comme ayant abandonné la Tunisie. Leur alfa venait-il de leur ancienne patrie? l'avaient-ils récolté dans les déserts qui entourent Tripoli? Il serait bien difficile de répondre à cette question, mais ce qui ne fait aucun doute pour les hommes les plus autorisés c'est que, depuis quelque temps, le marché aux alfas de Tripoli augmente d'importance, tandis que celui de Sfax est en grande partie ruiné.

Je ne crois pas avoir à discuter la question de savoir s'il est possible de remédier à une situation qui est incontestablement très nuisible à la fois aux intérêts généraux de la Tunisie dont elle mécontente les populations, et aux intérêts particuliers très légitimes d'un certain nombre de négociants français, sans parler du grave inconvénient qui résulte du monopole accordé à des étrangers sur un territoire égal au cinquième de la superficie totale de la Régence. Cependant, je dois indiquer ici les opinions émises sur ce sujet par les colons français. Aucun, même parmi le plus intéressés, ne conteste la légitimité du décret du 13 juin

1881 et du contrat du 14 juin 1882, qui ont concédé à M. Duplessis le monopole de l'exploitation de l'alfa sur les montagnes. Mais ils attaquent, comme entachées de vice de forme, les délimitations opérées en août 1883 et en décembre 1885; ils demandent que le décret de décembre 1885, par lequel ces délimitations ont été approuvées, soit rapporté, et qu'il soit procédé à une délimitation nouvelle, plus conforme à l'esprit du décret du 13 juin 1881 et du contrat du 14 juin 1882. Ils font remarquer que ces deux actes font usage de l'expression « montagnes », et non de celle de « territoires », et ils accusent les délimitateurs d'avoir abusivement remplacé la première par la seconde dans l'interprétation qu'ils ont faite des actes primitifs. Enfin, ils insistent sur ce que les agents chargés d'opérer la délimitation sur le terrain n'ont pas eu le temps matériel d'y procéder, étant donné le peu de temps qu'ils ont consacré à cette opération. Ces considérations sont contenues dans une série de protestations adressées par les négociants de Sousse et de Sfax à divers personnages politiques et qui ont été reproduites par certains journaux.

Sans entrer dans la discussion de cette question, laissant aux autorités compétentes le soin de la traiter, je me borne à répéter qu'il y a en jeu dans cette affaire de graves questions politiques et commerciales, et qu'elle ne saurait rester indéfiniment en suspens. Quelques personnes capables d'en juger pensent que la solution résultera de l'impossibilité dans laquelle la Compagnie anglaise se trouve d'exécuter le cahier des charges qui lui a été imposé. Il est permis de souhaiter qu'il en soit ainsi, mais il serait peut-être imprudent d'attendre cette solution, d'abord parce qu'elle est hypothétique, et, en second lieu, parce que le silence pourrait être invoqué ultérieurement comme une acceptation du fait accompli. Les intéressés ne pourraient-ils pas prendre l'initiative d'une demande de revision du contrat, soit par les tribunaux, soit par l'administration? Ils auraient toujours l'avantage d'engager officiellement et publiquement le débat. L'administration, de son côté, ne peut-elle pas casser une délimitation qu'elle trouve contraire aux contrats en vertu desquels elle a été faite ?

Quoi qu'il en soit, l'alfa est un des produits naturels les plus importants de la Tunisie, ainsi que l'indiquent le chiffre de l'exploitation (dix mille tonnes) et la valeur du produit (cinq à sept piastres les cent kilos). Cette plante croît spontanément et en grande quantité dans les régions qui lui conviennent; mais si la récolte est mal faite, si l'on coupe les tiges au lieu de les détacher, ce qui est un peu plus long, elle ne tarde pas à périr. Il est donc indispensable que l'administration se préoccupe de surveiller son exploitation, ainsi qu'elle le fait en Algérie. On pourrait aussi songer à l'introduire dans des parties de la Régence où elle n'existe pas actuellement, et où elle trouverait des conditions très favorables à sa croissance. En les y engageant par quelques avantages, on amènerait très facilement les tribus à faire elles-mêmes cette opération, dont elles ne tarderaient pas à tirer de jolis bénéfices, car l'alfa est un produit chaque jour davantage demandé par l'industrie européenne, et surtout par la papeterie qui en tire des produits d'excellente qualité. J'ai entendu dire souvent à un grand éditeur de Paris qu'il ne voulait plus désormais employer pour ses livres illustrés que le papier d'alfa, parce que les gravures y viennent beaucoup mieux que sur tout autre papier.

8° Les forêts

Je ne puis pas clore le chapitre des productions du sol tunisien sans parler des forêts. J'ai déjà indiqué plus haut leur situation ; je dois parler ici de leur valeur présente et de leur avenir.

Les forêts de la Tunisie peuvent être divisées, d'après leur situation, la nature des essences qui les composent et leur valeur commerciale, en deux groupes très distincts : celles du nord et celles de l'ouest et du centre. La limite entre les deux groupes est formée par la Medjerdah. Dans le nord, sur des montagnes à base de grès, sont des forêts de chênes « zen » et de chênes-lièges ; dans l'ouest et au centre, sont des forêts de pins d'Alep et de chênes verts. Vers le sud, se trouve un massif unique formé d'acacias qui produisent une certaine quantité de gomme. Nous parlerons succinctement de chacun de ces groupes forestiers.

Très négligées par le gouvernement tunisien, les forêts n'ont été l'objet d'études sérieuses que depuis l'établissement du protectorat, ou, pour mieux dire, depuis 1883 seulement. Les études du service forestier ont d'abord porté sur le groupe du nord, qui est de beaucoup le plus important par son étendue et par sa valeur. Actuellement, toutes ses parties sont assez connues pour qu'on ait pu établir approximativement le devis de ce que coûtera son entretien et celui des produits qu'on en pourra tirer.

Il résulte des observations faites par M. Lefèvre, directeur des forêts, que dans toutes les forêts du nord et du nord-ouest de la Régence, c'est-à-dire dans toutes celles qui forment les massifs de la Kroumirie et des Mogods, les chênes « zen » et les chênes-lièges ne se trouvent que sur les grès nummulithiques qui reposent sur les terrains crétacés supérieurs, et que ces essences disparaissent complètement dès que les calcaires, qui constituent la majeure partie de l'étage crétacé, apparaissent à la surface du sol. La partie de ces forêts actuellement capable de produire est évaluée par M. Lefèvre à cent vingt-quatre mille hectares, dont cent douze mille hectares de chênes-lièges et douze mille hectares de chênes « zen ».

Ainsi que nous l'avons dit plus haut, le chêne « zen » se trouve uniquement sur les versants des montagnes qui regardent le nord et dans le fond des vallons étroits, tandis que les chênes-lièges habitent les versants tournés vers le sud.

Les arbres de haute taille sont exclusivement confinés sur les parties supérieures des montagnes. La moitié ou les deux tiers inférieurs de ces dernières ne sont couverts que de broussailles parmi lesquelles se trouvent un grand nombre d'essences qui pourront plus tard être utilisées, et qui servent actuellement à soutenir les terres; ces broussailles sont mélangées d'un grand nombre d'oliviers sauvages utilisables pour leur bois et même très aptes à être greffés. Près de Ghardimaou, dans la plaine, j'en ai vu un assez grand nombre qui l'ont été récemment. M. Lefèvre estime à vingt-deux mille hectares la surface occupée par les broussailles et les oliviers sauvages dont il vient d'être question. Ces derniers sont dans la plaine, au pied des montagnes. Du côté de la mer, aux montagnes boisées font suite des dunes en partie couvertes d'arbustes et dont le boisement doit être considéré comme nécessaire; leur surface totale est évaluée à seize mille hectares environ. En supposant la chose faite on aurait pour les forêts du littoral une surface totale de cent soixante-deux mille hectares, dont cent vingt-quatre mille actuellement utilisables (1).

Le territoire forestier du nord de la Tunisie n'a qu'une population très faible. On l'évalue, en effet, à environ douze mille individus, soit, à peu près, un individu pour douze hectares de terrain. On estime que ces indigènes possèdent treize mille vaches ou bœufs, quinze cents chevaux, poulains ou mulets,

---

(1) Le tableau suivant résume ces chiffres:

1° Forêts immédiatement productives	{ massifs de chênes-lièges.	112,000 hect.	} 124,000 hect.
	{ massifs de chêne « zen ».	12,000 —	
2° Broussailles dont la majeure partie formera plus tard des massifs d'essences utiles et d'oliviers sauvages			22,000 —
3° Dunes { de Tabarka............		13,000 —	} 16,000 —
{ de Bizerte et autres............		3,000 —	
Total............			162,000 hect.

cinq cents ânes et vingt-quatre mille moutons ou chèvres. Les gourbis en branchages dans lesquels habite cette population sont au nombre d'environ trois mille. D'après les observations faites par l'administration forestière, les animaux domestiques dont nous venons de donner les chiffres approximatifs ne pourraient produire que peu de dégâts, d'abord parce que leur nombre est peu élevé relativement à la surface du territoire, ensuite parce qu'ils ont à leur disposition de vastes jachères, les terres n'étant cultivées, d'ordinaire, qu'une année sur deux, et, enfin, parce que les parties supérieures des montagnes dans lesquelles se trouvent les forêts proprement dites sont difficilement accessibles ou très éloignées des villages. Les habitants ont joui de tout temps du privilège de couper du bois dans la forêt, soit pour faire du feu, soit pour construire leurs gourbis; cette tolérance ne paraît pas avoir non plus produit d'effets véritablement nuisibles, à cause de la rareté de la population. On pouvait craindre que cette dernière ne détruisît la forêt pour faire du charbon ; il n'en est rien cependant. Les forêts dont nous parlons sont trop loin de tout centre important, et le transport du charbon par ânes, chevaux ou chameaux, à Tunis, serait trop coûteux pour que les Kroumirs ou les Mogods soient tentés d'exploiter la forêt pour le charbon.

Le groupe forestier du nord de la Tunisie jouit donc des meilleures conditions de prospérité, et, dès les premières exploitations, l'administration forestière a émis l'espoir d'en tirer d'importants revenus. Mais pour cela il fallait introduire dans l'exploitation un ordre et une méthode entièrement inconnus de l'administration tunisienne. Les observations directes que j'ai pu faire dans le massif voisin de Ghardimaou me permettent de dire que les plus louables efforts ont déjà été faits par le service forestier.

En Tunisie, les forêts font partie du domaine beylical. Ce principe est du moins absolument incontesté en ce qui concerne les massifs forestiers situés au nord de la Medjerdah. L'administration française, qui agit au nom du Bey, avait donc le droit d'adopter pour les forêts le régime qui lui paraîtrait le plus convenable. Elle pouvait, soit les aliéner, soit les concéder pour une durée plus ou moins longue, soit les mettre elle-même en valeur et en vendre directement les produits. C'est à ce dernier système qu'elle s'est arrêtée.

Contre l'aliénation, qui aurait pu procurer tout de suite au budget tunisien des sommes extrêmement importantes, elle a fait valoir avec raison le devoir qui s'impose à tous les gouvernements de se constituer en gardiens des forêts. Celles-ci ont une influence trop considérable sur le régime des eaux, et, par conséquent, sur les conditions économiques du pays, pour que l'Etat puisse s'en dessaisir et les livrer aux caprices et aux convoitises des particuliers.

L'exactitude de ces principes est trop aisément vérifiable en Tunisie même, pour qu'il puisse venir à la pensée de qui que ce soit de les contester. Il n'est pas permis de douter que la Régence ait joui autrefois d'un régime des eaux très différent de celui d'aujourd'hui. On y trouve sur bien des points des restes d'aqueducs qui allaient prendre de l'eau sur des collines aujourd'hui absolument arides, mais qui alors devaient être couvertes de bois, et, par suite, fréquemment arrosées par les pluies ou enveloppées par les brouillards, et pourvues de sources plus ou moins abondantes. Ces forêts ont, sans doute, été détruites par les invasions arabes, ou bien elles ont lentement disparu par suite d'une exploitation inconsidérée comme celle qui a lieu encore actuellement dans les forêts du centre.

Quant au système de la concession pour un temps plus ou moins prolongé, il offrait l'avantage de débarrasser l'administration des soucis de la mise en œuvre de ses forêts, et il versait dans les caisses du Trésor des revenus fixes, sans entraîner de dépenses. Je crois savoir que des propositions ont été faites dans ce sens à l'administration qui a cru devoir les écarter. On lui offrait de prendre en concession pour trente ans ses forêts de chênes-lièges ; les concessionnaires auraient construit eux-mêmes les routes et les sentiers d'exploitation, et ils auraient procédé au démasclage (1) des arbres. Comme la récolte du liège ne peut avoir lieu que tous les dix ans, c'est trois récoltes que le fermier aurait pu faire pendant la durée de sa concession.

Pour repousser le système des concessions trentenaires, l'administration a fait valoir qu'il avait produit en Algérie des résultats très mauvais, et qu'il était de nature à compromettre les forêts, les concessionnaires se préoccupant toujours beaucoup plus des résultats immédiats qu'ils peuvent obtenir que du développement et de l'avenir de la forêt.

On comprendra aisément que je ne prenne point parti dans cette question purement technique ; je me suis borné à exposer les raisons diverses que j'ai entendu donner, à l'appui des divers systèmes d'exploitation, par les personnes compétentes.

Ayant adopté le système de la mise en œuvre directe, avec vente des produits par l'Etat, l'administration des forêts tunisiennes s'est immédiatement mise à l'œuvre. Il y avait d'abord à créer des routes et des sentiers, et à pratiquer des tranchées assez larges pour arrêter la marche des incendies qui ravagent si fréquemment les forêts de la Tunisie et de l'Algérie. Il y avait aussi à mettre en état les arbres eux-mêmes, c'est-à-dire à marquer les chênes « zen » qu'il était nécessaire d'abattre, soit parce qu'ils étaient trop vieux, soit parce qu'ils étaient trop rapprochés les uns des autres ; il y avait à démascler les chênes-

---

(1) On nomme démasclage l'opération qui consiste à enlever le premier liège impropre à tout usage qui se forme sur les chênes-lièges. Le liège qui se forme à la suite de cette opération est seul propre aux usages industriels. On ne démascle les arbres que dans la portion inférieure du tronc, à peu près à hauteur d'homme.

lièges propres à donner plus tard du liège et à marquer ceux qui étant trop vieux n'étaient plus bons à exploiter que pour le tannin. Ces diverses opérations devaient entraîner des dépenses considérables auxquelles il en fallait encore ajouter d'autres pour le personnel, pour l'étude plus minutieuse des lieux, pour la construction des maisons des gardes, etc.

Afin de couvrir ces dépenses, il ne fallait pas songer au liège : puisque les arbres n'étant pas encore démasclés, on ne pouvait compter exploiter le liège de ceux auxquels on allait faire subir cette opération qu'après une période de dix années. Mais on pouvait fonder des espérances, d'une part, sur le tannin dont il serait aisé de concéder l'exploitation dès qu'on aurait marqué les arbres aptes à le fournir; d'autre part, sur la vente des chênes « zen » immédiatement exploitables. Mettant en regard les dépenses et les recettes, le directeur des forêts établit, dès 1883, un programme complet de mise en état des forêts et d'exploitation pour une période de trente ans divisée en trois décennies. D'après ce programme, les dépenses de la première décennie devaient s'élever à près de deux millions de francs ; elles étaient couvertes par une recette de plus de trois millions et demi. Les dépenses de la seconde décennie étaient évaluées à moins de cinq millions et les recettes à plus de douze millions. Pour la troisième décennie et les suivantes, indéfiniment, M. Lefèvre estimait les dépenses à environ six millions sept cent mille francs et les recettes à environ vingt-quatre millions de francs, soit cinquante et quelques mille francs seulement de dépenses annuelles pour une recette annuelle de plus d'un million.

Les forêts du nord de la Tunisie, en supposant même que leur étendue ne fût pas augmentée, pourraient, d'après ces calculs, être la source d'un revenu annuel de plus d'un million de francs. L'avenir seul pourra dire si ces prévisions sont justes, mais il est important de noter que pendant la première année elles ont été vérifiées par les résultats, car les dépenses ont été presque entièrement couvertes par les recettes, malgré les travaux considérables qui ont été faits pour l'aménagement des forêts, travaux dont l'importance diminuera nécessairement d'année en année. Préalablement au démasclage des chênes-lièges, des tranchées destinées à limiter les incendies ont été pratiquées à travers les forêts, travail indispensable, car on admet en Algérie que, quand un incendie éclate dans une forêt de chênes-lièges démasclés, il détruit 99 % des arbres. Des sentiers d'exploitation et même des routes de charrettes ont été créés pour rendre possible l'exploitation. Tous ces travaux ont été faits à l'entreprise ainsi que ceux du démasclage. Quant à l'abattage des chênes « zen » et à l'exploitation du tannin, on les a mis en adjudication, et l'administration se félicite des résultats obtenus, tout en espérant qu'ils seront encore meilleurs dans l'avenir.

Les massifs forestiers situés au sud de la Medjerdah, dans les terrains calcaires, sont formés surtout de pins d'Alep et de chênes verts. Ils sont loin d'avoir l'importance et la valeur de ceux dont nous venons de parler. Je dois ajouter qu'ils sont moins connus et que c'est à peine si l'on a commencé à les aménager. Les plus importants de ces massifs sont ceux des montagnes de Zaghouan d'où naissent les sources qui alimentent Tunis en eau potable; ceux du Djuggar et du Djebel Ressas, aux environs de Tunis; celui d'Aïn Fouma dans la partie supérieure de la vallée de l'Oued Milianah, presque entièrement formé de pins d'Alep; celui de Kessera, sur la route du Kef à Kairouan, long de douze kilomètres et large de plusieurs kilomètres; ceux des montagnes des Zlass, à l'est de Kairouan; ceux de Sidi-Youssef et de l'Oued Mélègue sur la route du Kef à Souk-Ahras; celui de Nébeur, sur la route du Kef à Souk-el-Arba; celui d'Haydra, près de la frontière d'Algérie, continuation en Tunisie des massifs forestiers algériens du cercle de Tebessa; enfin, celui de Bou-

Hedma, dans l'ouest de Sfax, distinct de tous les autres en ce qu'il est formé par une espèce d'arbre inconnu dans tout le reste de la Tunisie et en Algérie, *l'acacia tortissima.*

La surface totale de ces forêts est évaluée à environ cent trente mille hectares, ce qui, avec les cent vingt-quatre mille hectares des forêts du nord, représente, pour toute la Tunisie, une surface forestière d'environ deux cent cinquante mille hectares.

Les massifs forestiers du sud de la Medjerdah sont généralement en assez mauvais état. Comme ils se trouvent dans le voisinage de villes importantes, ils sont, depuis un temps immémorial, exploités pour les besoins du chauffage de ces villes. Le pin d'Alep l'est aussi pour le tannage et la coloration des peaux. L'exploitation se fait sans aucune règle et sans aucun soin; on abat les arbres presque sans aucune considération d'âge et d'avenir; on enlève les écorces destinées aux usages industriels sans souci du tort que cette opération porte aux arbres quand elle est mal faite. Non contents de faire des coupes sans soin, les indigènes laissent paître dans les forêts les moutons et les chèvres qui détruisent un grand nombre de jeunes arbres. Le directeur du service des forêts évalue à quatre mille hectares environ la surface déboisée chaque année dans les massifs voisins de Tunis, de Zaghouan, de Kairouan, etc., soit pour la récolte du tan, soit pour le bois, le charbon, et il estime à quatre cent mille francs au minimum la somme ainsi perdue annuellement par l'État tunisien. Cette perte n'est malheureusement pas la seule que les déboisements inconsidérés font subir à la Tunisie. Ils lui portent encore un préjudice considérable en modifiant à son détriment le régime des eaux. Il est donc important d'y mettre un terme aussi vite que possible.

Malheureusement, il n'existe dans la Régence aucune législation forestière. Les forêts font, il est vrai, partie du domaine beylical, mais on ne s'est jamais préoccupé d'en réglementer l'exploitation. De temps immémorial, les populations ont pris l'habitude d'en user et d'en abuser à leur guise, sans souci des générations futures. Si les forêts du nord ont échappé à la ruine qui menace celles du centre, il faut l'attribuer uniquement à la rareté des habitants, à l'absence de tout centre important dans leur voisinage immédiat et à la difficulté de l'exploitation augmentée par celle des transports. L'administration forestière a proposé un projet de législation qu'il est indispensable d'adopter et de mettre immédiatement en vigueur. Elle demande, avec raison, que les chefs des tribus et des villages soient rendus responsables personnellement des dégâts causés dans les forêts situées sur leurs territoires. C'est le seul moyen efficace auquel on puisse recourir dans un pays où il y aurait folie à créer une administration forestière semblable à la nôtre. Ce moyen est, du reste, conforme aux mœurs tunisiennes.

La forêt d'acacias gommifères citée plus haut mérite une mention spéciale. Elle est située à soixante-neuf kilomètres de Gafsa et à vingt-huit kilomètres seulement d'Aïaïcha, poste situé sur la route de Gafsa à Sfax. La plaine de Talah, dans laquelle s'étale la forêt, est formée par un terrain d'alluvion très riche, sur lequel les indigènes font, quand il pleut, de magnifiques cultures de blé et d'orge. Entourée de montagnes calcaires, cette plaine offre un grand nombre d'ondulations stériles, constituées par des débris de roches calcaires et gypseuses qui sont descendues des montagnes voisines, et des dépressions remplies de terres alluvionnaires. C'est uniquement dans ces dernières que poussent les gommiers. Ceux-ci ne dépassent guère trois mètres de haut; au centre de la forêt, ils sont écartés de quarante à cinquante mètres les uns des autres et disposés presque toujours par bouquets, ce qui montre qu'ils représentent des repousses de souches plus anciennes. Autrefois, la forêt de Talah avait une étendue beaucoup plus considérable ; elle occupait une surface longue d'environ trente-cinq kilomètres et large de huit, ainsi qu'en témoignent des pieds ou de petits bouquets isolés, épars sur cette surface ; actuellement, elle n'a guère plus de huit kilomètres de long et deux kilomètres de large. Sa décadence doit être attribuée à l'exploitation inconsidérée qu'en font depuis longtemps les tribus qui viennent chaque année y faire paître leurs troupeaux, et à la destruction des jeunes pousses par les chameaux et les chèvres ; les premiers mangent les rameaux entiers malgré les épines qui garnissent les feuilles ; les secondes broutent toutes les feuilles qui sont à leur portée. Pendant ces dernières années, les fournisseurs de bois et de charbon de l'armée ont fait aussi dans cette forêt des dégâts considérables.

La forêt de Talah est la seule de la Tunisie qui puisse fournir des bois à l'ébénisterie. Quoique les acacias qui la forment n'atteignent pas une forte grosseur, leur cœur peut donner des planches larges de vingt à trente centimètres, d'un bois dur, à grain fin, coloré en jaune foncé et susceptible d'un très beau poli. Il y aurait donc grand intérêt à reconstituer cette forêt qui est une exception en Tunisie. Par suite de l'abri que la plaine de Talah trouve contre le vent du Nord dans les montagnes qui l'entourent, elle présente des conditions climatériques spéciales, grâce auxquelles le gommier peut y croître. Pour lui rendre son ancienne étendue, il faudrait y interdire le pâturage et probablement faire les semis ou les plantations de jeunes gommiers à l'abri d'un autre arbre. M. Lefèvre recommande le « dammouk » ou *Rhus oxyacanthoïdes*, qui vient bien dans cette plaine parmi les jujubiers épineux et qui est lui-même susceptible de servir à la fabrication du charbon. L'exploitation de la forêt serait rendue facile par le voisinage de la Skhira et de Sfax, où l'on pourrait aisément transporter les bois et les embarquer pour d'autres destinations.

Pour terminer la question des forêts tunisiennes, nous devons dire quelques mots du reboisement du pays. Personne ne doute que la Tunisie ait été jadis plus boisée qu'elle ne l'est actuellement, mais il est probable que le déboisement remonte à une époque beaucoup plus reculée que la plupart le pensent. Les travaux considérables faits par les Romains pour amener de l'eau à de grandes distances permettent de supposer que déjà, pendant la période d'occupation du pays par leurs légions et leurs colons, les forêts étaient rares en Tunisie. Là, comme dans tous les pays sauvages, la destruction des bois doit être attribuée plutôt à la négligence qu'à la malveillance. Les chiffres que nous avons indiqués plus haut pour le déboisement actuel de la Tunisie (quatre mille hectares par année) donnent une idée de la rapidité avec laquelle des forêts non surveillées peuvent disparaître. Dans les pays tempérés où les pluies sont abondantes et fréquentes, le reboisement naturel compense en grande partie les pertes produites par une exploitation inconsidérée. Il ne peut pas en être ainsi dans les régions où les pluies font totalement défaut pendant une partie souvent considérable de l'année. Non seulement la sécheresse entrave le développement des pousses, mais encore les animaux sauvages et domestiques en détruisent une grande quantité pendant la partie de l'année où les herbes vertes font défaut. Tel est, en particulier, le cas de la Tunisie. Tandis que les hommes y détruisent les herbes, les chameaux et les chèvres empêchent les jeunes pousses de s'accroître et contribuent puissamment à la destruction de la forêt. L'expérience fournit à cet égard les données les plus indiscutables. Une partie des montagnes qui entourent Tunis et Zaghouan sont actuellement couvertes de thuyas rabougris, ne dépassant guère soixante à quatre-vingts centimètres de hauteur. A en juger par l'uniformité de la taille, un observateur superficiel pourrait croire que les thuyas de ces montagnes sont incapables d'acquérir des dimensions supérieures à celles que nous venons d'indiquer. Il n'en est rien cependant. Cette uniformité si remarquable de taille, cette disposition buissonneuse sont déterminées par les chèvres. Dans les quelques propriétés où l'on a interdit à ces animaux le pâturage dans les broussailles de thuyas, ces derniers n'ont pas tardé à s'élancer et de véritables arbres, très droits et très bien formés, se sont développés. J'ai été particulièrement frappé de ce fait en traversant le domaine de l'Enfida. De très nombreux et magnifiques thuyas, déjà hauts de sept et huit mètres, et des oliviers sauvages de même taille se dressent aujourd'hui dans des lieux où, il y a cinq ou six ans, n'existaient que de maigres et courts buissons. Il a suffi, pour obtenir ce résultat, de défendre aux indigènes de mener paître leurs troupeaux sur les terrains que couvraient les buissons.

Qu'on ajoute à cette interdiction quelques soins particuliers, tels que la suppression des sujets inutiles, l'élagation des arbres, etc., et de véritables forêts ne tarderont pas à être constituées, forêts qui dans une trentaine d'années rapporteront à leurs propriétaires de beaux bénéfices.

Je viens de dire que ces forêts sont en voie de formation sur des milliers d'hectares dans le domaine de l'Enfida, entre Zaghouan et Dar-el-Bey. Le même fait se produit dans les environs immédiats de Tunis, sur les montagnes situées au delà de Hammam-Lif, dans une autre propriété française. Là aussi abondaient des buissons inutiles de thuyas que chaque année les chèvres broutaient à belles dents. Depuis deux ans que l'interdiction du pâturage a été pratiquée, ces buissons ont donné, sans le moindre soin, de belles pousses droites, déjà hautes en certains points de près de deux mètres.

Partout où il existe des buissons de plantes susceptibles de devenir des arbustes ou des arbres, le même fait se produira : dans tous ces lieux, il suffira de l'interdiction du pâturage et de quelques soins pour que des forêts se développent. Dans les endroits offrant ces conditions, il sera également très facile de changer la nature des essences forestières, de remplacer, par exemple, si on le désire, les thuyas par des pins, en tenant compte, bien entendu, de la nature du sol et en ayant soin de donner à chaque terrain les essences qui s'y plaisent. Abrités par les arbres qui existent déjà, les semis ou les plantations d'essences nouvelles ne pourront manquer de réussir. Il en sera de même dans les lieux où existent de simples broussailles inaptes à s'élever en arbres. On s'en servira comme d'un abri pour protéger les essences forestières par lesquelles on désire les remplacer.

Mais, dès qu'il faut semer ou planter, le reboisement devient une opération difficile, à cause de son prix. Des essais de semis de pins d'Alep ont été faits par le service forestier dans les montagnes d'Hammam-Lif. On s'est borné à fouiller le sol de distance en distance et à déposer dans chaque trou un certain nombre de graines. Or, ce travail a coûté trois cent cinquante francs environ par hectare, dépense considérable si l'on songe à l'immense surface de montagnes qui devraient être ensemencées si l'on voulait rendre à la Tunisie son ancien état climatérique, dépense de beaucoup inférieure à la réalité, si l'on songe aux insuccès que l'on ne manquerait pas d'éprouver dans les régions actuellement dépourvues de broussailles et n'offrant aux semis aucun abri contre la chaleur du soleil et les vents desséchants.

Pour avoir une idée des difficultés que l'on éprouverait à faire des semis sur les montagnes ou les collines nues, je puis citer ce fait qu'un agriculteur français a dû, il y a quelques jours (juillet 1886), couvrir ses semis de vigne de toiles et de nattes sans cesse arrosées, afin de les empêcher d'être rôtis par le soleil et le siroco.

Sans négliger entièrement les semis ou les plantations, il est donc préférable, dans l'intérêt des finances du pays, de se préoccuper d'abord des montagnes dont les broussailles sont susceptibles de devenir arborescentes. Il suffirait de prendre quelques soins de ces broussailles, de les ébrancher et de les mettre à l'abri des animaux pour les transformer en forêts et modifier, dans une large mesure, le système des pluies de la Tunisie, car les surfaces susceptibles de cette transformation sont très importantes, du moins dans le Nord, l'Ouest et le Centre.

Quant aux montagnes du Sud, la trop grande rareté des pluies rend leur boisement, sinon impossible, du moins tellement difficile qu'il n'est guère permis d'y songer.

Pour en terminer avec cette question, je dois dire quelques mots des plantations d'arbres qui ont été faites par la Compagnie de Bône-Guelma sur le parcours de la ligne ferrée de Tunis à Ghardimaou. Un jardin de semis et de pépinières a été d'abord établi à Tunis même par les soins de M. Dubos, représentant de la Compagnie. Après s'être adressé à l'*Eucalyptus globulus* sans résultats satisfaisants, la Compagnie s'est arrêtée à l'*Eucalyptus resinifera* (Red-Gum des Australiens) auquel convient mieux le climat de la Tunisie et qui a l'avantage de ne pas se tordre comme l'*Eucalyptus globulus*. On joignit au Red-Gum le Pin d'Alep ou le Casuarina, et l'*Acacia cyanophylla*, qui a l'avantage d'être traçant et de pousser avec une grande rapidité. Les jeunes arbres semés et poussés en pépinière à Tunis ont ensuite été plantés le long de la voie, particulièrement autour des maisons des garde-barrières qu'ils ombragent. On évalue à près de trois cent mille le nombre de ces arbres existant actuellement sur le trajet du chemin de fer de Tunis à la frontière algérienne. M. Dubos estime à seize cents francs la plantation d'un hectare de terrain en eucalyptus, ceux-ci pouvant être plantés au nombre de cinq mille par hectare. Après vingt ans il ne restera probablement que deux mille arbres, mais ils vaudront environ dix francs par pied, c'est-à-dire vingt mille francs par hectare ; en déduisant pour l'intérêt du capital consacré à la plantation une somme de cinq mille cent trente francs, il resterait un bénéfice de quatorze mille huit cent soixante-dix francs. Quant à l'Acacia cyanophylla, son écorce est riche en tannin et très propre au tannage des peaux. Il en est de même du pin d'Alep qui fournit, en outre, un bois d'assez bonne qualité.

9° Elevage du bétail (Bœufs, moutons, chèvres, chevaux).

L'élevage des bœufs, des moutons et des chèvres occupe en Tunisie, malgré la rareté des pâturages, une place considérable dans les préoccupations des indigènes. Les chameaux et les chevaux existent aussi en assez grand nombre, mais sans avoir la même importance que les précédents.

Il n'existe malheureusement aucune statistique sérieuse des animaux dont nous parlons, et c'est seulement par approximation qu'on peut évaluer leur nombre. Voici cependant quelques chiffres, à peu près exacts, qui peuvent servir de base à des appréciations plus générales. Le directeur du domaine de l'Enfida estime à deux cent mille le nombre des moutons qui vivent sur le domaine ; à cinquante mille celui des chèvres ; à trente mille celui des taureaux, bœufs, vaches et veaux, et à deux mille celui des chameaux. Si l'on prenait ces chiffres pour base, la Tunisie ayant environ dix millions d'hectares de surface, on arriverait à admettre pour la totalité du pays les chiffres suivants : moutons : vingt millions ; chèvres : cinq millions ; bêtes à cornes : trois millions ; chameaux : deux cent mille.

Ces nombres sont certainement beaucoup trop élevés, parce que l'Enfida jouit de conditions très favorables à l'élevage des troupeaux et parce que le nombre de ses habitants est relativement très grand. D'après la statistique du Sahel, il existerait dans cette partie de la Régence près de trois mille chevaux et de mille mulets ou mules, plus de quinze mille ânes, plus de vingt-quatre mille bœufs, près de neuf mille chameaux et de quatre-vingt-dix-sept mille moutons, plus de treize mille chèvres pour cinquante-huit villages seulement. Il est à remarquer que dans les chiffres donnés pour le Sahel, par ce document, figurent les animaux qui existent sur le domaine de l'Enfida : or, les nombres donnés par le directeur de l'Enfida sont supérieurs à ceux que le document fournit pour tout le Sahel. Cela résulte probablement de ce que les indigènes dissimulent autant que possible le nombre réel des têtes de bétail, dans la crainte que les statistiques officielles ne servent à l'établissement d'un impôt sur les animaux. Il en résulte que l'on ne peut avoir confiance dans aucune statistique, et qu'on ne peut émettre que des estimations très hypothétiques.

Ce qui domine parmi le bétail élevé en Tunisie, ce sont les moutons et les chèvres. Le mouton à grosse queue est le seul que l'on trouve en Tunisie ; la chèvre est d'une variété très ordinaire et de petite taille, à poil noir, peu allongé. Les bœufs appartiennent à la même race que ceux de l'Algérie : ils sont de petite taille, mais très bien faits, avec le mufle et le dessus du cou noirâtres, les cornes peu développées et élégamment recourbées sur la tête.

Ainsi que je l'ai dit plus haut, il est impossible de dire combien il y a en Tunisie de moutons, de chèvres et de bœufs, mais le nombre en est très grand. Partout où il existe un peu d'herbe ou des champs moissonnés, on voit paître des troupeaux de plusieurs centaines de moutons et de chèvres ou d'une cinquantaine de bœufs. Les chevaux appartiennent à la race arabe ; ils sont généralement de petite taille, mais très résistants, très dociles et propres à tous les services. On peut évaluer approximativement leur nombre d'après celui des habitants. Il n'existe certainement pas plus d'un cheval par cent individus, soit environ quinze mille chevaux. Les chameaux sont à proprement parler des dromadaires ou chameaux à une seule bosse. Ces animaux sont surtout très nombreux dans le sud de la Tunisie, où ils font à peu près tous les transports de quelque importance, notamment celui des alfas. J'ai entendu évaluer à cent cinquante mille le nombre de ces animaux existant en Tunisie, mais je considère ce chiffre comme très supérieur à la réalité ; il donnerait, en effet, un chameau par dix habitants, ce qui est inadmissible.

En évaluant le nombre des chameaux au double de celui des chevaux, c'est-à-dire à trente mille, on est peut-être encore au-dessus de la vérité.

Les animaux les plus nombreux sont, sans contredit, les ânes. Il n'est peut-être pas une seule famille tunisienne, si pauvre soit-elle, qui n'ait un âne à sa disposition. Je ne crois pas être au-dessous de la vérité en estimant à un âne par cinq individus, soit à trois cent mille, le nombre total des ânes qui existent en Tunisie. Ce sont des animaux de très petite taille, mais robustes et plus sobres encore que le chameau, si la chose est possible. C'est à eux qu'incombent toutes les corvées domestiques ; c'est avec eux que les femmes vont chercher de l'eau aux puits, que les hommes portent au marché leurs denrées ; ce sont eux qui transportent au village tous les produits des jardins et des champs, le maïs, la luzerne pour les moutons et les bœufs, le blé et l'orge qui viennent d'être moissonnés ; c'est à eux encore que revient le soin de transporter le matériel restreint des ménages qui émigrent. L'âne est, enfin, le coursier des gens pauvres. L'indigène ne demande guère au cheval et même au mulet et à la mule que de porter son maître ou de traîner les voitures et les arabas (petites charrettes du pays) ; c'est à l'âne et au chameau qu'incombent tous les transports faits à dos d'animal. Quant aux labours, les indigènes les font toujours avec des bœufs ou des chameaux.

Les animaux dont nous venons de parler sont presque tous élevés en plein air. Les chevaux seuls sont souvent abrités sous de petits hangars en branchages. Quant aux chameaux, aux ânes, aux bœufs, aux moutons et aux chèvres, ils vivent constamment dehors. Il résulte de cette manière de faire que les indigènes sont entièrement privés de fumier.

Les pâturages sont, il faut le dire, dans la majeure partie du pays, d'une extrême maigreur. Les seuls lieux dans lesquels existent des prairies sont les bas-fonds situés sur le cours d'un petit nombre de rivières : nous citerons les plaines que traverse le cours inférieur de la Medjerdah, entre Utique et Porto-Farina, celles qui bordent les parties les plus basses de l'Oued Milianah, et, près de Soliman, les plaines qui entourent l'Oued Bézirk, au point où il va se déverser dans le golfe de Tunis. Plus au sud, citons quelques parties basses de l'Enfida, le pourtour du lac Kelbia, entre Sousse et Kairouan, etc... Dans ces lieux et un petit nombre d'autres, il serait aisé de créer de magnifiques prairies. Déjà des efforts ont été faits dans ce sens par quelques propriétaires français. Mais, même dans l'état d'abandon où les indigènes laissent ces plaines, elles produisent chaque année des quantités considérables d'un assez bon fourrage, à peu près tout acheté par l'administration militaire pour les chevaux de notre corps d'occupation.

Partout ailleurs, les troupeaux paissent, pendant l'hiver, dans les terres laissées en jachère et dans les parties tout à fait incultes du pays. Grâce aux pluies relativement abondantes dans cette saison, les animaux trouvent alors assez facilement à vivre. Pendant l'été, il en est autrement. Afin de leur ménager une ressource, les indigènes ont soin de couper les orges et les blés à vingt centimètres environ au-dessous de l'épi, de manière à laisser sur le sol un chaume très haut. Dès que les moissons ont été enlevées on mène paître les troupeaux dans les champs de blé et d'orge où ils trouvent, avec les chaumes dont nous venons de parler, une certaine quantité d'herbes épargnées par la faux du moissonneur. Jusque vers le milieu du mois de juillet, les animaux ont ainsi à peu près de quoi vivre ; mais, le soleil grille peu à peu les herbes et le sol, et, du 15 juillet au milieu de septembre, ils n'ont plus à se mettre sous la dent que quelque touffes d'herbes aussi dures que desséchées, et les feuilles des arbustes. On a peine à imaginer comment font les bœufs, les moutons et les chèvres pour vivre pendant ces deux mois. Quant aux chevaux, on leur donne de l'orge et quelques fourrages verts.

Si l'alimentation du bétail est très difficile dans le Nord pendant l'été, elle est tout à fait impossible dans le Sud, où les pluies de l'hiver sont très rares. Aussi voit-on les habitants du Sud remonter vers le Nord, avec leurs troupeaux de chameaux, de moutons, de chèvres, de bœufs, à mesure que la sécheresse envahit leurs terres.

Notons que, dans la majeure partie de la Tunisie, le pâturage n'est pas libre. Il ne l'est que sur les points où l'absence totale de culture fait de la terre une propriété commune, ou plutôt beylicale, par exemple sur les montagnes et les collines qui n'ont jamais été cultivées, ou qui ne le sont plus de temps immémorial, et dans les forêts qui sont propriétés beylicales.

Partout ailleurs, le droit de pâturage n'est concédé que moyennant une redevance payée en nature au propriétaire ; celle-ci est ordinairement d'un mouton ou d'une chèvre pour cent. Beaucoup de propriétaires ajoutent ainsi à leurs autres revenus des dîmes importantes, sans aucuns frais, et en bénéficiant de la fumure, peu abondante, il est vrai, que laissent les troupeaux sur leurs terrains.

L'élevage n'est soumis, dans la Régence, à peu près à aucun

soin. Cela est vrai, non seulement pour les moutons, les chèvres et les bœufs, mais même pour les ânes, les chameaux et les chevaux. On laisse les animaux s'accoupler librement, sans se préoccuper du choix des reproducteurs ; quant aux agneaux, aux chevreaux, aux génisses et aux veaux, ils se tirent d'affaire comme ils le peuvent ; personne ne s'occupe de leur alimentation ; personne non plus ne se donne la peine de fixer l'âge où ils commencent à se reproduire. Par suite de cette négligence, qui date de bien des siècles, les races se sont graduellement appauvries ; elles ont diminué de taille, de force et de valeur, et ne présentent plus aucun des caractères qui pourraient les faire rechercher en dehors de la Tunisie. Du reste, les droits qui frappent à la sortie la plupart de ces animaux sont assez élevés pour que leur élevage en vue de l'exportation ne puisse tenter personne. Les bœufs et les veaux paient vingt-cinq piastres et cinq karoubes de droit d'exportation par tête d'animal, sans distinction d'âge ni de poids, c'est-à-dire que le droit dépasse souvent la valeur de l'animal ; les chevaux de cinq ans et plus paient cent piastres et quatre karoubes, c'est-à-dire au moins le quart de la valeur d'un grand nombre de ces animaux. Les ânes qui ne valent en moyenne pas plus de cinquante piastres paient dix piastres et cinq karoubes de droit de sortie ; les moutons et les agneaux paient deux piastres et deux karoubes par tête. Vu le peu de valeur du bétail tunisien, les droits qui le frappent à la sortie rendent son exportation impossible ; or, ces droits sont eux-mêmes un obstacle à une amélioration des races qui cependant ne serait pas très difficile à obtenir. Nous parlons plus bas des quelques efforts qui ont été tentés dans cette voie par des Français depuis l'établissement du protectorat.

CHAPITRE III

Situation de l'industrie indigène

Malgré l'état de profonde décadence dans lequel elle est tombée, l'agriculture tunisienne présente encore des parties relativement prospères. Il en est autrement de l'industrie. On peut dire que, sans être absolument nulle, elle est aussi rudimentaire que possible ; aussi ne retiendra-t-elle pas longtemps notre attention.

Les seules industries indigènes qui offrent actuellement, en Tunisie, une certaine importance sont l'huilerie, la tannerie, la teinturerie et le tissage. Nous allons les passer brièvement en revue, sans entrer, bien entendu, dans des détails techniques qui ne seraient pas à leur place ici.

L'huilerie est de beaucoup l'industrie la plus considérable et la plus nécessaire de la Régence ; c'est aussi celle dont la transformation par les Européens était susceptible de donner les résultats les plus immédiats ; aussi est-ce vers elle que se sont portés les premiers efforts de nos compatriotes.

L'installation d'une huilerie indigène est aussi simple que possible. Elle se compose essentiellement d'une chambre obscure pour conserver les olives, d'un moulin et d'une presse. Aussitôt après la récolte, on entasse les olives dans la chambre obscure à laquelle nous venons de faire allusion, en ayant soin de faire alterner une couche d'olives avec une couche de sel. On laisse mariner les fruits pendant trois ou quatre mois. Sous l'action combinée du ramollissement qu'elles subissent et du sel avec lequel on les a mélangées, les olives perdent une grande partie de leur eau ; celle-ci s'écoule par le fond de la chambre obscure dans un réservoir creusé au dehors en entraînant une petite quantité d'huile, qui flotte, en vertu de sa moindre densité, à la surface de l'eau où l'on a soin de la recueillir. Ajoutons que les olives moisissent et fermentent, et que l'huile contenue dans leurs tissus devient toujours plus ou moins rance avant même d'avoir été extraite.

Lorsqu'on estime la perte d'eau suffisante, c'est-à-dire au bout de trois ou quatre mois, on met les olives dans le moulin. Celui-ci se compose d'une simple auge en pierre dans laquelle tourne une meule verticale mue par un homme, un cheval, un chameau ou un âne. La meule broie à la fois la pulpe et le noyau, au grand détriment de la saveur de l'huile, qui, du reste, comme nous l'avons dit, est déjà rance.

La pulpe obtenue par le broyage est mise dans des sacs en joncs et soumise à une presse à vis en bois assez semblable par la forme à celles dont on fait usage en France. Souvent, la presse se compose simplement de deux pièces de bois dont l'une est pressée contre l'autre par un levier formé d'un tronc d'arbre. J'ai particulièrement remarqué ce système rudimentaire dans les montagnes des Metmatas. Quelle que soit, d'ailleurs, la presse employée, elle est toujours trop faible pour extraire de l'olive toute l'huile qu'elle contient, et les marcs ou grignons qu'elle laisse sont assez riches en huile pour être susceptibles de donner de beaux bénéfices à celui qui sait les utiliser.

Dans les environs de Tunis, le gouvernement fournit les moulins à huile ; on peut même dire que les propriétaires sont obligés d'aller faire moudre et presser leurs olives dans des huileries gouvernementales. Cette méthode a été adoptée afin de faciliter la perception des impôts. En effet, au moment de la trituration des olives, le fermier de l'achour perçoit onze pour cent en nature sur le produit fabriqué. Une grande partie de cette rétribution échapperait, sans aucun doute, au fermier si chaque propriétaire était libre de faire triturer ses olives chez lui ou dans un lieu à sa convenance. Dans l'arrondissement de Tunis, le gouvernement s'arroge la propriété des grignons; il oblige même le propriétaire à les lui apporter à Tunis, à ses frais.

Dans les parties de la Tunisie où l'impôt des oliviers est payé par pied d'arbre, comme dans le Sahel, la fabrication de l'huile est entièrement libre; le propriétaire paie à l'industriel qui broie ses fruits, sous sa surveillance, une certaine redevance calculée d'après leur poids au moment de la trituration. La diminution de poids que subissent les olives en perdant leur eau pendant la macération dont nous avons parlé plus haut, entraînant une diminution proportionnelle de la redevance due au moulinier, il est probable que l'intérêt est la cause principale de l'habitude qu'ont les indigènes de faire macérer leurs olives avant d'en extraire l'huile. Il me paraît, en effet, difficile de croire que cette habitude résulte d'un goût particulier qu'ils auraient pour l'huile rance. Quoi qu'il en soit, ils y restent fidèles, même dans les lieux où les Européens mettent à leur disposition des moyens perfectionnés de fabrication. J'ai pu voir, dans les environs de Tunis, une usine mue par la vapeur dans laquelle les Arabes portent leurs olives à triturer, et où l'on a dû mettre à leur disposition des chambres de macération. En modifiant la base de la redevance pour la fabrication, en la faisant payer, par exemple, d'après la quantité d'huile obtenue et non d'après le poids des olives, on amènerait peut-être les indigènes à renoncer à un procédé qui rend leur huile absolument impropre à l'alimentation des Européens. Mais il serait encore préférable de créer des huileries perfectionnées qui achèteraient les olives aux propriétaires et qui fabriqueraient l'huile d'après les méthodes européennes. C'est, du reste, ce qui commence à se produire.

La tannerie est, après l'huilerie, l'industrie la plus importante de la Tunisie. Elle n'est, d'ailleurs, pas moins rudimentaire que la précédente. Les écorces tannantes employées sont surtout celle du pin d'Alep et celle du grenadier. Les fosses ou cuves dont on fait usage en Europe pour le traitement des peaux par la chaux d'abord, et par les écorces tannantes ensuite, sont remplacées par des jarres d'une contenance d'environ cent cinquante litres. On débarrasse les peaux de la chaux qu'elles ont absorbée en les traitant, comme en Europe, par de la fiente de chien ; le lavage des peaux est fait à l'eau salée ; quant au tannage proprement dit, il y est procédé à l'aide d'un extrait liquide d'écorce de grenadier ou de pin d'Alep. On teint ensuite les cuirs en jaune ou en rouge pour la fabrication des babouches. A Tunis, à Sfax, et dans quelques autres villes, la tannerie offre une certaine importance, mais partout elle emploie les mêmes procédés. Ceux-ci, en élevant le prix de la main-d'œuvre, donnent au produit une valeur qui ne lui permet pas de lutter contre les cuirs européens. La plupart des Tunisiens riches ont, d'ailleurs, déjà renoncé aux babouches jaunes ou rouges de leurs ancêtres et portent des pantoufles ou des souliers fabriqués avec un cuir verni, d'origine française ou italienne.

Rien ne serait plus aisé que de créer en Tunisie des tanneries perfectionnées. Un tan d'excellente qualité serait fourni par l'écorce des chênes du nord de la Régence ; quant aux peaux de bœufs, de moutons, de chevreaux, etc., elles sont assez abondantes pour constituer l'un des objets d'exportation les plus importants de ce pays, produit frappé d'ailleurs de droits considérables qui entravent beaucoup l'expédition au dehors. Les peaux de bœufs, de vaches, de veaux, de chameaux, d'ânes et de mulets paient un droit d'exportation de six piastres et quatre karoubes par quintal tunisien, c'est-à-dire par cinquante kilogrammes. Les peaux de chèvres et de chevreaux, de moutons et d'agneaux paient un droit de dix piastres et six karoubes par quintal tunisien.

La troisième industrie indigène de quelque importance est la teinturerie. Celle de Zaghouan, pour les chéchias, est la plus renommée. On attribue la qualité de ses produits à l'eau qui descend des montagnes s'élèvant derrière la ville. A Sfax, on m'a signalé soixante-cinq teinturiers indigènes qui teindraient chaque année quatre-vingt-dix mille pièces de cotonnades de quarante yards chacune. Parmi ces cotonnades figureraient des madapolams anglais dans la proportion de quatre-vingt-quatorze pour cent et seulement six pour cent de tissus fabriqués dans le pays. La couleur bleue est presque la seule donnée à ces étoffes, qui sont destinées aux vêtements des femmes de la campagne ; elle est obtenue par l'indigo.

Nous trouvons ici un exemple du goût très particulier qu'ont les habitants du continent africain pour les teintures de bonne qualité. A la côte occidentale d'Afrique comme en Tunisie, ils ne se préoccupent que fort peu de la solidité de l'étoffe, mais ils repoussent absolument celle qui n'est pas teinte à l'aide de l'indigo. La Régence ne demande guère à l'Europe que des cotonnades écrues qu'elle teint elle-même, pour être plus sûre de la nature du produit employé. Le commerce anglais fait des efforts incessants pour introduire dans notre protectorat des étoffes de couleur ; mais soit qu'il n'ait pas pu obtenir la teinte exigée par les indigènes, soit que ces derniers se méfient des contrefaçons, tous ses efforts ont été jusqu'ici à peu près impuissants. Je signale ce détail parce qu'il me paraît de nature à attirer l'attention de nos commerçants et de nos industriels.

Comme les industries dont nous avons déjà parlé, la teinturerie tunisienne n'emploie que des procédés très primitifs. L'outillage se compose principalement de cinq jarres d'une contenance moyenne de cent litres, renfermant des bains de différentes forces par lesquels on fait passer successivement les pièces de cotonnade. Chaque série de bains sert à teindre dix pièces. La réduction de l'indigo est obtenue à l'aide de la chaux.

Les ouvriers teinturiers indigènes ne manquant pas en Tunisie, et, ayant l'habitude de se contenter d'un salaire minime, il n'est pas douteux qu'il serait aisé de donner à l'industrie de la teinturerie une vigoureuse impulsion avec la certitude de réaliser de jolis bénéfices. Mais il faudrait, surtout dans le début, s'appliquer à imiter très exactement les procédés indigènes, afin de ne pas perdre la clientèle très méfiante des teintureries actuelles.

Le tissage du coton et de la laine est très répandu dans les diverses parties de la Régence, mais on n'y fait que très peu d'étoffes de prix ; celles que portent les indigènes viennent presque toutes d'Europe.

On trouve des tisserands dans toutes les villes, jusque dans les gourbis des campagnards et sous les tentes des tribus nomades. Les métiers sont extrêmement élémentaires, mais les ouvriers sont assez habiles. Les tapis de Kairouan et les couvertures de Djerba jouissent avec raison d'une certaine renommée. Les burnous de laine bien fabriqués par les nombreux tisserands de Kesseur-Métameur et de Kesseur-Médénine sont grossiers, il est vrai, mais d'une extrême solidité. Les étoffes légères à bandes de soie rouge ou bleue alternant avec des bandes blanches de coton grossièrement filé, qui sortent des mains des ouvriers de Tunis et de quelques autres villes, ne manquent pas de caractère. Les lainages blancs avec lesquels sont faits la majeure partie des burnous sont solides et souples. En un mot, si le métier est mauvais, on peut dire sans exagération que l'ouvrier est bon.

Mais le travail manque chaque jour davantage au tisserand

indigène. L'extrême simplicité des métiers mis en œuvre entraîne une lenteur de fabrication qui élève considérablement le prix du produit et le met hors d'état de lutter contre les tissus moins solides, mais beaucoup moins chers et plus séduisants à l'œil des industriels européens qui envahissent graduellement le marché tunisien. Ils apportent non seulement les cotonnades destinées à la confection des vêtements des indigènes, mais même les tapis et les étoffes plus riches que recherchent les amateurs.

Il serait cependant possible, à notre avis, d'utiliser les tisserands tunisiens pour le plus grand profit de leur pays et des capitaux français. Il serait facile de les habituer à se servir d'un métier plus perfectionné, et l'on pourrait alors les appliquer à la fabrication d'étoffes que la Tunisie achète aujourd'hui aux Anglais. Avec des avances de fonds permettant à l'ouvrier d'acheter un outil meilleur, et moyennant la fourniture de la matière première, un industriel habile bénéficierait de l'excessif bon marché de la main-d'œuvre indigène. Je me borne à soulever ici cette question, laissant aux intéressés le soin de l'approfondir.

A côté du tissage, nous devons parler de la fabrique tunisienne des chéchias. La chéchia, que portent tous les indigènes, sans distinction de catégories sociales, diffère de celle des autres pays musulmans. Au lieu de la forme en tronc de cône qu'affecte le bonnet des Turcs, des Egyptiens, des Algériens, etc., elle est tout à fait cylindrique et surmontée d'un petit appendice qui sert de support à un gland toujours très long et très gros, teint en bleu indigo. Ces chéchias sont fabriquées, ou, du moins, étaient autrefois exclusivement fabriquées à Tunis et teintes en rouge par la garance à Zaghouan. C'était pour ces deux villes une source importante de richesse. Mais cette industrie dépérit comme celles dont nous avons déjà parlé et pour les mêmes motifs. Fabriquées à l'aide de procédés très primitifs, les chéchias de Tunis coûtent trop cher pour faire concurrence à celles qu'on importe du dehors. Cependant, leur fabrication jouit encore d'une prospérité qu'il serait aisé de maintenir en introduisant quelques modifications dans l'outillage. Dans cette industrie comme dans la précédente, l'ouvrier étant d'une réelle habileté, le bas prix relatif de la main-d'œuvre permettrait à un industriel français de faire valoir avec avantage ses capitaux.

Je ne citerai que pour mémoire, parmi les industries tunisiennes, la fabrication des faïences peintes et émaillées qui décorent le sol et les murs de tous les anciens palais. C'est à peine s'il existe encore aujourd'hui quelques vieux ouvriers capables de faire ces magnifiques faïences. Les Italiens inondent la Tunisie de carreaux à bas prix, devant lesquels ont définitivement succombé les produits beaucoup plus beaux mais aussi beaucoup plus chers de l'industrie locale, et j'avoue que je ne vois guère le moyen efficace de relever cette dernière. Cependant, il se fait dans toute la Régence un usage journalier de faïences émaillées; tous les appartements des riches maisons tunisiennes sont carrelés et souvent tapissés à l'aide de ces faïences fournies actuellement par l'Italie.

Très rares aussi sont les ouvriers capables de creuser dans le plâtre les magnifiques arabesques dont sont ornés la plupart des vieux plafonds des palais tunisiens. Il y a quelques années, on eut beaucoup de mal à trouver l'ouvrier qui fabriqua le panneau envoyé à l'exposition d'Amsterdam, comme échantillon d'une industrie malheureusement disparue.

En résumé, l'industrie de la Tunisie, après avoir joui dans certaines de ses branches d'une assez grande prospérité, est aujourd'hui à peu près entièrement morte, mais il serait aisé de la relever, et nous verrons plus bas que des efforts importants ont déjà été faits, non sans profit, dans cette direction, par des Français.

CHAPITRE IV

Agriculture et Industrie Européennes

Depuis l'installation du protectorat français en Tunisie, de très beaux établissements agricoles ont été créés par des Européens, je devrais dire par des Français, car l'immense majorité de ces domaines est entre les mains de nos nationaux. Je m'empresse d'ajouter que pas un seul d'entre eux ne provient de concessions gratuites, mais que tous ont été achetés aux indigènes à beaux deniers comptant. C'est en grande partie à cette circonstance qu'il faut attribuer, selon moi, le rapide développement de la colonisation française dans la Régence. Ayant engagé dans l'achat des terrains des sommes souvent considérables, les colons se hâtent de mettre le sol en culture afin d'en tirer aussitôt que possible l'intérêt de leur argent. On ne peut donc que féliciter les autorités françaises de la Tunisie de n'avoir pas imité les errements suivis en Algérie jusqu'à ces dernières années et de ne pas s'être lancées dans la voie des concessions gratuites de la colonisation officielle.

Je crois utile de dire quelques mots des établissements agricoles les plus importants. Ce sera le meilleur moyen de donner une idée exacte de ce qui a été déjà fait et de ce qui reste encore à faire pour mettre en valeur le sol de la Tunisie.

Le domaine français le plus considérable est celui de l'Enfida. Son acquisition remonte à l'année 1880, c'est-à-dire qu'elle est antérieure à l'établissement du protectorat. Le général Khérédine avait reçu cette propriété du Bey, en échange d'une rente viagère que celui-ci servait à son ministre depuis un certain nombre d'années. Plus tard, tombé en disgrâce et retiré à Constantinople, le général Khérédine voulut se débarrasser d'un domaine qu'il craignait sans doute de se voir enlever un jour par son successeur. Il proposa d'abord à quelques-uns de ses compatriotes de le leur vendre ; mais n'ayant obtenu que des refus, il s'adressait, le 15 avril 1880, à la « Société Marseillaise de Crédit Industriel et Commercial et de Dépôts », société fondée avec un capital social de soixante millions de francs. Il s'engageait à vendre en bloc à la Société, ou à tel syndicat qu'elle lui présenterait, tous les biens qu'il avait en Tunisie et dont le plus important était le domaine de l'Enfida.

Quoique le prix demandé par le vendeur fût avantageux pour la Société marseillaise, celle-ci avait plus d'un motif d'hésiter à accepter les propositions qui lui étaient faites. En premier lieu, la somme totale était considérable, et l'on avait affaire à un pays encore peu connu, à des terres en majeure partie incultes et presque dépeuplées ; en second lieu, il était permis de se demander si le gouvernement beylical respecterait les droits des acquéreurs et s'il les laisserait jouir paisiblement de leurs propriétés ; seules, les autorités françaises pouvaient à cet égard calmer les inquiétudes de la Société marseillaise. A l'époque dont nous parlons, des prétentions rivales s'agitaient en Tunisie, et il suffisait d'un instant de faiblesse de la part de notre gouvernement pour que ce pays nous échappât, soit qu'il restât dans la situation d'indépendance où il se trouvait, soit qu'il tombât entre les mains d'une autre nation. Notre influence était, il est vrai, puissante en Tunisie, mais elle était vivement combattue par les représentants des autres nations, et le Bey Es-Sadock était dominé par les partis hostiles à la France. L'acquisition par des Français d'une propriété aussi étendue que celle de l'Enfida ne pouvait être envisagée par nos rivaux et par les Tunisiens ennemis de notre autorité que comme une sorte de mainmise de nos nationaux sur une partie de la Tunisie. On ne manquerait pas d'effrayer le Bey et de lui représenter la France comme convoitant ses États, afin de l'amener à déposséder les nouveaux propriétaires.

Cependant les acquéreurs ne se laissèrent pas arrêter par les dangers qui pouvaient résulter de l'influence sur le Bey des partis hostiles à la France ; ils se bornèrent à mener l'affaire aussi secrètement que possible ; ils étaient d'ailleurs puissamment encouragés par notre chargé d'affaires et même par le gouvernement de la République, où figuraient des hommes résolus à ne pas laisser tomber en des mains étrangères un pays aussi riche que la Régence, et tellement fondu avec l'Algérie que l'avenir de celle-ci aurait été compromis si la Tunisie était devenue une colonie étrangère. Le 29 juillet 1880, la Société marseillaise informait Khérédine de son acceptation et l'invitait à faire dresser les actes de vente conformément à la loi tunisienne.

A peine la conclusion de ce contrat était-elle connue, que des intrigues de toutes sortes se nouaient autour du Bey pour empêcher la réalisation de la vente à la Société marseillaise, et que des démarches étaient faites auprès de Khérédine pour le pousser à violer ses engagements. Une Société italienne lui offrait de gros avantages pour se substituer à la Société marseillaise, et un bénéfice considérable était proposé à l'administrateur de cette dernière société pour le décider à vendre à des étrangers la propriété qu'il venait d'acquérir. On renouvelait auprès de lui l'opération qui avait si bien réussi auprès de M. Duplessis pour la concession des alfas.

Les acquéreurs ayant repoussé les offres qui leur étaient faites, il fallait chercher un moyen de mettre la Société marseillaise dans l'impossibilité d'entrer en jouissance de sa propriété. On crut le trouver dans une disposition de la loi musulmane connue sous le nom de Cheffâa, dont il ne sera pas hors de propos de parler ici, car elle constitue l'un des pièges les plus dangereux parmi ceux qui entourent le droit de transmission de la propriété en Tunisie.

Le droit de Cheffâa, que nous pouvons désigner d'une façon plus compréhensible et surtout plus française sous le nom de « droit de préemption », se résume en ceci : lorsqu'un propriétaire vend sa terre, l'un quelconque des propriétaires voisins peut invoquer et obtenir le droit de se substituer à l'acquéreur à la condition d'exécuter certaines formalités, et de payer la somme consentie par l'acheteur comme prix de la propriété.

Il est permis de supposer qu'en introduisant dans la loi musulmane le droit de Cheffâa, l'auteur du Coran n'a pas eu seulement pour but de rendre plus facile l'extension des domaines agricoles, mais encore et surtout de rendre très difficile, sinon impossible, l'acquisition des terres par certains individus, particulièrement par les étrangers.

Il est vrai que la loi elle-même fournit les moyens de rendre vain le droit de Cheffâa qu'elle consacre.

Ces moyens sont au nombre de deux principaux : ou bien le vendeur a soin de faire figurer dans l'acte, à côté du prix d'achat réel, l'indication d'une somme ou poignée de monnaie indéterminée (Kemtcha Medjhoula), dont l'acquéreur lui-même ne connaît pas exactement la valeur et que par conséquent le voisin réclamant le droit de Cheffâa est incapable de payer, ne connaissant pas davantage cette valeur ; ou bien, le vendeur se réserve, par l'acte de vente, tout autour de la propriété vendue et autour des enclaves qu'elle peut contenir, une bande étroite de terrain, de manière à devenir le seul voisin de l'acquéreur. Peu importe, d'ailleurs, la largeur de cette bande : qu'elle ait un mètre ou une lieue, elle a les mêmes effets ; elle permet au vendeur de se substituer à tous les voisins et par conséquent de rendre impraticable le droit de Cheffâa.

Khérédine, très versé dans la loi musulmane dont il a publié un commentaire, avait usé de ce dernier moyen pour mettre la Société marseillaise à l'abri de la Cheffâa. Néanmoins, un Maltais, sujet anglais, prétendit, en invoquant ce droit, empêcher les propriétaires français d'entrer en possession de l'Enfida, et ce n'est qu'après des péripéties de toutes sortes, dont il serait trop long de parler ici, que la Société marseillaise put entrer en jouissance de son domaine. On espérait que l'intervention dans l'affaire d'un sujet anglais amènerait des complications diplomatiques devant lesquelles les autorités françaises reculeraient. Il n'en fut rien, heureusement. Grâce à l'énergie de notre chargé d'affaires, tout se termina au mieux de nos intérêts, après quelques polémiques dans la presse de Londres et d'Italie et quelques tentatives de violence sur le domaine même de l'Enfida. C'est sans doute le bruit provoqué par des intéressés autour de cette affaire qui a pu faire croire à certaines personnes que la France avait fait l'expédition de Tunisie au profit des propriétaires de l'Enfida. La vérité est que cette propriété a été acquise par de bons Français, non seulement dans le but de réaliser des bénéfices bien légitimes, mais encore dans celui de faire pénétrer l'influence de la France au cœur même de la Régence. Ce sont là, il faut bien le dire, les meilleurs procédés de colonisation ; ce sont, du moins, ceux qui ont toujours été employés de préférence par les nations s'entendant le mieux à coloniser ; ce sont ceux de l'Angleterre et de l'Allemagne, qui n'en ont pas le monopole, mais qui sont chaque jour louées de les employer par les hommes les plus hostiles à la politique d'expansion coloniale. On peut dire que la prise de possession de la Tunisie par la France date du jour où la Société marseillaise signait avec Khérédine l'acte d'achat de l'Enfida.

Ce domaine est situé sur le bord du golfe de Hammamet, qu'il longe sur une longueur d'environ vingt kilomètres ; il s'étend du nord au sud depuis le voisinage de Zaghouan jusqu'à une petite distance de Kairouan. Son centre principal, Dar-el-Bey, n'est qu'à deux kilomètres du bord de la mer, à soixante-dix kilomètres en ligne droite de Tunis et à une quarantaine de kilomètres de Sousse, sur la route de Tunis à Sousse d'une part et à Kairouan de l'autre, c'est-à-dire à peu près à cheval sur les deux plus grandes voies de communication de la Tunisie. Quelques autres centres ont été créés sur d'autres points du domaine.

On peut aller de Tunis à Dar-el-Bey par deux routes : l'une, longue de quatre-vingt-neuf kilomètres, traverse la magnifique plaine de l'Oued Milianah et passe par Zaghouan ; l'autre, longue de cent quatre kilomètres, passe par Hamman-Lif, Gorombalia et Bir-Loubit, en traversant les riches plaines de la presqu'île du cap Bon.

C'est au voisinage de Dar-el-Bey qu'ont été concentrés les efforts les plus considérables de la colonisation. Là se trouvent d'excellentes terres à céréales, des bas-fonds suffisamment humides pour constituer d'excellents pâturages, des terrains très propres à la création de vignobles. Afin d'utiliser les eaux de l'hiver, des barrages intelligemment disposés ont été construits en travers des rivières qui traversent la propriété de l'est à l'ouest pour aller se jeter dans le golfe de Hammamet. Grâce à eux, ces eaux sont répandues pendant l'hiver sur les plaines avoisinantes qu'elles fécondent non seulement en les arrosant, mais encore en les couvrant d'humus entraîné des coteaux voisins. Les prairies ainsi irriguées donnent à la fin d'avril une coupe de fourrage qui produit jusqu'à trente et quarante quintaux par hectare. Pendant l'été, elles servent au pâturage des troupeaux.

Ce ne sont pas seulement les environs de Dar-el-Bey qui sont fertiles. La majeure partie du domaine est formée de terres excellentes, non seulement pour la culture des céréales, mais encore pour celle de la vigne ; d'autres parties offrent des bois en bel état dont j'ai déjà parlé plus haut.

Ce qui a fait choisir depuis longtemps Dar-el-Bey pour chef-lieu de l'Enfida, c'est, d'une part, son voisinage de la mer, d'autre part, sa situation privilégiée sur les routes de Tunis à Sousse et de Tunis à Kairouan.

Quoique les Français ne soient en possession de ce beau domaine que depuis cinq ans seulement, ils l'ont déjà singulièrement amélioré.

On avait d'abord fait quelques tentatives de colonisation que j'appellerai officielle, c'est-à-dire qu'on avait appelé autour de Dar-el-Bey des familles maltaises, auxquelles on fournissait non seulement des terres de culture, mais encore des avances de vivres et de fonds, ainsi que cela a été pratiqué si souvent en Algérie. Ces tentatives ont échoué à l'Enfida comme elles avaient échoué en Algérie ; les familles ont dépensé les avances qui leur avaient été faites avant d'avoir tiré du sol les éléments de leur alimentation. Aujourd'hui leurs villages sont en voie de décroissance très manifeste.

Ce procédé n'ayant pas abouti, la Société en a cherché un autre. Son habile représentant, M. Mangiavacchi, s'efforce d'attirer et de fixer sur le domaine de l'Enfida le plus grand nombre possible d'indigènes. Il faut dire qu'il y réussit à merveille. Il a créé à Dar-el-Bey un marché où se rendent tous les dimanches plusieurs centaines de marchands dont un grand nombre viennent de fort loin. J'y ai vu des gens de Nebeul, avec leurs légumes et leurs poteries, des habitants du Sahel avec leur huile d'olive, des juifs ambulants avec leurs vêtements, leurs étoffes, etc. Un grand mouvement se fait ainsi chaque semaine autour du chef-lieu de l'Enfida. Après l'insurrection de 1881, le domaine était entièrement dépeuplé : aujourd'hui on y compte plus de douze mille individus à peu près définitivement fixés au sol qu'ils louent pour y cultiver l'orge, le blé, les légumes et faire pâturer leurs troupeaux. Trois villages de Berbères existent dans les parties montagneuses à Zériba, Djoadou et Takrona ; les habitants de ces villages se livrent à la culture de quelques oliviers, à l'élevage des abeilles et à la fabrication de cordages, de paniers et de tapis en alfa.

Je crois devoir attirer particulièrement l'attention sur la tentative de fixation des indigènes dont je viens de parler au sol de l'Enfida, parce qu'elle constitue, à mon avis, l'une des idées les plus justes et les plus précieuses pour l'avenir qu'ait eues le directeur de ce domaine.

La plupart des Français qui, dans ces derniers temps, ont acheté des propriétés en Tunisie voient les indigènes d'un mauvais œil, et, bien loin de les attirer sur leurs terres, s'efforcent de les en expulser. Ils ne manquent pas pour cela de motifs, telles que la crainte des voleurs et celle de la dévastation des terres par les troupeaux de chèvres ou de moutons qui suivent toujours les indigènes. Il serait difficile de nier la justesse de ces raisons, mais il en est d'autres, non moins justes et plus importantes selon moi, qui plaident en faveur du système mis en pratique à l'Enfida.

En premier lieu, à moins d'adopter le système aussi inhumain qu'inintelligent et impraticable du refoulement des indigènes et de leur remplacement sur le sol entier de la Tunisie par des Européens, il faut songer à utiliser leurs forces, et, pour cela, il faut les fixer. Or, dans ce but, deux moyens pourraient être tentés. Le premier consisterait à concéder des terres aux tribus nomades, à la condition qu'elles y élèveraient des établissements à demeure. Ce moyen serait sans doute philanthropique, mais fort coûteux, et, de plus, bien difficile à mettre en pratique en Tunisie, où la propriété est très fortement individualisée. Il faudrait dépouiller les propriétaires actuels au profit de gens qui ne possèdent rien, c'est-à-dire provoquer le mécontentement certain d'une fraction importante des habitants, en vue d'un résultat tout à fait incertain.

Ce système étant écarté, il ne reste plus que celui qui consiste à fixer les indigènes au sol par l'appât d'un gain à réaliser à l'aide de leur travail. Or, la condition actuelle des khammès est tellement déplorable que son amélioration est la chose du monde la plus facile à faire, sans qu'il en résulte aucune perte pour le propriétaire.

En apportant plus de soin à la culture, le propriétaire retirerait de la terre des produits plus abondants et meilleurs. Il pourrait, par conséquent, en abandonner une partie aux travailleurs, non seulement sans diminuer son profit, mais même en l'augmentant dans des proportions très sensibles. Rendu plus heureux par son travail, le khammès ne manquerait pas de se fixer auprès du champ d'où lui viendrait le bien-être.

En agissant comme ils le font, les propriétaires de l'Enfida ne peuvent manquer d'aboutir à ce double résultat : amélioration du sort de l'indigène et fixation du nomade au sol ; accroissement des revenus annuels et de la valeur marchande de leur domaine.

J'ajoute que ce dernier résultat, tout à l'avantage des colons français, ne peut être obtenu dans toute sa plénitude qu'à la condition d'attirer l'indigène sur les propriétés françaises et de le fixer. Sans atteindre la surface énorme de l'Enfida, la plupart des propriétés acquises en Tunisie par nos compatriotes ont des étendues extrêmement considérables. Les domaines de quatre, cinq, six, sept, huit et dix mille hectares sont les plus nombreux. Or, il n'est guère permis de croire que des propriétés aussi étendues puissent jamais être travaillées exclusivement par des Français. Il y a pour cela des motifs bien puissants : d'abord il faudrait un nombre d'ouvriers bien supérieur à celui que nos campagnes déjà dépeuplées elles-mêmes peuvent fournir à la colonisation ; ensuite, le salaire qu'exigerait en Tunisie un ouvrier français serait trop élevé. Le principal avantage des pays neufs, c'est que non seulement la terre, mais encore la main-d'œuvre, y sont à vil prix ; c'est ce qui séduit l'Européen et le décide à s'expatrier. S'il renonce à la patrie, à la famille, aux amis, aux habitudes contractées depuis l'enfance, à la douceur des climats tempérés, pour aller coloniser des pays moins civilisés, c'est qu'il est poussé par l'espérance de faire plus rapidement fortune dans ces contrées que dans son pays natal. Dans toute colonie, élever le prix de la terre ou celui de la main-d'œuvre, c'est tuer la colonisation. Cela est aussi vrai pour la Régence qui est à notre porte que pour le Tonkin qui est à trois mille lieues de la France. Or, pour nous limiter à notre sujet, en Tunisie, la main-d'œuvre la plus basse est fournie incontestablement par les Arabes. On évalue généralement de un à deux francs au maximum, sans la nourriture, le prix de la journée d'un ouvrier agricole tunisien, tandis que les Maltais ou les Siciliens sont payés de deux francs cinquante à trois francs par jour. Je ne parle pas du prix de la journée des ouvriers agricoles français, car il n'en existe pas encore. Les vignerons qu'on y rencontre sont tous des chefs de culture auxquels on donne des traitements fixes, assez élevés.

Le propriétaire français qui repousse les indigènes et les éloigne de son domaine commet donc la faute énorme de se priver de l'ouvrier qu'il aurait au meilleur compte.

Ajoutons qu'il se condamne, en outre, à laisser la majeure partie de ses terres en friche, car il lui serait impossible de trouver assez de journaliers, je ne dirai pas français, mais même maltais ou siciliens, pour les travailler. Seul l'Arabe se prête convenablement à ces combinaisons de culture payées en nature dont nous avons parlé plus haut, combinaisons grâce auxquelles le propriétaire peut tirer un gros bénéfice de sa terre, presque sans faire d'avances de fonds et sans compromettre son capital.

Convenablement dirigées par l'agriculteur français, ces cultures ne peuvent manquer de donner au sol une valeur plus considérable qui serait même beaucoup augmentée par le seul fait de la présence de la population attirée et fixée sur ses terres. Plus un pays est peuplé, plus, en effet, les produits du sol, particulièrement les produits secondaires, trouvent un facile écoulement.

Je ne puis donc qu'applaudir aux efforts incessants faits par le directeur de l'Enfida pour attirer et fixer sur cette propriété des familles et des tribus d'indigènes. Il augmente ainsi les revenus du domaine, il accroît sa valeur intrinsèque, enfin il collabore dans une puissante mesure au rapprochement des colons français et des indigènes, pour le plus grand profit matériel des premiers et l'avantage moral des seconds.

Mais pour l'exploitation complète d'une aussi vaste étendue de terre, il faudrait des capitaux énormes et une administration tellement compliquée qu'elle rappellerait bientôt celle d'un petit État. Les propriétaires de l'Enfida l'ont compris, et ils se préoccupent d'attirer non seulement des ouvriers indigènes comme nous venons de le dire, mais encore des colons français.

Ils ont tracé auprès de Dar-el-Bey le plan d'un village européen; ils ont alloti la terre et l'ont mise en vente. Plusieurs lots ont déjà trouvé des acquéreurs; des habitations de colons ne tarderont pas à s'élever autour de celles de la société; et bientôt un village, puis une petite ville, se dresseront dans un lieu où rien ne troublait, il y a quelques années seulement, la solitude du désert.

Actuellement le village se compose de la maison d'habitation des administrateurs, joli bâtiment accompagné de hangars pour les animaux, de jardins potagers et d'un verger dont les arbres fruitiers sont en bonne voie de développement; d'une église et d'une maison d'école entretenues par la Société, de quelques maisons dans lesquelles logent les employés et les ouvriers européens, de la maison du caïd, d'une auberge pour les indigènes et leurs animaux, et de quelques autres habitations de moindre importance. A peu de distance, se trouve un village maltais qui fournit des ouvriers au domaine.

Indépendamment des prairies qu'elle exploite directement, la Société ne fait en ce moment par elle-même d'autre culture que celle de la vigne. Il en a été planté déjà deux cents hectares au voisinage même de la ferme. Les plus âgées n'ont pas encore dépassé leur troisième année; d'autres n'ont que deux ans; d'autres enfin n'ont été plantées que l'hiver dernier. L'année dernière, des vignes de deux ans ont déjà produit une certaine quantité de raisins avec lesquels on a pu faire du vin; cette année, les mêmes vignes promettaient de donner environ deux mille hectolitres de vin. Je les ai visitées avec soin. Un grand nombre de pieds portaient jusqu'à quinze et seize grappes très belles.

Un cellier superbe, pouvant permettre de faire jusqu'à vingt mille hectolitres de vin, a été construit cette année. Il était presque achevé quand j'ai visité le domaine. L'intention de la Société serait de mettre ce cellier à la disposition des colons français qui s'établiraient à Dar-el-Bey pour y cultiver la vigne. Ils seraient ainsi dispensés de faire les frais énormes d'un outillage vinaire.

J'ai parlé en premier lieu du domaine de l'Enfida parce qu'il est de beaucoup le plus considérable de tous ceux qui existent en Tunisie; mais, s'il n'a pas de rivaux pour l'étendue, il en a pour la richesse et les soins apportés dans la culture.

Deux immenses propriétés françaises, de plusieurs milliers d'hectares chacune, sont situées sur le cours de la Medjerdah. La vallée qui s'étend de chaque côté de la portion inférieure de la Medjerdah est l'une des plus belles et des plus riches de la Tunisie; c'est aussi l'une des mieux cultivées par les Arabes. Dans les parties basses qui environnent Utique, elle donne des fourrages excellents; partout ailleurs, elle produit des céréales. Les deux propriétés dont nous parlons sont celle de Sidi-Tabet dans le fond de la vallée, à une douzaine de kilomètres de l'embouchure de la rivière, à six kilomètres d'Utique, et celle d'Utique autour des ruines de la ville de ce nom. Dans l'une et dans l'autre, on a commencé à planter des vignes, et il existe d'importants établissements. A Utique, on a planté trois cents hectares de vignes. A Sidi-Tabet, on n'en avait encore planté, quand j'y suis passé, que trente-six hectares, mais on défonçait des terres superbes pour faire au printemps des plantations beaucoup plus considérables.

Ce qui donne au domaine de Sidi-Tabet un intérêt particulier, ce qui fait que j'ai cru nécessaire d'en parler d'une façon spéciale, c'est qu'il est le seul dans lequel on ait tenté jusqu'à ce jour le perfectionnement des chevaux et des bœufs. Cette propriété, aujourd'hui entre les mains de la Société franco-africaine, fut jadis concédée à un Français par le gouvernement beylical, à la condition qu'il y établirait un haras pour la production de chevaux à l'aide du croisement des races arabes avec les races anglaises et autres, et une étable modèle pour le croisement de la race bovine arabe avec les races européennes.

Ces établissements constituent, il faut bien le dire, une charge énorme, et le principe sur lequel ils ont été fondés me paraît des plus critiquables. Pendant longtemps, ils n'ont donné, du reste, que des résultats très déplorables. On y achetait de vieux étalons de course dont les produits n'avaient aucune des qualités à exiger des chevaux dans un pays où il faut se préoccuper beaucoup plus de créer des animaux de fatigue que des bêtes de luxe et de course.

Aujourd'hui, les choses vont mieux, mais les conditions imposées par le gouvernement beylical n'en sont pas moins contraires aux véritables intérêts de l'établissement. Au lieu d'exiger la production de races croisées, il serait beaucoup plus simple et plus avantageux pour tout le monde de consacrer le haras et l'étable de Sidi-Tabet au perfectionnement des races indigènes. Celles-ci sont depuis des siècles en voie de dégénération par suite du peu de soins dont elles sont entourées, mais elles ont acquis, de par les mêmes influences, des qualités spéciales qui les rendent aussi propres que possible au pays. Bêtes à cornes et chevaux sont d'une solidité et d'une rusticité remarquables. Les bœufs se contentent de paille et de maigres herbes qu'ils ramassent à grand peine dans les champs ; les chevaux vivent de quelques poignées d'orge distribuées, deux fois par jour, d'un peu de paille, et ne boivent qu'une seule fois par vingt-quatre heures. Malgré une si chétive alimentation, les bœufs sont assez beaux ; ils ne maigrissent d'une manière sensible que pendant les mois d'août et de septembre, les pâturages étant alors entièrement desséchés et épuisés. Quant aux chevaux, ils peuvent faire tous les jours, si on l'exige, des étapes de huit et dix lieues sans repos.

Ce qui manque le plus à ces animaux, c'est la taille. Il serait aisé de la relever par la sélection aidée d'une nourriture suffisamment substantielle. Ce procédé vaudrait mieux que des croisements qui ne peuvent manquer de déterminer une diminution de la rusticité. Or, cette qualité est absolument indispensable dans un pays où les fourrages et les pâturages sont rares, et où la température est souvent excessive.

En choisissant comme sujets des étalons et des juments arabes d'une taille élevée, comme on en produit aujourd'hui en Algérie pour notre cavalerie ; en mettant ces étalons à la disposition des Arabes, qui ne manqueraient certainement pas de leur amener des juments, on ne tarderait pas à élever la taille moyenne des chevaux tunisiens. Ils pourraient alors être achetés pour les services qui demandent de la force et pour la cavalerie. Comme ils augmenteraient de valeur, les indigènes seraient intéressés à soigner davantage les produits de leurs écuries et ils y mettraient sans aucun doute quelque amour-propre.

Ce que je viens de dire du perfectionnement des chevaux peut s'appliquer aux bêtes à cornes. C'est bien plus à la sélection et au régime alimentaire qu'au croisement qu'il faut demander l'amélioration de la race bovine de la Tunisie. J'ai vu, il est vrai, à Sidi-Tabet, de très jolies bêtes obtenues par le croisement de la race charolaise avec la race tunisienne. Mais ces produits exigent des soins très grands, qu'il serait difficile aux indigènes de leur donner. Il est même permis de se demander si à la deuxième ou troisième génération les métis ne perdraient pas, sous l'influence du climat, une partie des qualités qu'ils ont à la première.

Tel est, à mon avis, le principe sur lequel devrait être organisé le haras de Sidi-Tabet pour rendre à la Tunisie des services réels et pour rapporter à ses propriétaires des bénéfices de nature à encourager leur entreprise. Cela n'empêcherait pas de faire des expériences de croisements entre les races africaines et celles de l'Europe. J'ignore si la Société franco-africaine, qui souffre des charges imposées à son haras, a le moyen de faire modifier le cahier des charges de sa concession par le gouvernement beylical; mais je suis convaincu qu'il serait aisé d'éclairer ce dernier sur les inconvénients de ses exigences. Mis en présence de la réalité, ayant eu la démonstration qu'on lui a fait faire autrefois fausse route, et que le haras de Sidi-Tabet, tel qu'il a été conçu, est à la fois à peu près inutile et ruineux, il admettrait sans doute un remaniement du cahier des charges.

Parmi les clauses de ce dernier, il en est une particulièrement défavorable à l'entreprise de Sadi-Tabet et contraire aux intérêts de la Régence, c'est celle qui interdit aux propriétaires du haras de faire des mulets. En effet, le mulet et la mule sont rares en Tunisie; ils y sont très estimés et atteignent des prix élevés; un attelage de mules vaut au moins deux mille francs, tandis que le même attelage en chevaux du pays ne dépasse guère le quart de ce prix. Or, on fait peu de mules dans la Régence. Presque toutes celles qu'on y trouve viennent de la Sicile. Est-ce pour protéger le commerce italien qu'une influence hostile à la France a fait inscrire dans le cahier des charges de Sidi-Tabet l'interdiction de faire des mulets? Je l'ignore, mais tout permet de le supposer. Quoi qu'il en soit, la situation prépondérante que la France occupe aujourd'hui en Tunisie nous impose le devoir de faire tomber toutes les barrières qui ont été autrefois dressées contre notre œuvre de colonisation.

Pour en terminer avec ce sujet, je dois dire quelques mots d'un essai que la remonte commence à faire en Tunisie dans le but d'élever des chevaux indigènes et de les rendre propres à la cavalerie. Elle a établi sur quelques points de petits haras, dans lesquels trois ou quatre étalons sont mis gratuitement à la disposition des indigènes. Ces établissements ont été créés sans frais; l'habitation est très simple et le service est fait par des soldats de la cavalerie. Quant au succès, il est complet. Les Arabes des localités voisines font presque tous saillir leurs juments par les étalons mis à leur disposition. Il existe déjà dix de ces postes; on pourrait, et l'on devrait en établir un très grand nombre; l'officier de remonte qui m'a donné ces détails se montrait très désireux de donner plus d'extension à l'entreprise; les chevaux ne manqueraient pas dans nos régiments, mais les autorités militaires supérieures se refusent à donner des hommes.

Il serait facile, à mon avis, de concilier les intérêts du service militaire avec ceux de l'agriculture, en dispersant sur divers points de notre protectorat des détachements de cavalerie convenablement choisis, dont les étalons seraient mis à la disposition des indigènes. Ces détachements serviraient à maintenir la sécurité en même temps qu'ils aideraient à l'amélioration de la race chevaline.

La plupart des propriétés européennes dont il me reste à parler appartiennent, comme les précédentes, à des Français et sont consacrées particulièrement à la culture de la vigne. Nous les passerons rapidement en revue, en les classant d'après les localités dans lesquelles on les trouve.

A la Manouba, près de Tunis, existent cinq propriétés sur lesquelles on fait des céréales et où l'on cultive l'olivier; elles contiennent ensemble environ soixante-trois hectares de vignes âgées d'un à trois ans.

Dans une autre localité voisine de Tunis, à la Soukra, neuf propriétaires, dont six Français, ont planté ensemble un nombre à peu près égal d'hectares de vignes.

A la Marsa, sur les bords du golfe de Tunis, près des ruines de Carthage, le cardinal Lavigerie a cinquante hectares de vignes, dont une partie ont atteint leur troisième année et promettent de donner de belles récoltes. Dans le voisinage, le Bey et quelques Tunisiens en ont une cinquantaine d'hectares, également en très bon état.

A Sidi-Fatalah, se trouve un beau vignoble français de trente-six hectares.

Dans la vallée de Mornag, que la petite chaîne du Djebel-Ressas sépare du golfe de Tunis, se trouvent dix propriétés, avec près de cinq cent trente hectares de très belles vignes de deux ans et d'un an. La plaine de Mornag est l'un des points de la Tunisie où la colonisation a marché le plus vite et avec le plus d'ardeur. Pour en donner ici une idée, je citerai le fait d'un jeune et intelligent officier, qui, ayant donné sa démission pour se livrer à l'agriculture, a su, dans l'espace d'un an, faire planter cent vingt hectares de vignes, organiser des pépinières de vignes et d'arbres, bâtir sa maison, les hangars pour les animaux et les instruments, et les logements de ses ouvriers. Tandis qu'on défonçait ses terres, qu'on plantait son vignoble et qu'on bâtissait son habitation, il logeait sous la tente, au milieu de la plaine.

A Hammam-Lif, il existe un vignoble de vingt hectares. Plus loin, à l'entrée de la presqu'île du cap Bon, le bordj Cedria, qui appartient à M. Potin, offre déjà quatre-vingt-dix-sept hectares de vignes plantées en deux ans, et donnant les meilleures espérances. A M'Raisa, au fond du golfe de Tunis, à six kilomètres de Soliman, deux jeunes Français très actifs et intelligents, MM. Mille et Laurans, ont déjà planté cinquante et un hectares en vignes dans des sables où le phylloxéra ne sera jamais à redouter. Deux voisins en ont planté l'année dernière une trentaine, mais avec moins de succès, par suite d'accidents survenus aux boutures et de retard dans les travaux préparatoires.

La propriété de M'Raisa, qui compte environ quatre mille hectares, est l'une de celles qui se prêteront le mieux à l'élevage du bétail. Les plaines qui entourent l'embouchure de l'Oued Bezirk sont très humides, et constituent des pacages naturels qu'il serait aisé de transformer en riches prairies. Pendant les plus fortes chaleurs de l'été, les bœufs y trouvent encore une abondante nourriture. Les propriétaires n'ont pas négligé cette source de revenus ; ils achètent à la fin de l'hiver des bœufs qu'ils font pâturer pendant sept ou huit mois et qu'ils revendent ensuite avec de beaux bénéfices. Si l'exportation de ces animaux était possible, si elle n'était pas entravée par des droits excessifs, ils pourraient la pratiquer dans d'excellentes conditions, car ils embarqueraient leurs bœufs sur les bords mêmes du pâturage. Il existait autrefois à M'Raisa un petit port romain dont on voit encore les traces et qu'il serait aisé de rétablir, pour le plus grand profit des habitants de la riche région qui entoure Soliman.

En continuant à descendre vers le Sud, nous trouvons, dans la belle plaine de Zaghouan, encore en partie couverte de lenstiques et inculte malgré sa fécondité, plusieurs belles propriétés appartenant à des Français, notamment celles du colonel de Faucamberge et de M. Morel, avec leurs trente-sept hectares de vignes en très bel état, celle de Finet, qui contient de magnifiques prairies naturelles, quelques vignes appartenant à la Compagnie des eaux, etc. Cette région est à la fois l'une des plus riches et des plus belles de la Tunisie. Elle est égayée par les arbres et les arbustes qui couvrent la chaîne du Zaghouan, la plaine et les collines qui la bordent, par la pittoresque petite ville de Zaghouan, entourée de jardins où poussent tous les arbres fruitiers de notre pays mêlés à des oliviers, à des grenadiers et à des vignes qu'arrosent les eaux de la montagne, ces eaux dont on parle avec enthousiasme dans toute la Tunisie parce qu'elles sont les plus abondantes et les meilleures qu'on y connaisse. Tour à tour les Carthaginois et les Romains ont bu ces eaux qu'ils amenaient par des aqueducs à Carthage et à Tunis. Les Romains ont bâti, au-dessus des larges fissures des roches par lesquelles les eaux sortent, un temple encore ~~debout et presque intact~~ [reconnaissable, mais en ruines], témoin de la vénération dont cette petite ville a toujours été entourée. Le jour où une ligne de chemin de fer traversera la plaine de Zaghouan, elle ne tardera pas à être la partie de la Tunisie de beaucoup la plus recherchée. Aujourd'hui la difficulté des communications avec Tunis la tient dans un fâcheux isolement et retarde beaucoup sa colonisation.

En poursuivant notre route au delà de cette ville, dans la plaine qui se développe à ses pieds, nous arrivons sur le domaine de l'Enfida dont il a été déjà question. Encore plus au sud, près de Sousse, il existe quelques vignobles peu importants, appartenant à des Italiens ou à des Maltais, contenant ensemble seulement six ou sept hectares assez mal entretenus. C'est à peu près tout ce que possèdent les étrangers en Tunisie comme propriétés rurales.

Il est très remarquable que les Italiens, si nombreux dans la Régence, où ils ont exercé longtemps une influence prépondérante, ne possèdent aucune propriété rurale importante. Ils se sont toujours bornés à faire du commerce et n'ont jamais dirigé leurs efforts vers la possession du sol, commettant ainsi la faute la plus grave que puisse commettre une nation désireuse de prendre racine dans un pays neuf et de s'en rendre maîtresse. Or, nul ne contestera que l'Italie et les Italiens aient eu sur la Tunisie des convoitises très ardentes, justifiées, il faut le reconnaître, par le voisinage des deux pays et par l'ancienneté de leurs relations. Faut-il attribuer la faute que je viens de signaler à l'ignorance et à la négligence, ou au manque de capitaux ? Je n'oserais pas me prononcer d'une manière absolue, mais je suis convaincu que la troisième raison est celle qui a joué le plus grand rôle dans leur conduite, conduite si préjudiciable à leurs intérêts et à leurs ambitions. Ce qui prouve bien qu'ils n'ignoraient pas l'importance des acquisitions de terres, c'est qu'ils firent des efforts inouïs pour entraver celle dont il a été question au début de ce chapitre. Mais pour faire des opérations agricoles de quelque étendue, il faut des capitaux considérables, qui faisaient défaut aux colons italiens de la Tunisie ; il faut aussi que ces capitaux soient assez hardis pour ne pas reculer devant les risques de pertes. Or, la hardiesse des capitaux ne résulte partout que de leur abondance. En vérité, je suis très porté à croire que si l'Italie s'est laissé devancer en Tunisie par la France, c'est parce que ses colons et son gouvernement n'ont pas su ou n'ont pas pu faire les sacrifices pécuniaires indispensables dans les entreprises de ce genre. On ne doit jamais perdre de vue, quand on traite de questions coloniales, que pour coloniser il faut beaucoup d'argent.

Je reviens aux propriétés françaises. Je dois citer près de Sousse, celles de la Khroussia, non loin du lac Kelbia, dans une localité très riche en eau. On y a planté une cinquantaine d'hectares de vignes dont une partie a bien réussi. L'une de ces propriétés, d'une étendue de quatre à cinq mille hectares, contient avec son vignoble et ses champs de céréales de magnifiques pâturages où l'on fait de très bons fourrages pour l'armée. On y applique pour la culture des céréales un système dont je dois dire quelques mots, parce qu'il produit d'excellents résultats. Les propriétaires louent aux Arabes la majeure partie de leurs terres pour la production des céréales, mais le prix de la location se compose de deux parties distinctes : une somme d'argent assez faible, et l'obligation pour le locataire de cultiver, au profit exclusif du propriétaire, une certaine quantité de terres. Grâce à ce système, l'Arabe se trouve fixé sur la propriété, à la fois par ses intérêts et par ses engagements, et le propriétaire n'a presque pas à faire d'avances de fonds, chose très importante pour un domaine de plusieurs milliers d'hectares.

A la porte de Kairouan, sur la route de Sousse, la « Société civile tunisienne » possède une belle propriété, avec des prairies donnant de très bons fourrages. Mais la vigne, plantée dans des terrains trop salés, n'a que très imparfaitement réussi. On a essayé dans d'autres sols des plantations qui se trouvent en meilleur état. La répugnance absolue de la vigne pour les terres salées doit être notée en passant. La propriété dont je parle n'est pas la seule où les plantations de vignes ont échoué à cause de la richesse du sol en chlorure de sodium, en sels magnésiens ou en gypse. J'ai constaté ce fait dans plusieurs propriétés dont les vignerons n'avaient pas attaché une importance suffisante à la nature du terrain.

Au sud de Tunis, on trouve encore, près de Sfax, une couple de propriétés françaises contenant environ cinquante hectares de vignes ; puis, près de Gabès, la concession faite à M. de Lesseps dans la région des chotts, concession dont nous devons dire quelques mots.

L'origine de cette affaire remonte au projet de M. Roudaire relatif à la création d'une mer intérieure s'étendant sur tous les chotts du sud de la Tunisie et de l'Algérie ; un canal de près de deux cents kilomètres devait relier les chotts au golfe de Gabès et permettre leur envahissement par l'eau du golfe. Pour faire ce travail, il fallait des capitaux. Dans le but de se les procurer, le commandant Landas, successeur de M. Roudaire, et M. de Lesseps ont eu l'idée de creuser des puits artésiens sur le trajet du futur canal, et de créer des cultures dans les terrains qu'arroserait l'eau de ces puits. Les revenus de ces terrains loués aux Arabes ou exploités directement par la Société permettraient de faire les travaux de canalisation pour la création de la mer intérieure.

Déjà un puits a été creusé près de Gabès et les travaux concernant le second sont commencés. Par un décret en date du 13 sfar 1303 (22 novembre 1885), le Bey concède à M. de Lesseps le droit de forer des puits artésiens dans toutes les régions ci-dessus désignées et s'engage à lui vendre autour de chaque puits artésien une surface de terre de cent hectares par chaque mètre cube de débit à la minute, à un prix calculé d'après la valeur du terrain avant le forage du puits. M. de Lesseps est aussi autorisé à construire un port à Gabès.

L'avenir seul pourra dire ce que vaut cette entreprise.

En remontant de Tunis vers le Nord, on trouve un certain nombre de belles propriétés appartenant à des Français. J'ai déjà dit un mot de celle d'Utique, où se trouvent à la fois des pâturages naturels qu'on pourrait facilement transformer en belles et riches prairies, des terres à céréales rendues fécondes par les débordements fréquents de la Medjerdah, et des coteaux où l'on a déjà planté sur l'emplacement même de la vieille cité romaine plus de cent hectares de vigne. A Haouida, près d'Utique, le même propriétaire en a fait planter deux cents hectares; deux autres personnes en ont, l'une vingt-cinq et l'autre dix hectares, dans les conditions les plus favorables.

Plus haut, en remontant la Medjerdah, on trouve les six mille hectares de la propriété de Sidi-Tabet avec ses magnifiques champs de céréales loués aux indigènes, qui y ont fixé leurs gourbis; ses trente-six hectares de belles vignes, déjà vieilles de deux et trois ans, et ses défrichements considérables pour les plantations qui auront lieu l'hiver prochain, ses étables et ses haras et enfin ses cultures de luzerne dont je n'ai pas encore parlé. Cette année, trente hectares ont été semés en luzerne qui devient magnifique grâce aux arrosages faits à l'aide des eaux de la Medjerdah. Une pompe à vapeur élève l'eau de la rivière, qui est à cinq ou six mètres en contre-bas de la plaine, et des canaux la dirigent dans les carrés de luzerne. Chaque carré est inondé une fois par huitaine et donne sept coupes par an, depuis avril jusqu'à octobre, c'est-à-dire une coupe par mois pendant toute la belle saison.

Toujours en remontant la Medjerdah, nous trouvons à Djedeïda quinze hectares de vignes plantées par M. R. Valensi au voisinage de sa magnifique minoterie; et, à Tebourba, le magnifique domaine de la « Société immobilière civile », dirigé par le commandant Gérodias. Tout un village a été bâti pour loger les ouvriers européens et indigènes et les animaux de la ferme; autour du village s'étalent deux cent quatre hectares de vignes de deux ans et d'un an en très bel état. Au moment où nous y avons été gracieusement reçu, on commençait la construction d'un cellier. Plus haut encore sur la Medjerdah, à deux pas de la station de l'Oued-Zargua, nous avons visité le superbe vignoble de M. Géry, composé de soixante-quinze hectares de vignes âgées d'un, deux et trois ans, ces dernières couvertes de belles grappes. Nous avons goûté le vin blanc et le vin rouge de l'année dernière, les premiers vins, avec ceux du cardinal Lavigerie, qui aient été faits en Tunisie par des Européens. Ces vins ont déjà trouvé leur place dans le commerce tunisien, en attendant qu'ils pénètrent dans celui de la France, où ils ne tarderont pas à être bien accueillis. Dans la même localité, la compagnie du chemin de fer de Bône-Guelma a planté une dizaine d'hectares de vignes qui sont, comme les précédentes, en très bel état. Du reste, les terres de l'Oued-Zargua peuvent être classées parmi celles de la Tunisie se prêtant le mieux à la culture de la vigne. Leur situation sur la ligne de Bône-Guelma augmente encore leur valeur, en mettant à la disposition des propriétaires les moyens de transport qui manquent encore à tous les autres vignobles dont nous avons parlé.

En résumé, je ne crois pas être au-dessus de la vérité en évaluant à trois cent mille hectares environ la surface des terres qui sont en ce moment détenues par des propriétaires français. La majeure partie de cette étendue considérable de domaines est encore inculte ou abandonnée à la culture indigène des céréales. Une autre partie assez importante, mais qu'il m'est impossible d'évaluer, est formée de prairies naturelles qu'il serait aisé de modifier et d'améliorer. Enfin, deux mille hectares environ (une statistique officielle dit deux mille cent quarante) sont déjà plantés en vignes, qui donnent les plus belles espérances.

Ajoutons que de grandes dépenses ont déjà été faites dans ces domaines. Généralement, les terres ont été achetées à bas prix (de dix à soixante francs l'hectare), mais les surfaces acquises étant presque toujours très considérables, des sommes importantes ont été versées aux indigènes. En second lieu, la construction des habitations pour les maîtres et les ouvriers, le creusement des puits, l'achat du matériel agricole et des bêtes de travail, ont englobé des sommes encore plus fortes ; enfin, le défrichement, le défonçage du sol et la plantation des vignes, sans être très coûteux, ont cependant absorbé beaucoup d'argent à cause du nombre énorme d'hectares qui ont été plantés d'un seul coup. Il me suffira de dire que la plupart des propriétés datent seulement de deux ou trois ans, et beaucoup même d'une seule année, pour donner une idée, à la fois, des dépenses qui ont été faites et de l'activité qui a présidé à la colonisation de la Tunisie par la France.

Presque tous les efforts des propriétaires français ont été dirigés sur la culture de la vigne. Ainsi que je l'ai dit plus haut, sur les deux mille hectares de vignobles européens qui existent actuellement en Tunisie, plus de sept cents n'ont pas encore dépassé deux ans, et les vignes n'ayant qu'une seule année figurent pour au moins treize cents hectares. J'ajoute que sur presque toutes les propriétés que j'ai visitées, j'ai vu défoncer des terres pour des plantations très importantes qui seront faites au printemps prochain.

La dépense occasionnée par la plantation de la vigne est généralement évaluée par les agriculteurs français à trois cent cinquante ou quatre cents francs au maximum par hectare, en y comprenant le débroussaillement, le défonçage du sol et la plantation proprement dite. En prenant une moyenne de trois cent soixante-quinze francs par hectare, on peut évaluer à sept cent cinquante mille francs environ la somme dépensée en Tunisie depuis trois ans par des Français pour la seule plantation de la vigne. Mais ce chiffre est bien au-dessous de celui qui représente le capital nécessaire à la création des vignobles. J'ai entendu évaluer généralement à quatre mille francs par hectare, en y comprenant les bâtiments, les animaux de travail, le matériel agricole et les vaisseaux vinaires, les frais généraux d'installation. C'est donc environ huit millions de francs dépensés ou sur le point de l'être que représentent les deux mille hectares de terres tunisiennes plantées en vignes. D'après tous les chiffres qui m'ont été donnés sur place, cette somme serait plutôt inférieure que supérieure à la réalité. Il faut, en effet, compter avec les fautes commises, les plantations manquées (rares il est vrai), les dépenses inutiles ou superflues qu'il serait aisé de mettre en lumière sur un grand nombre des propriétés dont il a été question plus haut.

Or, les propriétaires qui ont fait tous ces frais ne peuvent espérer tirer un revenu appréciable de leurs vignobles qu'à la troisième année. A ce moment, on peut admettre, d'après l'expérience, que les vignes donnent à l'hectare une vingtaine d'hectolitres de vin susceptible d'être vendu à raison de trente francs l'hectolitre, soit un revenu de six cents francs à l'hectare. A quatre ans, on peut être à peu près certain que l'hectare produira au moins trente hectolitres de vin, valant environ trente-cinq francs l'hectolitre, soit un revenu d'environ mille cinquante francs par hectare. A la cinquième année on n'aura pas moins de quarante-cinq hectolitres à l'hectare et le vin vaudra au moins quarante francs l'hectolitre, s'il est bien fait, soit un revenu d'environ dix huit cents francs à l'hectare. On voit que, dès la troisième année, le revenu couvre largement les dépenses annuelles de culture, et que, à partir de la quatrième année, le propriétaire commence à rentrer dans ses débours. En huit ans, toutes les dépenses faites pour la création du vignoble, y compris l'achat du terrain et les constructions, peuvent être entièrement payés si le propriétaire a pu vivre pendant ce temps à l'aide des autres revenus de son domaine.

Pour cela, il ne faut pas qu'il mette, comme on dit vulgairement, tous ses œufs dans le même panier. Rien n'est plus facile avec les étendues considérables de la plupart des propriétés françaises de la Tunisie ; mais, pour en tirer parti, il faut que le colon français se dégage des préjugés que nous avons constatés chez un certain nombre d'entre eux, et que nous avons déjà signalés plus haut ; il faut qu'il n'hésite pas à s'adresser aux indigènes et à former avec eux l'une de ces associations de culture que nous avons indiquées comme étant dans les habitudes des Tunisiens, associations qui peuvent procurer au propriétaire des revenus importants sans qu'il ait à faire des avances de fonds sérieuses. L'état des paysans arabes, des khammès, et celui des tribus nomades est tellement misérable que le moindre avantage suffit pour les attirer, les décider au travail et les fixer au sol.

Avec la culture des céréales faite par les indigènes dans des conditions à déterminer, les propriétaires trouveraient dans les terres encore incultes et mal tenues de leurs vastes domaines des revenus leur permettant non seulement de vivre, mais encore d'augmenter les plantations de vignes. Les hommes les plus compétents de la Tunisie sont d'accord pour admettre qu'on peut, à l'aide d'une culture scientifique, retirer du sol de la majeure partie de cette contrée des récoltes infiniment supérieures à celles qu'obtiennent les Arabes. Tandis qu'entre les mains de ces derniers, le blé et l'orge ne donnent guère plus de six à huit hectolitres par hectare, ils pourraient rendre, avec une culture perfectionnée, jusqu'à vingt-cinq et trente hectolitres. Pour rester en dehors du domaine des illusions, je supposerai seulement un rendement de quinze hectolitres à l'hectare. Dans ces conditions, à douze francs l'hectolitre, l'hectare de blé rapporterait encore cent quatre-vingts francs au lieu de soixante-douze francs que les indigènes en retirent actuellement. La différence serait assez grande pour couvrir les frais occasionnés par l'amélioration de l'outillage et l'élévation du prix de la main-d'œuvre et pour laisser encore au propriétaire un bénéfice qui, multiplié par les milliers d'hectares des domaines actuels, ne manquerait pas d'être très important.

Un raisonnement analogue à celui que nous venons de faire pourrait être appliqué à l'élevage du bétail. Cette industrie rapporte déjà aux indigènes d'assez gros bénéfices, malgré l'incurie qu'ils y apportent. Que serait-ce si ils appliquaient les procédés de l'élevage européen ?

En présence de ces considérations, qui n'ont rien de chimérique, on est étonné de voir un grand nombre de colons français laisser en friche le majeure partie de leurs terres. Il est vrai que quelques-uns de nos compatriotes ont mieux compris leurs intérêts, et que, bien loin de repousser les indigènes, ils les attirent et les associent à l'exploitation de leurs propriétés. Mais ceux-là mêmes auxquels je fais allusion n'ont, jusqu'à ce jour, utilisé les indigènes que pour l'ensemencement des terres à céréales.

L'olivier est, après la vigne, le produit qui est capable de donner le plus de bénéfices. Une grande partie des terres encore incultes de la Tunisie se prêteraient fort bien à cette culture ; néanmoins je n'ai pas entendu dire qu'aucun Français ait eu encore l'idée de l'entreprendre. On a sans doute été arrêté par la crainte très légitime d'immobiliser dans la plantation des arbres des sommes ne produisant un revenu qu'au bout d'un grand nombre d'années. En appliquant un procédé analogue à celui dont j'ai parlé à propos des plantations faites aux environs de Sfax par les indigènes, nos nationaux éviteraient cet inconvénient ; ils s'assureraient pour l'avenir une source importante de richesse et se mettraient à l'abri de bien des mécomptes.

On doit, en effet, prévoir le cas où la vigne viendrait à être atteinte par le phylloxéra. Si les colons concentraient tous leurs efforts et engageaient toutes leurs ressources dans les vignobles, ils pourraient se trouver un jour ruinés par le redoutable parasite qui menace déjà l'Algérie. Nous ne saurions donc trop insister sur les dangers auxquels ils s'exposeraient s'ils ne savaient pas diviser convenablement leurs capitaux.

Il n'existe encore en Tunisie que de très vastes propriétés européennes. C'est par milliers d'hectares que se mesurent les domaines achetés par nos compatriotes. Bien des personnes se demandent si ce mode de colonisation est le meilleur, et si la constitution de la petite propriété ne serait pas plus avantageuse. Sans vouloir m'arrêter longuement à la discussion de cette question, je crois devoir en dire quelques mots. Je ferai d'abord remarquer qu'il s'est produit dans la Régence ce qui se produit habituellement dans tous les pays nouveaux où la terre est à vil prix. L'idée de spéculation vient à l'esprit de tous ceux qui y achètent des terres. Comptant sur l'augmentation de valeur qui résulte toujours et partout de la mise en culture du sol, ils achètent des domaines aussi grands que possible avec l'espoir d'en revendre un jour, sinon la totalité, au moins une partie. On ne saurait mettre un frein à ces entreprises quand ceux qui les pratiquent le font à leurs risques et périls et en exposant leurs capitaux. On peut encore moins les critiquer lorsque les spéculateurs mettent la terre en culture aussitôt après l'avoir achetée, ainsi que cela se fait en Tunisie. Je crois même que, dans de telles conditions, la spéculation est chose utile. Si celui qui s'y livre réussit, tout va pour le mieux : il fait sa fortune particulière, il enrichit le pays en cultivant le sol, et, s'il vend ses terres, il crée, autour de son propre établissement, un centre de colonisation qui seul peut rendre possible la constitution de la petite propriété. Celle-ci, en effet, ne saurait exister dans un pays encore inculte, inhabité et dépourvu de voies de communication.

Ce qui caractérise essentiellement le petit propriétaire, c'est qu'ayant engagé dans l'agriculture la totalité ou, du moins, la plus grande partie de sa fortune, il faut que, dès le premier jour, la terre produise suffisamment pour le faire vivre lui et sa famille. Or, pour réaliser cette condition, il faut, en premier lieu, pouvoir faire des cultures très diverses et particulièrement des plantes vivrières ; il faut, en second lieu, que tous les produits du sol puissent être aisément vendus et même vendus à un prix élevé.

Ces conditions sont-elles actuellement réalisables en Tunisie ? Je ne le crois pas. D'une part, la rareté de l'eau rend très difficile et très onéreuse la culture des plantes vivrières ; en second lieu, l'absence presque absolue de voies de communication et la rareté des grandes agglomérations rendent difficile la vente des produits du sol. Il faut donc que le propriétaire soit en mesure, à la fois, de faire des avances de fonds pour la mise en œuvre de son domaine, et d'acheter les objets nécessaires à son alimentation, objets qu'il est incapable de produire lui-même. Dans de telles conditions, ceux-là seuls qui disposent de grosses sommes d'argent peuvent entrer en scène. A ceux-là revient le soin de créer les centres de colonisation, les agglomérations humaines qui manquent, de défricher le sol, de le féconder par leurs capitaux jusqu'au jour où, l'ayant mis en pleine production, ils peuvent le vendre à des propriétaires moins riches qui n'auraient pu faire les travaux préparatoires et longtemps improductifs de la colonisation. Il est vrai que ceux-ci achèteront la terre aux premiers possesseurs à un prix relativement élevé, mais ils l'achèteront en pleine production, et au moment où le placement rapide des produits aura été assuré par le peuplement des domaines.

Notre protectorat n'en est encore qu'à la première phase de la colonisation, à celle où la terre, en partie inculte et non peuplée, exige d'énormes capitaux, se prête admirablement à la grande propriété et provoque les convoitises de la spéculation. Pendant cette période, il n'y a pas lieu de discuter si la petite propriété serait plus ou moins avantageuse à la colonie que la grande, il faut se borner à constater l'impossibilité de se constituer dans laquelle elle se trouve et à souhaiter que les propriétaires actuels et les spéculateurs agissent avec assez d'intelligence pour ne pas compromettre à la fois leurs capitaux et l'avenir du pays.

En résumé, quels que soient les motifs qui ont poussé les Français à acheter des terres en Tunisie, je crois pouvoir affirmer, sans crainte de me tromper, que jamais, dans aucune colonie, le mouvement de la colonisation n'a été aussi rapide et aussi intense qu'il l'est dans ce pays depuis notre établissement. Nous devons nous borner à souhaiter que les pouvoirs publics prennent les mesures indispensables pour qu'il ne se produise aucun arrêt dans la marche de ce progrès civilisateur.

L'industrie européenne a pris moins d'importance que l'agriculture. Cependant il a déjà été beaucoup fait. A Tunis ou dans ses environs, des minoteries perfectionnées ont été créées pour la fabrication des semoules destinées soit à faire du pain, soit à faire du couscouss. Nous citerons, parmi ces établissements, celui de M. Raymond Valensi à Djedéida ; il est installé sur les bords de la Medjerdah à laquelle il emprunte sa force motrice et présente les meilleurs aménagements pour une production rapide, régulière et économique.

Au pied du Sidi-Bou-Saïd, sur le bord du golfe de Tunis, il a été créé récemment une briqueterie mécanique, installée pour produire non seulement des briques et des tuiles, mais encore tous les objets en terre dont les Européens et les indigènes font usage. Malheureusement, la terre de cette localité ne paraît pas être de très bonne qualité ; elle contient de petits rognons de calcaire qui rendent la brique cassante et par suite peu propre à certains usages.

L'industrie qui paraît faire le plus de progrès est celle de l'huilerie. Près de Tunis, à l'entrée de la vallée de Mornag, il a été créé, il y a deux ans à peine, une huilerie à vapeur qui travaille à la fois pour les indigènes et pour elle-même. L'huile faite à l'aide des fruits achetés par les propriétaires de l'usine est entourée de tous les soins qu'on lui prodigue en Europe et se vend en partie sur le marché de Marseille ; une autre partie est expédiée dans les pays d'Orient. Quant à celle fabriquée au compte des indigènes, on se soumet à leurs habitudes, c'est-à-dire qu'on laisse macérer les olives dans des chambres obscures avec du sel, avant de les soumettre au moulin et à la presse.

A Sousse, un Alsacien aussi intelligent qu'actif, M. Deiss, a créé récemment une magnifique usine à vapeur pour le traitement des grignons d'olive par le sulfure de carbone. Il est outillé de manière à fabriquer jusqu'à cent vingt mille kilogrammes d'huile par jour. Le combustible est fourni par les résidus ligneux que laissent les grignons après avoir été traités par ce procédé. La dépense est ainsi diminuée dans la plus large mesure possible. A côté de cette usine, le même industriel en organisait, au moment de mon passage, une deuxième, pour la fabrication de l'huile comestible directement à l'aide des olives.

Une autre usine de ce genre commençait à s'élever auprès de la sienne pour la fabrication des huiles comestibles, sous la direction d'un conseiller général des Bouches-du-Rhône, M. Laniel.

Ces établissements n'ont pas été sans soulever dans la colonie quelques observations dont il me paraît utile de parler. Il existe dans les villes du Sahel quelques commerçants européens ayant pour spécialité d'acheter aux indigènes les grignons d'olives qu'ils expédient en Italie et en France, où ils subissent le traitement par le sulfure de carbone. Ces négociants n'ont pas vu sans inquiétude s'élever dans la Régence même des maisons qui achètent sur place et directement les grignons. D'un autre côté, les industriels français, qui traitaient autrefois les grignons recueillis dans le pays, sont menacés de manquer de matière première. Cette modification des conditions économiques anciennes a été l'occasion de discussions assez vives relativement à la question de savoir si la métropole devait encourager ou, au contraire, empêcher le développement des industries dans ses établissements coloniaux.

Les adversaires de ce développement invoquent à l'appui de leur thèse la concurrence que les industries coloniales ne peuvent manquer de faire aux industries similaires de la métropole ; ils représentent les intérêts de la France comme battus en brèche par les colonies qu'elle protège de ses soldats et fait vivre de ses subsides, et ils voudraient que toute industrie ayant sa similaire sur le territoire français fût interdite en Tunisie.

Si l'on admettait une semblable théorie, ce n'est pas seulement le progrès industriel des colonies qu'il faudrait arrêter, mais encore leur progrès agricole. Il faudrait, par exemple, interdire la culture de la vigne dans notre protectorat sous le prétexte que la France produit du vin auquel celui récolté par nos établissements africains fera concurrence ; il faudrait interdire la culture du blé, de l'avoine, du maïs, que notre propre pays produit ; il faudrait fermer nos frontières aux peaux, aux cuirs, aux laines de la Régence, parce que ces produits risquent de faire baisser le prix de ceux que nos agriculteurs apportent sur les marchés français ! En un mot, il faudrait traiter nos colonies comme des pays étrangers, et nous protéger contre elles, ou bien les réduire volontairement à la misère qui ne manquerait pas de résulter de l'arrêt de leur production.

Il suffit de mettre en relief les conséquences de ce système pour en montrer les vices et faire prononcer sa condamnation. Il est né d'une conception fausse des relations qui doivent exister entre une colonie et sa métropole.

L'organisation politique et administrative d'une colonie peut et souvent doit différer essentiellement de celle de la métropole, à cause de la différence des mœurs de l'une et de l'autre ; mais, envisagée au point de vue économique, la colonie ne doit être considérée que comme un simple prolongement de la mère-patrie, et si quelque lutte économique doit être engagée entre les nations, le rôle des colonies est d'y aider la métropole, soit en lui fournissant les matières premières qui lui manquent, soit en ajoutant ses productions industrielles à celles que la mère patrie exporte dans les autres pays. Dans les mouvements d'échanges qui se produisent entre une métropole et ses colonies unies économiquement, il ne peut résulter que l'avantage commun, chacune arrivant à produire de préférence les objets que son climat, sa population, etc., lui permettent de produire dans les meilleures conditions et à plus bas prix. Si les actes du gouvernement chargé de présider à la destinée des colonies sont dirigés par ce principe, il s'efforcera de provoquer, surtout chez elles, le développement des industries qui n'existent pas dans la mère-patrie, de manière à ce que le commerce des deux pays soit aussi intense que possible. Mais un pays qui envisagerait les territoires qu'il possède au delà des mers comme des rivaux ou même comme des fermes, et non comme des fractions importantes de lui-même, devrait se hâter de s'en défaire, car en arrêtant sur ces territoires tout progrès, il les condamnerait à la misère et s'exposerait lui-même à la ruine.

CHAPITRE V

Les mines et les carrières de marbre

La régence de Tunis est en majeure partie constituée par les terrains de la période crétacée et de la période tertiaire et de rares îlots de terrain jurassique. On observe aussi quelques pointements de porphyre trachytique, qui vraisemblablement ont donné naissance aux émanations ferrugineuses et zincofères de la région de Tabarka.

La Tunisie ne paraît pas devoir être très riche en mines. Il n'existe à ce jour que quatre mines concédées, les gîtes de fer des Nefzas et des Meckhnas, qui ont été attribués à la compagnie des Mines de Mokhta-el-Hadid et au comité des mines de Tabarka.

Ces gîtes, qui paraissent devoir donner lieu à une exploitation importante, occupent en général la partie haute des collines et reposent sur les marnes imperméables du terrain suessonnien. Ces marnes ont été métamorphisées en plusieurs points, et, suivant leur position, elles sont profondément ravinées par les pluies torrentielles assez fréquentes dans cette région. D'autre part, leur surface de contact avec le dépôt ferrifère constitue une véritable ceinture de sources dont l'importance varie avec la hauteur et l'inclinaison du dépôt ferrugineux qui les recouvre. Le grès quartzeux qui occupe le même horizon géologique que le minerai est surmonté de couches sableuses à ostræa qui le classent à la fin de la période miocène.

Quant aux éruptions trachytiques qui recoupent nettement ces grès, elles sont, par conséquent, post-miocènes, mais elles sont antérieures ou tout au plus contemporaines des couches ferrugineuses.

Le dépôt ferrugineux des Nefzas est composé de plusieurs natures de minerai, ayant cependant la même origine geysérienne ; c'est tantôt de l'hématite rouge, tantôt de l'hématite brune plus ou moins manganésifère, tantôt enfin, mais plus exceptionnellement, du fer oligiste micacé.

Les hématites ont une teneur en fer de cinquante-deux à cinquante-huit pour cent et une teneur en manganèse qui varie de deux à dix pour cent. La teneur totale ne dépasse guère cinquante-cinq pour cent. Ces minerais sont en général dépourvus de soufre et de phosphore, ou, dans tous les cas, les traces qui y ont été signalées par les analyses ne sont pas de nature à en déprécier la valeur industrielle.

Les compagnies concessionnaires se proposent de construire chacune un port et un chemin de fer pour exploiter leurs gisements, mais il est à craindre que le bas prix actuel des minerais de fer ne permette pas la mise à exécution d'un pareil programme.

La direction des travaux publics de la Régence avait engagé les deux compagnies concessionnaires à s'entendre pour ne faire qu'un port et qu'un chemin de fer, et c'est vraisemblablement le moyen qui paraît le plus rationnel pour diminuer les frais généraux de l'une et de l'autre exploitation et permettre la mise en valeur rapide de ces gîtes. Mais jusqu'à ce jour les deux compagnies n'ont fait dans ce sens aucune proposition au gouvernement beylical.

La région dans laquelle sont situées ces mines est éminemment fertile. La terre y est d'excellente qualité, l'eau très abondante, le climat très sain, et, comme la population y est très peu dense, il semble qu'elle présente toutes les conditions désirables pour l'établissement de centres de colonisation prospères.

Malheureusement, l'accès de ce merveilleux pays n'est pas facile : complètement inaccessible l'hiver à cause du mauvais état des chemins, on ne peut y pénétrer l'été qu'à mulet ou à cheval. Aussi, nous pensons que rien ne conviendrait mieux que l'ouverture immédiate d'une bonne route, qui partirait de Béja, pour aboutir d'une part à Tabarka et d'autre part à Mateur. Mais il faudrait exécuter ces travaux rapidement, en se bornant à améliorer les parties difficiles pour permettre en tout temps le passage des arabas (petites charrettes usitées en Tunisie) : une chaussée de quatre mètres et quelques ouvrages d'art sur les principaux cours d'eau n'occasionneraient pas une dépense sensible et seraient suffisants pour amener des visiteurs dans ce splendide pays, que la colonisation individuelle ne tarderait pas à transformer en une Mitidja plus belle que celle des environs d'Alger.

Les autres mines concédées sont des mines de plomb et de calamine.

La plus ancienne est celle de Djebba, située à vingt kilomètres de Souk-el-Kremis dans la vallée de la Medjerdah.

Cette concession fut accordée à la compagnie de Bône-Guelma en même temps que la ligne de Ghardimaou à Tunis. Le gîte dont elle est l'objet est constitué par des couches de marnes qui sont imprégnées par zones, à une teneur de vingt à trente pour cent, de minerai de plomb sulfuré et carbonaté. Une source qui débite de huit à dix mètres cubes d'eau à la minute, et qui se trouve à proximité du gîte, permettrait d'y établir une très belle préparation mécanique. Cette mine semble appelée à donner lieu à une exploitation importante, le jour où le relèvement du prix des minerais de plomb permettra sa mise en valeur.

Une autre mine de plomb, également très importante et la plus anciennement exploitée des temps modernes, est celle du Djebel-Ressas, près Tunis, qui est concédée depuis longtemps à une compagnie italienne.

Elle est constituée par une immense brèche de trente mètres de largeur au sommet, sur quatre-vingts ou cent mètres de longueur reconnue et cent mètres de hauteur. La partie minéralisée, composée de galène et de calamine, a environ quinze mètres de largeur comptée du mur au toit du gîte : la partie plombeuse est généralement tout près du mur.

La compagnie italienne concessionnaire a installé à proximité du gîte des usines considérables qui paraissent hors de proportion avec l'importance de l'exploitation actuelle du gîte, d'autant qu'elle se borne, pour le moment, à traiter les anciennes scories de plomb de la plaine de Mornag.

Les gîtes avoisinant celui-là et qui ont donné lieu à des permis de recherches sont aussi contenus dans les mêmes terrains (oxfordien ou oolithe supérieur), mais ils sont notablement moins importants.

Au Djebel-Bouguernine on a reconnu, en même temps que de la galène médiocrement argentifère, quelques affleurements de minerais pauvres de zinc.

Les travaux de recherches dont ce gîte a été l'objet sont aujourd'hui interrompus ; ils méritent d'être repris, étant donnée surtout la proximité de ce gîte au port d'embarquement d'Hammam-Lif.

Au Djebel-el-Kohol, près de Zaghouan, on a signalé depuis longtemps un gîte de galène argentifère qui n'a pas encore donné lieu à des travaux de recherches suffisants.

Enfin près du Kanguet-kef-Tout, entre Béjà et Tabarka, dans les calcaires du crétacé supérieur, il existe un autre gîte indiqué sur les cartes de l'état-major comme mine de plomb argentifère.

Cette mine, qui a donné récemment lieu à de sérieux travaux de recherches, est sur le point d'être concédée : elle comprend des amas calaminaires et un grand filon de galène (non argentifère) et de calamine, ayant en direction neuf cents mètres de longueur et une largeur moyenne de deux mètres cinquante. Ce filon, autrefois exploité pour plomb sur une profondeur de quinze à vingt mètres renferme des minerais carbonatés et silicatés de zinc dont les anciens ne paraissent pas avoir reconnu la valeur. Il y a lieu d'espérer que l'ensemble de ce gîte sera l'objet d'une exploitation importante et rémunératrice, et contribuera dans une certaine mesure au développement de cette région, déjà si intéressante.

En dehors des mines métalliques, il nous reste à parler des gisements de phosphate de chaux qui ont été signalés par M. P. Thomas, chargé, en 1885, par le ministère de l'instruction publique, d'une mission paléontologique en Tunisie, et des carrières de marbre de Chemtou.

Les gisements de phosphate de chaux se trouvent au contact du terrain crétacé et des lambeaux de la formation éocène sur les deux versants de la chaîne qui, entre Gafsa et la frontière algérienne, sépare la région des Hauts Plateaux de la région des chotts.

Dans cette région, le terrain tertiaire inférieur revêt un faciès analogue à celui déjà signalé par Coquand et Tissot dans les Hauts Plateaux de la province de Constantine. Mais les calcaires nummulithiques, si développés dans ceux-ci, ainsi que dans le plateau central de la Régence, manquent complètement dans le Sud. Ils sont remplacés par des marnes gypsifères et salifères et des calcaires lumachelles à « ostrœa multicostata ».

Dans ces dernières se trouvent d'innombrables coprolithes d'animaux marins ainsi que de volumineux nodules phosphatés.

Les phosphorites se présentent dans cette couche marneuse,

soit sous forme de coprolithes cylindriques de toutes dimensions, soit sous celle de gros nodules jaunes de plusieurs kilogrammes, associés à d'autres nodules blancs plus petits (1).

Les coprolithes et les nodules jaunes sont de beaucoup les plus riches en phosphate : ce sont aussi les plus abondants dans la plupart des gisements reconnus.

Reste à savoir si la distance de ces gîtes à la mer n'est pas un obstacle à leur exploitation immédiate.

Les carrières de marbre de Chemtou sont situées dans la vallée de la Medjerdah, à quelques kilomètres seulement de Ghardimaou. Elles sont exploitées depuis deux ans par une compagnie française qui s'est constituée avec un capital de près d'un million et demi de francs. Des logements ont été construits sur place pour le personnel administratif et ouvrier, et l'on se prépare à pousser avec vigueur l'exploitation. On peut déjà évaluer à sept ou huit cents mètres cubes la quantité des blocs de marbre qui ont été extraits, et qui existent soit sur les chantiers, soit dans les magasins de la compagnie en Tunisie ou en France.

D'après les évaluations d'hommes très compétents, les carrières des collines de Chemtou contiendraient plus de vingt-cinq millions de mètres cubes de marbre à extraire au-dessus de la surface de la plaine, dans les flancs directement exploitables des collines.

Les marbres de Chemtou jouissaient déjà, à l'époque carthaginoise, d'une grande réputation. Ils sont généralement plus fins et plus richement colorés que ceux de l'Italie. On y trouve de belles variétés colorées en violet, en rose pâle ou en rose foncé;

---

(1) Leur analyse chimique a donné :

	Teneur en acide phosphorique (pour 100)	Représentant en phosphate tribasique de chaux (pour 100) :
Coprolithes..............	32,00	70,80
Gros nodules jaunes....	24,00	52,10
Nodules noirs et blancs.	1,52	3,34

en rouge ou en jaune. Quant à la variété verte, elle passe pour être la plus belle de cette teinte que l'on connaisse.

Malheureusement, les frais de l'exploitation ont été jusqu'à ce jour trop élevés pour encourager cette industrie. Afin d'atteindre le bon marché des marbres italiens ou français, il faut introduire dans l'extraction, le sciage et le polissage des marbres de Chemtou, les perfectionnements mécaniques usités en Europe. C'est ce que fait en ce moment la Société dont nous avons parlé plus haut. Il est permis d'espérer qu'elle arrivera de la sorte à doter la Tunisie d'une industrie qui lui rendrait de grands services. L'usage du marbre est très répandu parmi les Tunisiens. Toutes les maisons riches ont des parquets, des escaliers, etc., en marbre blanc, qu'on fait venir d'Italie. On estime à six cent mille francs la valeur des marbres italiens importés chaque année dans la Régence. Avec le bon marché, les marbres de Chemtou ne tarderaient pas à détrôner ceux de l'Italie, auxquels ils sont très supérieurs par la qualité.

CHAPITRE VI

La situation commerciale

Avec une agriculture et une industrie encore aussi peu développées que celles dont nous avons parlé plus haut, la Tunisie ne peut avoir qu'un commerce relativement restreint. C'est, en effet, ce qui existe; c'est surtout ce qui existait avant que la France eût pris ce pays sous son protectorat et y eût provoqué le mouvement de colonisation qui le pousse, depuis trois ou quatre ans, dans la voie du progrès.

Il est impossible de parcourir la Régence sans être frappé de l'accroissement d'activité commerciale qui s'y est produit depuis notre établissement. A Tunis, un quartier tout entier s'est élevé sur un emplacement où n'existaient, il y a quatre ans, que des marais impraticables pendant l'hiver; chaque jour encore, on bâtit quelque maison nouvelle. A Sousse, à Sfax, à Mahédia, on constate le même fait.

A Tabarka, c'est une petite ville qui a pris naissance depuis le passage de nos troupes; à Gabès, il s'est élevé un village européen là où n'existaient autrefois que des sables; Dar-el-Bey, de l'Enfida, qui n'avait pas une seule maison, possède deux villages et un marché hebdomadaire où se rendent des centaines d'indigènes, etc. Partout notre présence a déterminé une augmentation des centres de population et une activité plus grande des échanges.

Les statistiques confirment ce fait. Je ne crois pas utile de multiplier ici les documents de cet ordre, qu'il est aisé de trouver dans les recueils officiels. Je me bornerai à donner quelques chiffres, dont la comparaison permet de se rendre un compte exact des phénomènes économiques qui nous occupent.

Du 1er juillet 1875 au 30 juin 1876, la valeur des importations en Tunisie fut, en chiffres ronds, de douze millions de francs ; du 12 octobre 1884 au 12 octobre 1885, elle a été de vingt-six millions quatre cent mille francs, soit une augmentation de près de quatorze millions et demi en neuf ans.

Du 1er juillet 1875 au 30 juin 1876, la valeur des exportations de la Tunisie avait été de quinze millions de francs ; du 12 octobre 1884 au 13 octobre 1885, elle s'est élevée à dix-huit millions six cent mille francs, en augmentation de plus de trois millions et demi.

Il est à remarquer que l'année 1880-1881, pendant laquelle nous avons procédé à l'occupation de la Tunisie, est celle qui donne, non seulement le chiffre le plus élevé d'importations, ce qui est fort naturel, mais aussi le chiffre le plus élevé des exportations. Du 1er juillet 1879 au 30 juin 1880, la valeur des importations avait été de onze millions quatre cent mille francs ; du 1er juillet 1880 au 30 juin 1881, elle s'élevait à quinze millions six cent mille francs et sa marche ascensionnelle continuait pendant les années suivantes. Quant à la valeur des exportations, elle avait été, en 1879-1880, de dix millions huit cent quarante mille francs ; en 1880-1881, elle s'élevait subitement à vingt et un millions six cent mille francs. L'année suivante, elle descendait à dix millions huit cent mille francs, mais, en 1882-1883, elle remontait à dix-sept millions quatre cent mille francs, et, depuis ce jour, elle ne cessait pas de s'accroître, pour atteindre, en 1884-85, le chiffre de dix-huit millions six cent mille francs.

L'accroissement brusque des exportations pendant la première année de l'occupation a été comme un coup de fouet donné au commerce de ce pays. On doit très probablement l'attribuer à ce que les commerçants et les fournisseurs d'armée arrivés en Tunisie avec nos troupes se sont, en quelque sorte, jetés sur le stock de produits tunisiens qui restait des années précédentes, et qu'ils ont pu avoir à bas prix. L'année suivante, les produits étant devenus plus rares et les prix s'étant, par conséquent, élevés, le chiffre des exportations devait forcément s'abaisser. Au bout de deux ans, l'équilibre s'établit entre la production et l'achat; la première s'accroît en proportion des demandes qui lui ont été faites pendant les deux années précédentes et qui continuent à lui être adressées : par conséquent le chiffre des exportations s'élève et il ne cesse plus de s'élever parce que les mêmes causes continuent d'agir.

J'avais donc raison de dire plus haut que l'arrivée de nos troupes et l'établissement de notre protectorat avaient donné un coup de fouet au commerce tunisien, ce qui veut dire qu'ils ont augmenté dans de très fortes proportions le chiffre de la production locale. Ce phénomène n'a rien de spécial à la Tunisie. Il se produit dans tous les pays nouveaux où les puissances européennes débarquent des troupes en grande quantité.

Celles-ci ont une foule de besoins qu'il importe de satisfaire rapidement et sans compter. Aussi achètent-elles aux indigènes tous les objets qu'ils peuvent leur fournir, et à des prix bien supérieurs à leur valeur antérieure. Ces achats sont une excitation puissante à la production, qui ne tarde pas à augmenter. D'un autre côté, les trafiquants apprennent à connaître des produits qui étaient restés jusqu'alors le monopole de quelques personnes. La concurrence qu'ils se font pour les acheter et les expédier dans la mère-patrie en fait augmenter la valeur et donne une nouvelle excitation à la production. Quant aux importations, elles ne peuvent pas manquer de s'accroître également. La présence des troupes et celle des fournisseurs, des femmes, etc., qui les accompagnent toujours, détermine l'importation d'une quantité considérable de produits de la métropole jusqu'alors ignorés ou peu connus des populations ; celles-ci se trouvant enrichies par la vente de leurs propres produits achètent ceux de la métropole, d'abord par simple curiosité, puis parce qu'elles prennent goût à ces objets nouveaux, toujours supérieurs aux objets similaires du pays, ou moins coûteux. Importations et exportations s'accroissent ainsi simultanément et parallèlement pour des raisons fort simples et qui découlent de la nature même de l'esprit humain.

Les statistiques du commerce tunisien confirment l'exactitude de ces considérations. Elles montrent que les importations, accrues très subitement pendant la première année de l'occupation du pays par nos troupes, ne se sont pas ralenties à mesure qu'on a diminué le nombre de celles-ci, mais ont, au contraire, continué à s'accroître dans de très fortes proportions. En 1880-81, la valeur des importations est de quinze millions six cent mille francs avec un corps de troupes d'environ quarante-huit mille hommes. En 1881-1882, bien que le nombre des soldats soit descendu à quarante mille, le chiffre des importations a continué son mouvement ascensionnel : il est de vingt-deux millions deux cent mille francs ; en 1882-83, le nombre des hommes n'est plus que de trente mille, le chiffre des importations s'élève à vingt-six millions quatre cent mille francs. En 1884-85, le nombre des hommes est descendu à seize mille et cependant le chiffre des importations est le même que l'année précédente.

Est-ce la France qui a profité de l'accroissement d'activité du commerce tunisien, ou bien n'a-t-elle joué dans cette affaire que le rôle de Raton tirant les marrons du feu pour d'autres peuples ? En consultant les statistiques, nous trouvons que la France fournit, à peu près, cinquante pour cent des marchandises importées en Tunisie. L'autre moitié provient de l'Angleterre dans la proportion d'environ vingt-cinq pour cent ; de l'Italie pour onze à douze pour cent ; de Malte pour six à sept pour cent ; de l'Algérie pour quatre pour cent, etc. (1).

Pendant l'année 1885, la valeur des importations de France en Tunisie s'est élevé, en chiffres ronds, à quatorze millions de francs. Les principales marchandises françaises ou francisées importées en Tunisie sont : les peaux préparées, les cuirs et les chaussures pour plus de deux millions de francs ; les vivres pour une somme presque égale ; les soies pour un million et demi ; les vêtements pour plus de huit cent mille francs ; les tissus de laine pour environ sept cent mille francs, etc.

Il serait difficile, pour ne pas dire impossible, de savoir si tous ces produits sont réellement d'origine française, ou s'ils proviennent, en proportion plus ou moins grande, d'autres pays, les statistiques officielles réunissant sous le titre de *Commerce spécial* les marchandises simplement francisées, c'est-à-dire d'origine étrangère, mais ayant payé en France les droits de douane, et les marchandises fabriquées en France même. Il n'est pas douteux que, parmi les marchandises expédiées de France pour la Tunisie, il s'en trouve une assez grande quantité provenant d'autre pays que le nôtre.

(1) Voici le chiffre des importations en Tunisie du 13 octobre 85 au 12 janvier 86 :

France	3.700.000 francs
Angleterre	1.325.000 —
Italie	950.000 —
Malte	526.000 —
Algérie	200.000 —
Autriche	175.000 —
Egypte	140.000 —
Turquie	124.000 —
Tripolitaine	92.000 —
Norvège	85.000 —
Belgique	32.000 —
Prusse	10.000 —
Suisse	4.000 —
Grèce	3.000 —
Colis postaux italiens	16.000 —
	7.470.000 —

Dans son *Exposé de la situation économique de la régence de Tunis*, la chambre de commerce de Tunis, faisant allusion aux chiffres donnés par la statistique officielle tunisienne pour le premier trimestre de 1885-86, fait remarquer que la Suisse figure seulement pour une somme de quatre mille francs et elle ajoute : « Or, un seul marchand de soieries des souks de Tunis a fait venir de Suisse dans ce premier trimestre pour plus de quarante mille francs de marchandises. » Puis elle continue : « L'Angleterre, portée seulement pour treize cent vingt-cinq mille francs pour le premier trimestre de l'exercice 1885-86, importe annuellement en Tunisie pour sept millions trois cent vingt-cinq mille francs, ainsi qu'il résulte d'une statistique officielle qui a été mise sous nos yeux, où l'Angleterre figure pour cinq millions sept cent mille francs et l'île de Malte (articles divers d'origine anglaise) pour seize cent vingt-cinq mille francs. D'un autre côté, l'Allemagne est portée pour le modeste chiffre de dix mille francs ; comment expliquer, dans ce cas, qu'un document officiel, en novembre dernier, appelait l'attention de la chambre de commerce de Tunis sur l'extension que prenaient les relations commerciales de l'Allemagne avec la Tunisie? Cet appel à la chambre a conduit celle-ci à rechercher quel pouvait être le chiffre des importations allemandes ; ce chiffre ne serait guère inférieur à quatre millions. » Et la chambre de commerce termine par cette observation très judicieuse : « Cet ensemble de faits suffit pour montrer le peu d'exactitude des chiffres cités plus haut. »

Je ne puis que m'associer à cette observation. Quel que soit le soin avec lequel les statistiques sont faites, elles ne donnent jamais, à mon avis, qu'une idée très imparfaite des phénomènes économiques. En veut-on un autre exemple, sans sortir du sujet qui nous occupe? En voici un ! Nous avons dit plus haut que les statistiques réunissaient sous la même rubrique, celle de « Commerce spécial », les produits simplement francisés et ceux qui sont fabriqués en France. Eh bien ! les distinguât-elle, nous ne serions pas beaucoup plus instruits sur leur origine véritable. Tout le monde sait que beaucoup d'industriels ou de commerçants français font fabriquer en Allemagne des produits qu'ils vendent ensuite comme étant d'origine française. De même des industriels allemands et anglais achètent en France des objets auxquels ils donnent une marque de fabrique anglaise ou allemande. Pour que les statistiques fussent exactes, il faudrait qu'elles suivissent ces produits dans leurs migrations, ce qui est, sinon impossible, du moins très difficile.

Mais si les statistiques, malgré leur apparence de rigueur mathématique, sont incapables de donner une idée très exacte des faits économiques, elles en indiquent du moins les caractères principaux. Cela suffit pour révéler à l'observateur attentif les points sur lesquels doit porter plus particulièrement son attention.

Il n'est douteux, par exemple, pour personne, que l'Angleterre fournit à la Tunisie la presque totalité des cotonnades européennes qu'elle consomme ; on sait qu'une partie importante des soieries vendues dans les souks de Tunisie viennent de la Suisse et de l'Allemagne ; que les meubles bariolés de rouge, de bleu, de vert, et décorés de fleurs multicolores, si recherchés par les indigènes, sortent d'Italie, ainsi que les carreaux en faïence émaillée, les légumes secs, etc., tandis que la France fournit principalement les vins et les liqueurs, les vêtements confectionnés, les chaussures, les cuirs préparés, etc.

De cette simple notion il est aisé de faire découler les considérations les plus utiles à notre commerce et à notre industrie. Sachant, par exemple, d'une manière générale, que l'Angleterre l'emporte en Tunisie pour ses cotonnades sur toutes les autres nations industrielles de l'Europe, nous devons rechercher les causes de cette supériorité et nous efforcer de les combattre.

Ces causes, tous ceux qui veulent observer les faits d'assez près les connaissent. C'est le bon marché et surtout l'adaptation de la marchandise aux goûts des acquéreurs. On insiste peut-être trop, d'habitude, sur l'importance du bon marché ; sans doute, il joue un grand rôle dans la préférence que les consommateurs des colonies donnent à un produit ou à un autre, mais il est encore moins important que la nature même de la marchandise. Les habitants des pays imparfaitement civilisés ont une fixité de goûts dont on se fait difficilement une idée quand on n'a pas vécu parmi eux. Tout objet qui n'a pas les caractères traditionnellement exigés ou qui même ne porte pas la marque connue depuis longtemps est impitoyablement refusé. Connaître les préférences et les habitudes dont nous parlons est la qualité la plus indispensable à un industriel ou à un commerçant qui veut gagner de l'argent dans les pays neufs. Cela s'applique aussi rigoureusement que possible à la Tunisie. Si les cotonnades anglaises y réussissent, c'est que l'industriel anglais se conforme d'une manière absolue dans leur fabrication à l'inclination des Tunisiens. Il donne à ses pièces la largeur, l'épaisseur, la consistance exigées par l'indigène ; il les teint des couleurs qui ont été de tout temps recherchées dans le pays, etc. Bien loin de se mettre en frais d'imagination pour trouver des formes et des couleurs nouvelles, il se borne à copier servilement celles que l'on aimait dans le pays avant l'introduction de l'industrie européenne. Encore ne réussit-il pas toujours à imiter convenablement les modèles, ainsi que nous l'avons fait remarquer à propos des cotonnades teintes en bleu par l'indigo. Cependant, il est impossible de distinguer une couverture faite à Djerba de celles que l'Angleterre fabrique pour y être vendues, ni certains tapis de Kairouan des imitations anglaises.

C'est, à mon avis, à leur habitude de se plier aux goûts des consommateurs indigènes, beaucoup plus qu'au bon marché de leurs produits, que les Anglais doivent leur succès dans les pays exotiques. Si les Italiens peuvent couvrir la Tunisie de leurs meubles, c'est que, presque sans souci du bon goût ou du moins de ce que nous entendons par là, ils ont su copier les formes et les couleurs des meubles autrefois fabriqués par les indigènes eux-mêmes. Produisant mécaniquement et par suite meilleur marché, en même temps qu'ils se conformaient strictement aux désirs des acheteurs, ils ont très vite détrôné l'industrie indigène. Ils y ont également réussi pour les faïences.

Il suffit que nos industriels et nos commerçants consentent à imiter ces exemples, qu'ils veuillent bien ne pas substituer leurs goûts à ceux des indigènes, pour qu'ils fassent une concurrence sur le marché tunisien aux industriels des autres nations de l'Europe.

Le commerce d'exportation

Les produits exportés par la Tunisie sont dirigés en grande partie sur l'Italie et la Tripolitaine. Du 12 octobre 1885 au 12 janvier 1886, les exportations de la Régence pour l'Italie (1) ont

(1) Voici, en chiffres ronds, la statistique des exportations tunisiennes avec les pays voisins pendant le trimestre du 13 octobre 1885 au 12 janvier 1886 :

Italie	2.500.000 fr.
Tripoli	1.100.000
Angleterre	950.000
Algérie	700.000
France	650.000
Malte	300.000
Egypte	80.000
Espagne	45.000
Turquie	42.000
Grèce	3.000
Total	6.370.000 fr.

Voici la valeur des principaux produits exportés pendant ce même trimestre :

Huile	1.800.000 fr.
Blé dur	1.690.000
Orge	660.000
Alfa	550.000
Dattes	400.000
Tissus de laine	280.000
Eponges lavées	135.000
Peaux de chèvres et de chevreaux	100.000
Chéchias (bonnets rouges)	85.000
Légumes secs	95.000

atteint une valeur de deux millions et demi ; pour la Tripolitaine, elles ont été de onze cent mille francs ; pour l'Angleterre de moins d'un million ; de sept cent mille francs pour l'Algérie, et de six cent cinquante mille francs seulement pour la métropole. Mais il faut ajouter la majeure partie des exportations pour l'Algérie à celles indiquées pour la France, parce que beaucoup de produits destinés à notre pays sont d'abord dirigés par terre vers la colonie voisine, afin d'éviter les droits d'exportation. Les produits exportés par la Tunisie sont principalement : les huiles d'olive, le blé dur, l'orge, l'alfa et les dattes, puis viennent les tissus de laine et les chéchias fabriqués dans le pays ou du moins considérés comme tels, les éponges récoltées dans le golfe de Gabès, les peaux de chèvres et de chevreaux, les ouvrages en alfa, les grignons d'olives, les graines de lin, les pistaches. L'huile d'olive va surtout en Italie ; l'alfa est exporté presque en totalité en Angleterre ; les dattes, les éponges, les peaux de chevreaux, les grignons sont exportés en France.

D'après les chiffres indiqués plus haut pour les exportations de la Régence, l'Italie reçoit de quarante à quarante-cinq pour cent des produits tunisiens exportés, c'est-à-dire presque la moitié de ce qui sort de la Tunisie, tandis que la France fournit à notre établissement africain cinquante pour cent environ des produits qui y sont importés. Des différences analogues existent dans la proportion des navires italiens et français qui servent aux importations et aux exportations tunisiennes. Les produits importés le sont par des navires français dans la proportion d'environ quarante à quarante-cinq pour cent tandis que les exportations sont faites par des bâtiments italiens dans la proportion d'environ cinquante pour cent.

Les ports par lesquels se produisent les plus forts mouvements du commerce sont, par ordre d'importance : la Goulette, Sousse, Sfax, Gabès, Djerba, Monastir, Mahédia ; puis, Tabarka, Bizerte et

Zarzis. Pendant le premier trimestre de l'année 1303 de l'hégire (1885-1886), c'est-à-dire du 13 octobre 1885 au 12 janvier 1886, il a été importé par la Goulette et Tunis, que les statistiques douanières distinguent, mais qu'il faut réunir pour avoir des chiffres approchant de la vérité, une valeur de neuf millions trois cent soixante-sept mille quatre cent quarante-trois piastres de marchandises ; à Sousse, il en a été importé pour une valeur de un million cent dix-neuf mille deux cent soixante-six piastres ; à Sfax, pour huit cent cinquante-sept mille trois cent quatre-vingt-une piastres ; à Gabès, pour trois cent cinquante-cinq mille cent quarante piastres ; à Djerba, pour quatre-vingt-quinze mille cinquante-deux piastres ; à Monastir, pour quatre-vingt-dix mille deux cent quatre piastres ; à Mahédia, pour cinquante-cinq mille cinq cent cinq piastres ; à Tabarka, pour dix-sept mille cent soixante-neuf piastres ; à Bizerte, pour neuf mille trois cent seize piastres.

Pour les exportations, la proportion doit être à peu près la même. Mais les statistiques des douanes tunisiennes ne permettent pas d'en juger, parce qu'elles ne donnent que les quantités des marchandises exportées et non leur valeur.

Les autres points de la Régence par lesquels se font des importations et des exportations de quelque importance sont : Ghardimaou, où il a été importé, dans le premier trimestre 1885-1886, pour cent quatre-vingt-neuf mille quatre cent seize piastres de marchandises ; Gafsa, qui en a reçu pour soixante-sept mille cent quarante-neuf piastres ; Sidi-Youssef, qui en a reçu pour cinquante-deux mille cinq cent quatre-vingt-quatre piastres ; Babouk, pour une valeur de trente mille sept cent quatre piastres ; Ouled-Bouchanen, seize mille cinq cent vingt-cinq piastres ; Nefta, treize mille quatre cent vingt-neuf piastres ; Tozeur, neuf mille quatre cent quinze piastres ; Loubira, cinq mille quatre cent soixante-cinq piastres ; Borj Hammen, quatre mille vingt-cinq ; et Haïdra trois mille cent deux piastres.

Il faut noter qu'un grand nombre de produits tunisiens destinés soit à la France, soit à l'étranger, au lieu d'être embarqués dans les ports tunisiens, sont transportés en Algérie par le chemin de fer de Bône-Guelma, les exportations par terre étant exemptes du droit à la sortie qui frappe les exportations par mer. Il en résulte depuis quelques années un accroissement considérable des transports effectués par le chemin de Bône-Guelma entre la Tunisie et l'Algérie.

Quand on compare les importations de la Tunisie avec ses exportations pendant les deux périodes quinquennales de 1876 à 1880 et de 1880 à 1885, on est frappé d'un fait qui a soulevé dans la Régence beaucoup de discussions, c'est que, pendant la première période, c'est-à-dire pendant les cinq années qui ont précédé l'occupation française, les exportations l'emportent sur les importations, tandis que le contraire se produit pendant les cinq années qui suivent l'occupation.

De 1875-76 à 1879-80, le total des importations en Tunisie s'élevant en chiffres ronds à cinquante-quatre millions six cent mille francs, celui des exportations atteignait cinquante-huit millions deux cent mille francs, soit trois millions six cent mille francs de plus pour les exportations que pour les importations.

De 1880-81 à 1884-85, c'est-à-dire pendant les cinq années qui suivent l'occupation, le chiffre total des exportations est de quatre-vingt-six millions quatre cent mille francs, tandis que celui des importations s'élève à cent dix-huit millions deux cent mille francs, soit une différence de trente et un millions huit cent mille francs au profit des importations (1).

(1) Voici, en chiffres ronds, la valeur des exportations et importations pendant ces deux périodes :

		IMPORTATIONS	EXPORTATIONS
Avant l'occupation	1875-76	12.000.000 fr.	15.000.000 fr.
	1876-77	8.400.000	11.400.000
	1877-78	10.200.000	7.800.000
	1878-79	12.600.000	13.200.000
	1879-80	11.400.000	10.800.000
	Totaux	54.600.000 fr.	58.200.000 fr.

Beaucoup de bons esprits ont attribué à ces faits une signification qu'ils n'ont pas. Ils y ont vu l'indication d'un appauvrissement de la Régence produit par l'occupation. Après avoir cité ces chiffres, la chambre de commerce de Tunis émet, dans le document cité plus haut, les réflexions suivantes :

« Ces chiffres n'ont rien de satisfaisant, car il en résulte que la
« Tunisie a beaucoup plus à payer qu'à recevoir. Les récoltes des
« trois dernières années ont pourtant été bonnes ; et si l'accrois-
« sement considérable des importations ne venait pas d'un fait
« particulier, l'entretien d'un corps d'occupation important, la
« Tunisie ne pourrait se maintenir longtemps dans une situation
« aussi anormale au point de vue économique ».

Les craintes exprimées dans les observations précédentes ne me paraissent pas justifiées. Il n'est d'abord pas démontré qu'on doive considérer comme nécessairement mauvaise la situation économique d'un pays parce que ses exportations sont inférieures à ses importations ; mais, même en supposant que cela fût vrai pour les nations civilisées, il ne faudrait pas en conclure qu'on doive l'admettre pour les colonies, surtout pour celles qui sont en voie de création. Ainsi que je l'ai indiqué plus haut, le premier phénomène qui se manifeste au début de la prise de possession d'une colonie, c'est une augmentation considérable des importations des produits européens destinés aux troupes d'occupation. Ces produits, nouveaux pour les indigènes ou du moins pour un grand nombre d'entre eux, tentent leurs convoitises et les excitent à produire des objets en échange desquels ils pourront obtenir ceux qu'ils désirent ardemment. Mais il faut un temps très long pour

		IMPORTATIONS	EXPORTATIONS
	1880-81	15.600.000 fr.	21.600.000 fr.
	1881-82	22.200.000	10.800.000
Après l'occupation	1882-83	26.400.000	17.400.000
	1883-84	27.600.000	18.000.000
	1884-85	26.400.000	18.600.000
	Totaux	118.200.000 fr.	86.400.000 fr.

transformer un pays neuf et imparfaitement civilisé et pour augmenter dans des proportions très sensibles sa production agricole ou industrielle. La paresse héréditaire des habitants, leur ignorance des procédés à l'aide desquels on augmente la richesse du sol, l'état primitif des industries locales, l'absence de voies de communication, etc., sont autant d'obstacles à l'évolution ascendante des colonies nouvellement conquises, et, pendant longtemps, celles-ci produisent tout au plus ce qui est nécessaire aux échanges à l'aide desquels les indigènes cherchent à satisfaire leurs nouveaux besoins. Pendant toute cette période, les importations des produits métropolitains dans la colonie sont fatalement supérieurs aux exportations de la colonie dans la métropole. Cependant, si le pays est riche, le chiffre des exportations augmentera d'une façon sensible à partir du jour de l'occupation, parce que ses produits étant mieux connus seront plus recherchés qu'ils ne l'étaient auparavant. C'est précisément ce que nous avons vu se produire en Tunisie à partir de 1881, c'est-à-dire à partir de l'année où nos trafiquants ont fréquenté en plus grand nombre notre nouvel établissement colonial.

Cette première considération, tirée de la nature même des faits économiques qui se produisent nécessairement dans toute colonie nouvelle, doit nous mettre à l'abri des craintes exprimées dans la citation faite plus haut.

Au lieu de nous effrayer de ce que les importations sont actuellement supérieures, en Tunisie, aux exportations, nous sommes plutôt tentés de nous en réjouir. La supériorité des importations est due, en effet, non seulement à ce que les indigènes recherchent davantage nos produits, mais encore à ce que le nombre des colons habitués à les consommer est en voie d'augmentation. Les capitaux apportés par ces colons servent à la fois à enrichir les commerçants français dont ils achètent les marchandises et les indigènes qu'ils emploient comme ouvriers. Plus de dix ou quinze millions ont déjà été importés en Tunisie par les seuls propriétaires français. Une partie de cette somme est employée à l'achat des objets de toute nature importés par la métropole, l'autre est dépensée en salaires dont les ouvriers se servent pour satisfaire des besoins profitables à l'industrie européenne. Il résulte nécessairement de tout cela une augmentation sensible des importations. Celles-ci resteront supérieures tant que l'agriculture et l'industrie de la Tunisie n'auront pas atteint un développement tel qu'elles puissent fournir à la satisfaction de tous les besoins des colons et des indigènes. Envisagée de cette façon, la supériorité des importations sur les exportations, bien loin de nous effrayer, nous apparaît comme un signe des progrès qu'a faits la Régence dans la voie de la colonisation.

Je m'empresse d'ajouter qu'un pareil état de choses, excellent au début d'une colonie, devrait donner des inquiétudes sérieuses relativement à sa richesse naturelle s'il se prolongeait indéfiniment, si surtout le chiffre des exportations n'allait pas en s'accroissant d'année en année d'une manière sensible. A cet égard, nous devons être rassuré sur l'avenir de la Tunisie, car nous voyons ses exportations augmenter rapidement et d'une manière continue depuis qu'elle a été placée sous le protectorat de la France. Étant donnés l'abondance des capitaux qui ont été apportés dans la Régence et le nombre sans cesse croissant des colons qui s'y rendent, la marche ascendante du commerce de ce pays ne pourrait être entravée que par trois causes : les mauvaises conditions du crédit, sans lequel le commerce ne peut vivre ; la nature défectueuse des impôts et leur mauvaise répartition ; les obstacles mis à l'exportation des produits par un régime douanier mal conçu ou par l'absence de voies de communication. Or, actuellement, ces obstacles au développement du commerce sont accumulés en Tunisie, ainsi que le démontreront surabondamment les pages suivantes.

Les conditions du crédit

A l'époque où la France a pris le protectorat de la Tunisie, il n'existait dans ce pays aucun grand établissement financier ; un petit nombre de banquiers vraiment dignes de ce nom et une quantité considérable d'usuriers étaient seuls à fournir au commerce et à l'industrie le crédit sans lequel ni l'une ni l'autre de ces branches de l'activité humaine ne peuvent vivre. On ne pouvait se procurer de l'argent qu'à des conditions extrêmementt onéreuses. Pour en donner une idée, il nous suffira de rappeler qu'en 1879 le taux de l'escompte était à douze pour cent et que celui des prêts hypothécaires n'était pas inférieur à vingt pour cent. La garantie des marchandises n'existant pas, la plupart des commerçants ne pouvaient emprunter qu'à des taux atteignant jusqu'à trente, quarante et cinquante pour cent.

Pour les cultivateurs, les conditions de l'emprunt étaient plus onéreuses encore. Nous en avons un exemple dans les faits dont la partie la plus riche de la Régence, le Sahel des environs de Sousse, Monastir et Mahédia, était le siège. Ayant sans cesse besoin d'argent, les propriétaires d'oliviers du Sahel avaient contracté l'habitude de vendre leurs fruits six mois et même parfois près d'un an avant la récolte. L'acheteur retenait ordinairement, à titre d'intérêt, le quart de la somme avancée. Si la récolte était mauvaise et que le propriétaire se trouvât dans l'impossibilité de livrer à son acheteur la quantité d'huile convenue et payée à l'avance, il souscrivait un nouvel engagement, en vertu duquel il devait fournir l'année suivante une quantité d'huile double de celle qui lui avait fait défaut. A partir de ce jour, il était enchaîné au commerçant et voyait chaque année grossir sa dette par les intérêts usuraires, en nature ou en argent, qu'il était obligé de payer.

On estime actuellement à vingt ou vingt-cinq millions le total des dettes impayées qui ont été contractées par les propriétaires du Sahel dans les conditions dont nous venons de parler.

Le défaut ou le rendement insuffisant des récoltes n'est pas le seul motif qui empêchait les propriétaires indigènes de tenir leurs engagements. La mauvaise foi se mettait bien souvent de la partie. La loi musulmane, très sévère pour les débiteurs honnêtes ou non, permettait au créancier d'exercer la contrainte par corps contre son débiteur. En supprimant cette disposition, l'introduction de la juridiction française en Tunisie a rendu plus difficile encore qu'elle ne l'était autrefois la rentrée des créances ; mais, en revanche, elle a eu pour effet de restreindre dans une très large mesure l'emploi des procédés usuraires dont nous venons d'esquisser le triste tableau. D'une part, les débiteurs, sachant que notre législation condamne l'usure, se refusent à payer la dette qu'ils ont contractée vis-à-vis des usuriers, et ces derniers, craignant la divulgation de leurs détestables procédés, hésitent à les poursuivre ; mais, d'autre part, les commerçants honnêtes qui ont l'appréhension de n'être pas payés se refusent à faire aux propriétaires des avances sur les récoltes. La coutume s'introduit de n'acheter qu'après la moisson et au comptant, coutume excellente si on l'envisage d'une manière générale, mais qui a l'inconvénient de rejeter entre les bras des prêteurs à gros intérêts les propriétaires honnêtes qui ont besoin d'argent entre deux récoltes.

Les usuriers font encore des profits énormes à l'aide des prêts sur dépôts de bijoux. Les indigènes sont essentiellement thésauriseurs. La plupart mettent de côté la majeure partie des pièces d'or qu'ils peuvent se procurer. Les plus prodigues s'en servent pour acheter des bijoux qu'ils offrent à leurs femmes. Qu'un besoin d'argent se fasse sentir, on va porter les bijoux chez un usurier en garantie d'un emprunt pour lequel on paye un intérêt exorbitant. Si, à l'échéance convenue, on ne peut pas rembourser la somme prêtée, on s'engage, moyennant une grosse prime, pour une période nouvelle, et ainsi de suite, jusqu'à ce que le bijou devienne la propriété du prêteur, ce qui d'ordinaire n'exige pas beaucoup de temps. Dans les opérations de ce genre, il n'est pas rare, en effet, que l'intérêt atteigne au delà de cinquante et jusqu'à cent pour cent ou même davantage.

La création en Tunisie de la « Société franco-tunisienne » (1er avril 1879), transformée le 1er mai 1880 en « Société des comptoirs maritimes », puis le 1er octobre en « Agence de la Banque transatlantique », et, enfin, le 1er octobre 1884, en « Banque de Tunisie », avec un capital de huit millions de francs, dont six millions quatre cent quatre-vingt-un mille deux cent cinquante piastres versées, et l'établissement à Tunis d'une succursale de la Compagnie Algérienne ont eu pour effet de faire baisser considérablement le taux de l'intérêt de l'argent.

Pendant l'exercice 1885-86, le taux de l'escompte perçu par la Banque de Tunisie, qui concentre presque toutes les affaires, s'est abaissé à sept pour cent, tandis qu'il était de douze pour cent au minimum chez les banquiers de Tunis, en 1879. Le taux des prêts hypothécaires est, de son côté, descendu à neuf et même huit pour cent au lieu de vingt pour cent qu'il était à la même époque. Dans l'espace de cinq années, le taux de l'intérêt commercial s'est donc abaissé dans les proportions de quarante-deux pour cent pour l'escompte et de cinquante-cinq à soixante pour cent pour les prêts hypothécaires. La banque a également fait diminuer considérablement le taux de l'intérêt des emprunts d'Etat. Avant l'établissement définitif du protectorat et la liquidation de la dette tunisienne, la commission financière empruntait tous les ans de un à deux millions de piastres pour faire face à ses engagements.

Ces emprunts se faisaient dans le silence du cabinet, sans aucune concurrence, et le taux moyen de l'intérêt payé par le gouvernement beylical s'élevait à douze et quinze pour cent. En 1879, la Société franco-tunisienne, à peine établie depuis six mois dans la Régence, et qui n'avait encore qu'un capital de cinq cent mille francs versé, protesta contre cette manière d'opérer, et força le gouvernement tunisien à faire ses emprunts aux enchères. En août 1879, elle se faisait adjuger l'un de ces emprunts au taux de huit pour cent. C'était une économie de quatre à sept pour cent que faisait le gouvernement tunisien sur les intérêts à payer. Or, cet abaissement du taux des intérêts payés par l'Etat s'est, depuis cette époque, toujours maintenu, fournissant ainsi la preuve de l'utilité, je dirais même de la nécessité d'établissements financiers honnêtes et solides.

Sous l'influence de cette amélioration du crédit, les affaires ne pouvaient que prendre une allure plus active. Pour en juger, il est inutile de se reporter à la période antérieure à l'établissement du protectorat, période sur laquelle nous n'avons pas de renseignements exacts, il suffit de comparer les bilans semestriels publiés par la Banque de Tunisie en juin 1885 et juin 1886. À la première de ces dates, le portefeuille de cette banque était composé de papiers de commerce, effets, lettres de change, etc., pour une valeur de neuf cent cinquante-cinq mille piastres. Un an plus tard, en juin 1886, le portefeuille s'élevait pour le premier semestre de l'année à deux millions cinq cent soixante-dix mille piastres ; les crédits des garanties, qui constituent la partie capitale de ce chapitre, passaient de deux millions sept cent quatre-vingt-quatorze mille piastres à quatre millions six cent quatre-vingt-un mille piastres. La valeur des dépôts, qui était de un million vingt-trois mille piastres en 1885, s'était accrue de plus de moitié à la fin de juin 1886.

La confiance, qui trouve son aliment dans la sécurité publique et dans la bonne gestion des établissements financiers, avait attiré dans les caisses de cette banque des sommes de plus en plus considérables et lui avait permis d'abaisser graduellement le taux de l'intérêt, pour le plus grand profit du commerce et de l'industrie, dont l'activité est toujours proportionnée aux facilités de crédit qu'ils rencontrent.

Mais, de l'accroissement même des affaires de la Banque de Tunisie, résulte déjà pour elle un embarras dont il est nécessaire de se préoccuper. Il ne tardera pas à lui être impossible de faire face avec son capital propre à toutes les exigences économiques de la Régence. La prudence l'oblige à tenir en réserve une partie considérable de son capital en numéraire pour répondre aux demandes imprévues qui viendraient à se produire ; elle ne peut pas réescompter les portefeuilles entiers des banques locales qui coopèrent avec elle à l'établissement et à la consolidation du crédit dans la Régence, et elle se voit à chaque instant dans l'obligation de se refuser à faire des opérations dont profiteraient soit les propriétaires, soit l'Etat lui-même. La mise en pratique de la nouvelle loi immobilière, en donnant aux titres de propriété une mobilité qui permettra de les déposer aisément en garantie, ne peut manquer d'accroître beaucoup le chiffre des demandes de numéraire qui seront adressées à la Banque de Tunisie et aux autres établissements de crédit du pays. Dans l'état actuel des choses, il sera impossible de satisfaire à ces demandes, à cause de l'insuffisance du numéraire disponible. Aussi tout le monde est-il d'accord, pour réclamer la création d'une banque locale qui serait autorisée à émettre des billets.

Une pétition adressée récemment au résident général de France par les colons tunisiens fait valoir en quelques mots précis les raisons qui militent en faveur de cette création. Nous croyons ne pouvoir mieux faire que de reproduire ici ce document :

« Les soussignés, représentant, dans les diverses branches de l'agriculture, de l'industrie et du commerce, les principaux intérêts de la Tunisie, ont l'honneur de vous exposer :

« 1° Que l'intérêt de l'argent, bien qu'ayant été sensiblement abaissé par les institutions françaises de crédit, est encore trop élevé dans la Régence pour permettre aux entreprises vraiment utiles de s'y établir.

« 2° Que la Tunisie, en agissant avec ses ressources réelles seulement, est placée dans un état d'infériorité nuisible à sa prospérité vis-à-vis des nations ou des places avec lesquelles elle est en relations d'affaires, tous les Etats qui l'avoisinent possédant en effet des banques d'émission.

« Une banque d'émission a pour effet de remettre en circulation une partie du numéraire déjà employé et de multiplier ainsi la force première.

« Son capital, au lieu de s'employer successivement, se multiplie instantanément suivant les besoins de la place et peut ainsi diminuer de beaucoup le prix de ses services.

« Beaucoup d'autres considérations pourraient être mises en avant, mais les soussignés sont persuadés, Monsieur le Ministre, que votre connaissance des choses suppléera au laconisme dans lequel doit se renfermer une pétition.

« Les soussignés vous prient instamment de soumettre à Son Altesse le Bey et au gouvernement français, en l'appuyant de votre haute autorité, le projet d'une banque beylicale d'émission, dont l'établissement aura une énorme et bienfaisante influence sur le développement de la fortune publique dans la Régence. »

Il est impossible de ne pas s'associer aux vœux exprimés dans cette pétition, et nous sommes convaincu que satisfaction ne tardera pas à leur être donnée par les autorités de la Tunisie. Attendre plus longtemps ce serait compromettre l'avenir commercial, industriel et agricole de notre protectorat.

Reste la question de savoir si le pouvoir d'émettre des billets devrait être accordé soit à une banque exclusivement tunisienne, soit à un établissement ayant son siège principal en dehors de la Tunisie, c'est-à-dire en France ou en Algérie. A cet égard, les avis sont très partagés. Je crois utile de consigner ici les diverses opinions que j'ai entendu émettre contre le système qui consisterait à concéder le droit d'émission à un établissement de crédit ayant son centre principal d'action en France. On dit que cet établissement ne verrait dans la concession à lui accordée qu'un moyen de faire une opération financière fructueuse; que, celle-ci faite, il céderait son droit à d'autres, sans se préoccuper des véritables intérêts de la Tunisie. On ajoute qu'un pareil établissement drainerait presque fatalement le numéraire tunisien au profit de sa caisse principale. On applique aussi cette dernière objection à l'idée de la concession du privilège d'émission à un établissement de crédit algérien. On craint de le voir pomper l'or de la Tunisie au profit de l'Algérie, où il aurait son encaisse. Avec une banque locale essentiellement tunisienne, ces inconvénients, ajoute-t-on, ne seraient pas à redouter.

Je dois signaler, en passant, la tendance très générale qui existe en Tunisie en faveur du maintien de l'indépendance de ce pays vis-à-vis de l'Algérie. La plupart de ceux qui réclament avec le plus de zèle l'assimilation de la Régence à l'Algérie, en ce qui concerne les tarifs douaniers, ne voudraient pas que l'assimilation des deux pays dépassât cette limite et se montrent partisans résolus de l'autonomie.

C'est le sentiment qui domine parmi ceux qui s'opposent à ce que le droit d'émission de papier-monnaie tunisien soit concédé à un établissement français ou à la Banque de l'Algérie. Je n'ai pu que reproduire ici fidèlement leurs arguments. Quant à leurs adversaires, peu nombreux, ils invoquent en faveur de leur thèse la puissance déjà connue des établissements français ou algériens dont on a parlé comme désirant avoir la concession du droit d'émission du papier tunisien. A quoi les partisans d'une banque locale répondent que la Tunisie est par elle-même assez riche pour garantir une banque exclusivement locale. C'est à l'autorité tunisienne qu'il appartiendra de choisir entre les divers systèmes : mieux que personne, elle a en main les éléments nécessaires pour en peser la valeur relative.

Je dois ajouter qu'il existe en Tunisie un petit nombre de personnes hostiles à l'idée même de la création d'une banque d'émission quelconque. Ils disent à l'appui de leur opinion que les Arabes refuseront le papier-monnaie créé par cette banque et que le crédit de l'Etat sera ainsi considérablement affaibli. On répond à cette objection que, même si les Arabes montraient un instant de défiance, celle-ci tomberait vite dès qu'ils auraient la preuve que la banque ne refuse jamais de rembourser ses billets à guichet ouvert; et l'on invoque l'exemple de l'Algérie, où le papier-monnaie est déjà entré dans les habitudes des indigènes, malgré la préférence manifeste qu'ils ont pour la monnaie d'or et d'argent.

Quelques personnes expriment aussi la crainte qu'une banque d'émission ne draine et fasse disparaître le numéraire, afin d'émettre un plus grand nombre de billets; mais cet argument tombe devant la nécessité imposée à la banque de rembourser tous ses billets à guichet ouvert. Pour être en mesure de remplir cette obligation, elle serait obligée d'avoir toujours une encaisse très forte en or et en argent, ce qui serait une garantie contre le manque éventuel de monnaie.

Une autre catégorie d'adversaires de la création d'une banque tunisienne d'émission y substitueraient volontiers un établissement de crédit foncier.

Comme les précédents, ceux-là se recrutent surtout, il faut le dire, parmi ceux dont les intérêts particuliers pourraient être lésés par la création d'une banque d'émission, c'est-à-dire par tout le monde des trafiquants de piastres, depuis ceux qui les manient par millions jusqu'aux changeurs de bas étage que l'on voit assis, en plein air, aux coins des places et des rues de Tunis, derrière une petite table couverte de karoubes.

L'idée de l'établissement d'un crédit foncier en Tunisie a été émise surtout comme un moyen de donner le change à l'opinion publique et de la détourner de la banque d'émission. Dans l'état actuel des propriétés, un crédit foncier tunisien n'aurait en effet qu'un rôle très réduit. En admettant qu'il reprît toutes les hypothèques actuelles, la limite de ses prêts ne dépasserait pas dix à douze millions; à peine pourrait-elle aller jusqu'à quinze millions. C'est, on le voit, un chiffre d'affaires trop peu considérable pour légitimer la création d'un établissement spécial de crédit foncier. Celui-ci serait d'autant moins utile, que la nouvelle loi immobilière, en donnant aux titres de propriété une extrême mobilité, les rend susceptibles de figurer comme garantie auprès de n'importe quelle banque.

En résumé, la majeure partie des colons européens de la Tunisie se sont déjà prononcés dans plusieurs circonstances en faveur de la création d'une banque. L'opinion dominante est que cet établissement soit propre à la Régence.

A la question de sa création s'en rattache une autre dont il est indispensable de parler.

Le commerce et l'industrie ne sont pas seulement entravés dans ce pays par la limite trop étroite qu'impose au crédit l'absence du papier-monnaie, mais aussi par la variation incessante du taux de la monnaie tunisienne. Celle-ci n'a aucun taux légal; sa valeur varie d'un jour à l'autre, et même d'une heure à une autre. Seuls, les banquiers admettent un cours à peu près fixe, établi tous les huit jours par les agents de change de Tunis, et variant, par suite, d'une semaine à l'autre. Cet état de choses est l'origine d'abus de toutes sortes, les principaux détenteurs des fonds publics ne se faisant pas faute de se livrer à une foule de manœuvres préjudiciables au crédit public dans le seul but de réaliser des bénéfices sur le change de la piastre.

Le titre des piastres est d'ailleurs tout aussi variable d'une pièce à l'autre que l'est le rapport de la valeur de la piastre à celle du franc. De tout temps, les pièces d'or tunisiennes ont été l'objet d'une fraude effrénée. On faisait fabriquer à l'étranger des pièces ayant un titre ou un poids inférieur à ceux des pièces frappées en Tunisie, et on faisait entrer en contrebande dans le pays cette fausse monnaie : chose facile, étant donnée la façon déplorable dont est fait le service des douanes tant sur les frontières de mer que sur celles de terre. Un autre trafic a été fait parfois à l'aide de pièces frappées en Tunisie à un titre supérieur à leur valeur nominale. Il ne manquait pas de gens pour accaparer ces pièces, les exporter et les remplacer par d'autres frappées à l'étranger avec un titre inférieur.

Enfin, comme tous les pays africains, la Tunisie est soumise à de fréquentes disparitions de numéraire, causées non seulement par les excédents constants des importations sur les exportations, mais encore par l'habitude invétérée chez les Arabes de se créer des réserves et d'immobiliser des sommes considérables dans des cachettes où elles restent ensevelies pendant un temps plus ou moins long. Ces disparitions de numéraire ont pour effet de paralyser les affaires et de faciliter les altérations, sinon même la falsification. Depuis vingt ans, en effet, l'histoire financière de la Régence enregistre une série de mesures qui toutes ont abouti à une dépréciation des monnaies en circulation, et par conséquent à de brusques et dangereuses variations dans l'état du change. La monnaie-type en usage courant est la piastre, d'une valeur originaire de un franc quatre-vingts centimes, descendue, par suite de dépréciations successives, d'abord à un franc avant 1850, à quatre-vingt-cinq centimes en 1850, à soixante-quinze centimes en 1855, puis aujourd'hui à soixante centimes environ. Avant

1855, la monnaie en circulation dans la Régence se composait exclusivement d'argent et de cuivre : la première variant de la karoube ou un seizième de piastre à la pièce de cinq piastres; la seconde du disque, d'une valeur variant du cinquante-deuxième au cent-quatrième de la piastre. Vers 1856, sous le règne du bey Mohammed, on ajouta aux monnaies existantes des monnaies d'or, dont les types calqués sur ceux du gouvernement de Louis-Philippe furent de cinq, dix, vingt, quarante et quatre-vingts piastres. Peu après, sur les réclamations du commerce, ces nouvelles monnaies furent retirées de la circulation et remplacées par d'autres pièces de cinq, dix, vingt et cent piastres. En 1864, une révolution de palais, en venant troubler l'ordre dans le pays, réduisit le gouvernement à une quasi-faillite, qui se traduisit par une altération sensible de la monnaie d'or. De plus, on démonétisa les pièces de cinq piastres en argent et on les remplaça par des types nouveaux de quatre, trois, deux, un, un demi, un quart, un huitième de piastre ; bientôt après, les pièces de trois piastres, de un quart et de un huitième de piastre disparurent à leur tour et la circulation ne se composa plus que de pièces de quatre, deux, une piastre et de une demi-piastre auxquelles on adjoignit des pièces de cuivre de huit, quatre, deux, une et une demi-karoube, réduites d'abord à la moitié, puis au quart de leur valeur, enfin retirées de la circulation et remplacées par la monnaie de cuivre actuelle.

En 1880, nouvel abaissement de la valeur effective de la monnaie tunisienne :

La pièce de quatre piastres en argent fut réduite à trois piastres un quart ;

Celle de deux piastres en argent fut réduite à une piastre dix seizièmes ;

Celle de une piastre en argent fut réduite à treize seizièmes.

La demi-piastre a disparu de la circulation, et celles de ces pièces qui existent encore ont conservé leur valeur primitive. De plus, la pièce de cinq piastres en or fut réduite à quatre treize seizièmes et celle de dix piastres à neuf trois quarts.

A l'heure actuelle, il n'existe plus dans la circulation tunisienne que des pièces de vingt-cinq piastres ; celles de cent et de cinquante piastres ont presque entièrement disparu, et celles de dix et de cinq piastres démonétisées deviennent de jour en jour plus rares. La pièce de vingt-cinq piastres, de son côté, par suite de dépréciations ou altérations ordonnées par le gouvernement beylical, a perdu environ deux cent quatre-vingt-douze millièmes de son poids, soit 5,7 pour cent de sa valeur.

En effet, cette monnaie, qui avait été à l'origine, et devait être, conformément aux édits beylicaux, frappée avec un poids de cinq grammes cent cinq milligrammes, ne pèse plus aujourd'hui que quatre grammes huit cent douze milligrammes et un huitième, de telle sorte qu'une pièce de vingt-cinq piastres (boukouffa) équivaut à quatorze francs quatre-vingt-onze centimes de notre monnaie, et qu'il faut trente-trois piastres cinquante-quatre centièmes pour constituer notre pièce de vingt francs.

Il est résulté de ces modifications dans la valeur intrinsèque de la monnaie tunisienne des troubles profonds dans les transactions, et de brusques variations dans le cours du change, préjudiciables aux intérêts économiques de la Régence. Elles ont de plus favorisé des altérations nombreuses, qui ne permettent plus d'effectuer les échanges sans un contrôle assidu, minutieux et constant des diverses pièces en circulation ; enfin, s'il faut en croire la rumeur publique, elles ont donné naissance à des opérations coupables, qui, en se renouvelant trop souvent, ont porté atteinte au crédit de la Régence.

Afin de supprimer toutes ces causes de trouble dans le commerce et l'industrie de la Tunisie, la grande majorité des colons pensent qu'il est nécessaire de donner à la monnaie tunisienne une valeur nominale absolument fixe.

Pour cela, deux procédés distincts peuvent être employés : ou bien, sans démonétiser les pièces tunisiennes, leur attribuer par un acte légal une valeur fixe qui les ferait rentrer dans le cadre des monnaies françaises ; par exemple, attribuer une valeur *ne varietur* de quinze francs à la pièce d'or de vingt-cinq piastres (boukouffa), et à la piastre une valeur également fixe de soixante centimes ; ou bien refondre toute la monnaie tunisienne et la remplacer par des pièces dont le titre et la valeur seraient bien déterminés.

Le premier de ces systèmes a été préconisé par un certain nombre de personnes qui redoutent les frais de la démonétisation, et qui croient à la nécessité d'une période de transition entre l'état de choses actuel et celui grâce auquel la Tunisie pourrait ultérieurement entrer dans l'union monétaire latine. Les partisans de ce système font valoir, en sa faveur, les arguments suivants : en attribuant au boukouffa une valeur de quinze francs, on ferait disparaître l'agio qui lui donne, au détriment de la monnaie française, une valeur fictive de quinze francs quarante centimes et même de quinze francs quarante-huit centimes ; on faciliterait l'introduction en Tunisie de notre pièce de cinq francs en argent dont le boukouffa serait un multiple exact, et l'on préparerait l'assimilation de la monnaie tunisienne à la monnaie française.

Ce système a l'inconvénient de laisser la monnaie tunisienne à l'état d'isolement de toutes les monnaies de l'Europe, et par conséquent de maintenir en partie les causes qui donnent lieu à l'agiotage dont elle est l'objet. Il est impossible, en effet, par un simple acte de l'autorité beylicale, d'assimiler les monnaies tunisiennes aux monnaies françaises. Quoi qu'on fasse, tant que ces monnaies n'auront pas été ramenées aux titre et poids exigés par les conventions, elles ne pourront pas être admises chez les nations qui font partie de l'Union monétaire. D'un autre côté, il est permis de douter qu'on puisse parvenir à donner une valeur nominale fixe et invariable à des pièces de monnaie dont le poids et le titre sont variables. Quelles que soient les décisions prises par l'autorité, ces pièces ne pourront manquer d'être l'objet de l'agiotage et des fraudes auxquelles elles donnent lieu en ce moment.

Pour ces motifs, un grand nombre de très bons esprits se rallient à l'idée d'une démonétisation radicale des pièces tunisiennes et de leur remplacement par des monnaies nouvelles ; mais les uns, adoptant un système intermédiaire, voudraient qu'on conservât la piastre, à laquelle les Arabes sont habitués depuis longtemps, et qu'on en créât des divisions se rapprochant comme titre et comme valeur des pièces françaises ; tandis que les autres estiment qu'on devrait fabriquer immédiatement des pièces ayant le titre et la valeur de celles de France, dont elles ne se distingueraient que par la légende et la figure, permettant par conséquent de faire entrer un jour notre colonie dans l'Union monétaire avec la France, l'Italie, la Suisse, etc.

Le premier de ces systèmes a l'avantage de respecter un peu plus que l'autre la tradition, mais il offre l'inconvénient très grave d'exposer la Régence à une nouvelle démonétisation du numéraire au bout d'un temps plus ou moins long. Il me paraît préférable d'adopter le second et de doter ce pays d'une monnaie exactement calquée sur celle de la métropole, pouvant, par suite, être adoptée dans tous les pays qui font partie de l'Union monétaire.

Le seul inconvénient de cette opération réside dans les frais considérables qu'elle ne peut manquer d'occasionner, mais ces frais pourraient être écartés, sinon en totalité, du moins en grande partie, du budget de l'État.

Il importe, d'abord, de connaître la valeur des pièces qu'il y aurait à démonétiser. Il est impossible d'acquérir une notion exacte de cet élément du problème, une grande quantité de pièces ayant été déjà fondues en fraude. Cependant, si l'on s'en rapporte aux documents les plus sérieux émanant de l'administration des Monnaies beylicales, la circulation métallique de la Régence s'élèverait à trente-quatre ou trente-cinq millions de piastres, et serait formée presque exclusivement de pièces frappées pendant les vingt dernières années, les types antérieurs ayant presque entièrement disparu. Dans ce chiffre, l'or figurerait pour vingt-cinq à vingt-neuf millions de piastres et l'argent pour cinq millions et demi de piastres environ. Le titre de ces pièces est le même que celui de notre monnaie, la plupart d'entre elles ayant été frappées avec des pièces d'origine française, italienne ou belge importées en Tunisie, par lesquelles on remplaçait les anciennes monnaies tunisiennes qui étaient plus riches en or.

Sur cette somme de trente-cinq millions de piastres, on peut estimer que la moitié tout au plus existe dans la circulation; l'autre partie a été exportée et a été démonétisée, ou bien est encore entre les mains des Arabes. L'opération de la démonétisation n'offre donc pas de difficultés insurmontables, puisqu'il ne serait pas nécessaire de songer à remplacer d'un seul coup les trente-cinq millions de piastres dont nous venons de parler.

Quant à la perte résultant de l'usure des pièces et des altérations dont elles ont été l'objet, — car nul n'ignore que les usuriers en tirent tout ce qu'ils peuvent, soit par le rognage à la lime, soit par la dissolution à l'eau régale, — quant à cette perte, dis-je, elle pourrait être beaucoup allégée pour l'État, s'il imposait la démonétisation des pièces anciennes et la fabrication de la monnaie nouvelle à une banque d'émission.

En échange du privilège dont elle serait investie, celle-ci pourrait très bien accepter la charge de la refonte des monnaies. On l'obligerait à refondre chaque année une somme déterminée d'argent et d'or et à retirer de la circulation une certaine quantité de pièces anciennes. Celles-ci seraient admises à compléter son encaisse de garantie ; mais, afin de ne pas l'exposer à des mécomptes nuisibles à ses affaires et par conséquent à son crédit, il faudrait limiter à un chiffre, fixé d'avance, la somme totale des monnaies qu'elle serait obligée de refondre ; au-delà de cette somme, l'État prendrait à sa charge les frais de l'opération.

La banque d'émission aurait ainsi une triple utilité : abaissement du taux de l'argent pour les particuliers et pour l'État, facilité des échanges, diminution considérable des frais de la refonte des monnaies tunisiennes, opération nécessaire au progrès du commerce et de l'industrie, et destinée à frapper d'un coup mortel les usuriers qui pullulent sur le sol tunisien.

CHAPITRE VII

Les Impôts et les Douanes

La question des impôts et des douanes est l'une de celles dont la solution importe le plus à l'avenir de la Tunisie.

1° Impôts

Etablis sur des bases fausses et perçus au moyen de procédés les moins conformes aux intérêts des populations, les impôts tunisiens doivent être profondément modifiés. Nous allons les passer successivement en revue, en insistant particulièrement sur ceux qui nous paraissent devoir attirer de préférence l'attention des pouvoirs publics.

Les impôts sont de deux catégories :

A. Les *contributions directes*, comprenant : 1° l'impôt de capitation ou medjba ; 2° le kanoun sur les oliviers et les dattiers ; 3° la dîme sur les produits des oliviers ; 4° l'achour sur les céréales, payable en nature ou en argent ; 5° les m-'radjas.

B. Les *contributions indirectes*, comprenant : 1° les droits de timbre ; 2° les droits de karoube sur la vente des immeubles ; 3° le produit des divers monopoles et marchés affermés ; 4° le produit des marchés non affermés ; 5° le produit des mahsoulats ; 6° les kodous ; 7° les droits de douane à l'exportation et à l'importation et droits accumulés et les droits sur les vins et spiritueux.

Contributions directes

1° *Medjba*. — La medjba est un impôt de capitation payable en argent par les indigènes seulement, à raison de quarante-cinq piastres un quart par tête d'individu mâle adulte. Les étudiants, les soldats, les infirmes, etc., sont seuls exempts de la medjba.

L'impôt est perçu par les cheikhs ou chefs de villages, sous la surveillance et avec la responsabilité des caïds ou gouverneurs de provinces. Ce sont les cheikhs et les caïds qui prononcent l'exemption de la medjba pour infirmités, misère, etc. Pour la perception de la medjba, le gouvernement tunisien envoie chaque année aux caïds, dans le mois d'octobre, c'est-à-dire pendant le premier mois de l'année, des registres à souches contenant les noms de tous les individus qui doivent payer l'impôt de capitation. Ces rôles ont été établis par les caïds, ou, pour mieux dire, les caïds signalent chaque année les modifications qui doivent être faites au rôle, soit par suite du décès des individus, soit pour adjonction d'individus nouveaux qui ont atteint l'âge où l'on commence à payer la medjba. Le caïd remet à chaque cheikh les reçus des individus qui font partie de sa circonscription ; le cheikh doit rapporter les reçus ou l'argent.

Sur les quarante-cinq piastres un quart qui représentent l'impôt payé par chaque indigène, quarante piastres entrent dans les caisses de l'État, cinq piastres un quart restent aux collecteurs, à raison de deux piastres pour le caïd, deux piastres pour le cheikh, dix karoubes pour le receveur général des finances, huit karoubes pour le reçu et deux karoubes pour le secrétaire.

Les cheikhs et les caïds ont, par suite, tout intérêt à ne pas ménager les individus et à réduire autant que possible le nombre de ceux qui sont exemptés de l'impôt, soit pour misère, soit pour infirmités. Mais, par contre, il n'est pas rare de voir des jeunes gens qui devraient payer l'impôt depuis longtemps ne pas figurer sur les rôles. Il est permis de penser que, dans bien des cas, ces omissions ne sont pas dues uniquement à l'oubli ou à l'ignorance.

L'un des abus les plus graves résulte du pouvoir discrétionnaire qui est attribué aux caïds relativement à la date de la rentrée de l'impôt. Aussitôt qu'ils ont reçu les registres à souches de leur circonscription, ils ont droit d'exiger le payement de la medjba et de sévir contre tous ceux qui n'exécutent pas immédiatement leurs ordres. Parfois, deux ou trois jours seulement après la signification de l'ordre de payer, le caïd commence à sévir contre ceux qui n'ont pu encore obéir. Il envoie un de ses spahis, qui s'installe dans la maison du délinquant, s'y fait nourrir, lui et son cheval, jusqu'à ce que la medjba ait été entièrement payée, ainsi que les frais occasionnés par l'envoi du cavalier. Ces frais sont de quinze piastres, si la distance parcourue par le cavalier est inférieure à quinze milles ; ils sont de trente piastres quand la distance parcourue varie entre quinze et trente milles, de quarante-cinq piastres quand elle varie entre trente et quarante-cinq milles. Le délinquant paye, en outre, à titre d'amende, dix pour cent en plus de la valeur de l'impôt, au profit du cheikh. Ainsi, un individu qui habite à quarante-cinq milles de chez le caïd et qui reçoit un cavalier, doit payer non seulement l'impôt de capitation qui est de quarante-cinq piastres un quart, mais encore dix pour cent de l'impôt au profit du cheikh et à titre d'amende, c'est-à-dire environ quatre piastres, plus la nourriture du spahi et de son cheval, soit environ deux piastres par jour, jusqu'à ce qu'il ait pu se libérer de la totalité de l'impôt et des frais !

Il me paraît inutile d'insister sur les graves abus qui peuvent découler d'un aussi fâcheux état de choses. Il suffit qu'un caïd soit mal disposé à l'égard d'un individu quelconque pour que celui-ci se trouve exposé à tous les mauvais traitements ; souvent il n'a pas eu le temps de se procurer la somme exigée pour la medjba, que sur lui fondent tous les frais dont nous venons de parler.

Il n'est pas rare non plus que des indigènes soient contraints, pour un motif ou un autre, à payer deux et même trois fois la medjba. J'ai reçu à l'Enfida la plainte d'un certain nombre d'individus qui avaient été l'objet d'une singulière mesure. En 1881 (1298 de l'hégire), un cheikh avait oublié de porter sur les rôles de la medjba vingt-cinq individus de sa circonscription ; en 1882, il en avait oublié vingt-quatre. Au commencement de 1886, on fait d'abord payer à la fraction de tribu dont faisaient partie ces individus une somme égale au double de l'impôt medjba non perçu, puis on réclame à chaque individu le double de sa medjba, ce qui fait une perception triple de l'impôt qui est réellement dû.

L'impôt de capitation, déjà fort lourd par lui-même, étant donné le maigre salaire annuel reçu par la plupart des indigènes, devient absolument intolérable quand il s'y joint les frais énormes indiqués ci-dessus ; aussi tout le monde est-il d'accord pour dire qu'il y a lieu de le diminuer, sinon de le supprimer.

2° *Le kanoun sur les oliviers et les dattiers.* — Cet impôt pourrait être défini un impôt de capitation sur l'olivier et le dattier, puisque chaque pied d'olivier ou de dattier qui y est soumis paye chaque année, en espèces, une taxe fixe.

Le kanoun zittoun ou kanoun sur les oliviers n'est guère payé que dans le Sahel, dans les environs de Sfax et dans l'Outhan Kably.

Dans le Sahel, les oliviers sont classés en trois catégories : ceux de la première payent quatre karoubes et onze aspres par pied ;

ceux de la seconde payent quatre karoubes et cinq aspres ; ceux de la troisième ne payent que douze aspres.

A Sfax, on ne distingue que deux catégories d'oliviers : la première paye douze karoubes, et la seconde en paye dix.

Dans l'Outhan Kably, on n'en distingue qu'une seule, imposée à raison de huit aspres par pied.

Dans toutes les localités, il faut ajouter à l'impôt proprement dit un pour cent pour rétribution au receveur général des finances.

Dans le but de corriger les défauts de l'impôt kanoun sur les oliviers, une commission de répartition, analogue à celle dont nous parlerons à propos des céréales, visite chaque année les arbres ; suivant que la récolte est plus ou moins bonne, elle décide que deux, trois ou même quatre oliviers ne payeront que comme s'ils n'en formaient qu'un seul. On devine à quels abus, à quels passe-droits, une semblable pratique peut donner lieu dans un pays où les commissions ne passent pas pour être toutes et toujours des modèles de vertu.

Le kanoun sur les dattiers est établi sur les mêmes bases que celui des oliviers, les arbres étant divisés en deux catégories soumises à des taxes différentes, suivant la catégorie et la localité.

A Gafsa et à Tozeur, les dattiers de la première catégorie ou dattiers de la variété dagla payent deux piastres et cinq karoubes par pied ; à Chebka, à Tanneghza et à Midas, les dattiers dagla payent une piastre, trois karoubes et onze aspres ; ceux des oasis de Nefzaoua payent une piastre et huit karoubes ; enfin, ceux des oasis de Nefta, d'El-Oudian et d'El-Hamma payent deux piastres, quatre karoubes et quatre aspres et demie.

A Gafsa, les dattiers ordinaires payent une piastre et quatre aspres et demie ; à Tozeur, ils payent une piastre et deux karoubes ; à Chebka, Tanneghza et Midar, ils payent huit karoubes et onze aspres ; ceux des Nefzaoua sont imposés de six karoubes seulement ; ceux de Nefta, El-Oudian et El-Hamma sont imposés d'une piastre et six aspres et demie.

Dans l'Arad, on n'admet qu'une seule catégorie de dattiers et chaque pied paye huit karoubes et six aspres et demie.

En outre de l'impôt de capitation, il est exigé un pour cent pour les frais de perception.

Le kanoun sur les oliviers et les dattiers est perçu par le cheikh, sous la surveillance du caïd. On s'accorde généralement à trouver que, dans la plupart des localités, cet impôt est beaucoup trop lourd. Il est surtout très mal réparti. Ce n'est un secret pour personne, en Tunisie, que les statistiques officielles des oliviers et des dattiers sont absolument fausses, et que le nombre de ces arbres portés sur le rôle des contributions est de beaucoup inférieur à la réalité. Comme ce sont les cheikhs qui sont chargés de donner le compte des pieds de ces arbres, ils cèdent volontiers aux influences et aux sollicitations et laissent volontairement tels ou tels arbres échapper à l'inscription sur le rôle du kanoun. Les commissions de répartition ajoutent encore un nouvel élément de désordre et d'injustices.

3° *Dîme sur les oliviers* ou *achour-zittoun*. — Cet impôt n'est appliqué que dans les environs de Tunis et de Bizerte et dans la presqu'île du cap Bon. Dans ces localités, surtout dans les deux premières, la plupart des oliviers sont trop vieux pour donner des fruits d'une façon régulière. On ne compte d'ordinaire qu'une seule bonne récolte sur huit ou dix. Il serait donc souverainement injuste de faire payer l'impôt de capitation dont nous venons de parler : on l'a remplacé par une taxe sur les fruits connue sous le nom « d'achour-zittoun ». Chaque année, avant la récolte, vers la fin de novembre, on met en adjudication la perception de cet impôt. Le fermier perçoit la dîme en nature, sous le contrôle de l'administration « de la Gabha », à laquelle est confiée la surveillance des forêts d'oliviers soumises à la dîme.

Aucun impôt n'est plus onéreux et plus vexatoire que celui-ci. La taxe est perçue en nature au moment de la trituration des olives ; elle est de onze pour cent, plus un pour cent pour les frais de perception et de mesurage.

Dans l'arrondissement de Tunis, les grignons sont considérés comme la propriété du gouvernement, et le propriétaire est obligé de les transporter lui-même à la ville.

La perception de cet impôt est entourée de mille vexations. Le détail suivant, qui m'a été communiqué par un homme très au courant de ces sortes de choses, en donnera une idée ; je transcris fidèlement la note qui m'a été remise :

« Au moment de la cueillette, on adjuge le monopole de la vente des fèves cuites pour les ouvriers. Celui qui a le monopole a le droit d'entrer dans la propriété privée pour vendre cette marchandise ; il choisit le plus bel olivier, s'y installe et dès ce moment tous les fruits de cet arbre sont à lui. »

4° *Achour sur les céréales.* — Cet impôt est perçu uniquement sur le blé et l'orge ; il l'est en nature ou en argent.

En nature il se paye à raison de cinq ouibas (1) de blé et de cinq ouibas d'orge par méchia (2). Le blé et l'orge représentant l'impôt sont transportés dans des silos appartenant au gouvernement, et ils y sont conservés pour être mis en vente selon les besoins du marché.

L'achour sur les céréales est perçu en nature, particulièrement dans les tribus qui ont des communications fréquentes avec les pays voisins et dans lesquelles, par conséquent, le prix des céréales subit des variations commerciales sensibles.

---

(1) La ouiba vaut environ 40 litres.
(2) La méchia renferme environ 10 à 12 hectares.

Quant à l'achour en argent, on ne le percevait autrefois que dans les tribus isolées, sur lesquelles le prix des céréales reste à peu près fixe. Aujourd'hui, on tend à le substituer de plus en plus à l'impôt en nature. La moyenne de l'achour perçu en argent est de cinquante piastres ou plus par méchía. Mais il est perçu, en outre : cinq piastres pour le collecteur, douze karoubes pour les remises à divers receveurs, deux karoubes pour la quittance, une demi-karoube pour le timbre de la quittance. Dans le domaine de l'Enfida, où l'achour est payé en argent, il est de cinquante-six piastres et six karoubes par méchia : cinquante piastres pour l'Etat, deux piastres et demie pour le caïd, autant pour le cheikh ; trois quarts de piastre pour le receveur général des finances, une demi-piastre pour la quittance, deux karoubes pour le secrétaire. Même dans les pays où l'achour est payé en nature, légalement, le propriétaire peut le payer en argent ; mais, dans ce cas, au lieu de payer cinquante piastres, il verse entre les mains du caïd la valeur en argent, au prix du cours, de la quantité de blé et d'orge qu'il devrait fournir au fisc.

L'achour sur les céréales est l'un des impôts les plus impopulaires de la Tunisie, parce qu'il est l'un de ceux qui prêtent le plus aux abus de toutes sortes. Il suffira d'exposer les procédés à l'aide desquels il est établi pour donner une idée suffisamment exacte des exactions et des injustices auxquelles il se prête.

Le produit du sol ensemencé pouvant être tantôt très abondant et tantôt très faible, suivant les conditions climatériques dominantes pendant l'année, les chiffres que nous avons indiqués plus haut comme représentant la valeur légale de l'impôt ne sont en réalité que des maxima. Chaque année, des commissions spéciales sont chargées de déterminer dans quelle mesure chaque propriétaire peut être exonéré d'une partie de l'impôt. Cette commission est composée d'un fonctionnaire, président, d'un agent du caïd, d'un amine ou expert nommé par l'Etat et pris en dehors de la région dans laquelle la commission doit fonctionner, d'un notaire, également pris en dehors de la région et choisi par le gouvernement. La commission se rend sur les lieux dont l'inspection lui a été confiée ; elle convoque les notables et s'enquiert auprès d'eux du nombre de méchias qui ont été ensemencées ; elle prend les noms de tous les cultivateurs, et se transporte dans leurs champs pour déterminer sur place la nature de la récolte. Se basant sur un décret d'après lequel tout champ dont le blé n'a pas germé, et dont les épis sont vides, ou dont le sol a été inondé, dont le blé ou l'orge a été grêlé ou mangé par les sauterelles, etc., peut être exonéré d'un ou plusieurs seizièmes de l'impôt, la commission exonère le propriétaire d'un, de deux, de trois, etc., seizièmes, ou bien décide qu'il devra payer le maximum.

L'habitude est de toujours réduire l'impôt d'un ou plusieurs seizièmes. En 1884, sur les terres de l'Enfida, il a été loué deux mille quatre cent soixante méchias pour la culture ; bien que la récolte ait été particulièrement bonne, l'Etat n'a encaissé l'impôt que comme s'il avait été ensemencé seulement seize cents méchias, au lieu de deux mille quatre cent soixante ; le reste avait été réduit par la commission.

Les décisions de la commission sont définitives ; le propriétaire n'a contre elles aucun recours auprès d'aucune autorité ; le seul contrôle auquel la commission soit soumise est celui de l'inspecteur indigène des finances, qui a le droit de révoquer l'amine et de le remplacer par un autre.

Les commissions commencent à fonctionner au mois de mai. Comme le territoire sur lequel chacune d'elles est destinée à opérer est très étendu, il arrive souvent que l'époque de la moisson arrive avant qu'elle ait terminé son inspection, de sorte qu'elle est très souvent obligée, ou bien de prendre ses décisions sans avoir vu les récoltes, ou bien d'interdire aux cultivateurs de procéder à celles-ci avant qu'elle ait fait sa tournée.

Il y a là une première source de difficultés et de contestations souvent très vives entre l'autorité et les agriculteurs. J'ai sous les yeux une lettre qui met bien en relief les défauts de cette organisation. Le directeur de l'Enfida se plaint de ce que, en 1886, la commission de l'achour n'ait pas encore fait son inspection à l'époque de la maturité du blé. « Grâce aux chaleurs accablantes du mois dernier, dit-il, les récoltes ont mûri, et il a fallu nécessairement les couper. L'autorité beylicale voulait empêcher qu'on coupât les récoltes jusqu'à l'arrivée de la commission ; mais, comme de juste, je fis passer outre, et on commença la récolte de l'orge.

« Aujourd'hui, le vizirat, par une dépêche au caïd de l'Enfida, fait surgir d'autres prétentions : il ordonne de surseoir au dépiquage des céréales jusqu'à l'arrivée de la commission.

« J'ai eu beau chercher, Monsieur le Ministre, mais je ne vois pas sur quelles lois le gouvernement tunisien se base pour récuser les droits les plus indiscutables du propriétaire.

« J'ai donc décidé de passer outre à ces nouvelles prétentions. Mais, malheureusement, si le gouvernement tunisien n'a pas de prise sur la Société franco-africaine, il n'en est pas de même sur les indigènes, nos fermiers, et il est de mon devoir de les défendre ; car en cela je ne fais que défendre notre propriété.

« Le caïd de l'Enfida, en recevant l'étrange dépêche du vizirat ordonnant d'empêcher le dépiquage, et ayant su que quelques-uns de nos fermiers avaient commencé cette opération dans le seul but de pouvoir se nourrir eux, et leurs familles, a immédiatement envoyé des spahis pour les arrêter, et, naturellement, payer les frais qui montent à cinquante piastres pour deux cents kilogrammes d'orge battue.

« Je dois vous faire remarquer en passant que cette orge provenait du glanage des fermes.

« Ces pauvres diables, habitant le village d'Akouda, à côté de Sousse, et n'ayant pas d'argent sur eux, ont donné en gage leurs ânes qui sont depuis plusieurs jours détenus par le caïd, qui, je dois le dire du reste, a mis dans toute cette affaire beaucoup d'urbanité.

« La récolte étant presque nulle à l'Enfida, il est probable que la répartition de l'impôt ne se fera pas facilement, et j'ai lieu de croire, d'après ce qui vient de se passer à Kairouan, qu'il y aura pas mal de réclamations. »

Les inconvénients résultant de la quasi-impossibilité dans laquelle se trouvent les commissions de l'achour d'accomplir convenablement leurs fonctions, à cause de la trop grande étendue des territoires sur lesquels elles opèrent, ne sont pas les seuls qui soient attachés à ce mode de répartition de l'impôt. Pour qui connaît les mœurs de la Tunisie, il n'est pas douteux qu'un grand nombre d'amines ne se font aucun scrupule d'exonérer plus ou moins tel ou tel propriétaire pour des motifs qui ne sont pas toujours avouables.

Tout cela a fait de l'achour, ainsi que je l'ai dit plus haut, l'un des impôts les plus impopulaires de la Régence, et je serais obligé de donner beaucoup trop d'étendue à cette partie de mon travail si je voulais consigner ici toutes les protestations et réclamations que j'ai moi-même entendues de la bouche des agriculteurs indigènes. Je ne citerai qu'une seule de ces plaintes. Des cultivateurs, dont les champs sont situés sur une colline peu fertile, se plaignent de ce que la commission les a imposés au même taux que les cultivateurs des champs situés dans les parties les plus productives et les mieux arrosées de la plaine. Ils avaient porté une réclamation au caïd. Ils n'ont obtenu d'autre résultat que de se voir augmenter les uns de deux, les autres de quatre seizièmes, en sorte qu'ils vont payer pour de mauvaises récoltes beaucoup plus que leurs voisins pour des récoltes excellentes.

En résumé, l'achour sur les céréales est un impôt très lourd ;

il peut même être tout à fait ruineux, si les commissions de répartition apportent de la malveillance ou seulement un peu trop de rigueur dans la fixation du nombre de seizièmes à payer ; enfin, il ouvre la porte à des abus de toutes sortes. C'est, par conséquent, l'un de ceux dont la réforme doit attirer le plus particulièrement l'attention des représentants de la France en Tunisie.

5° *Les M'radjas.* — Cet impôt n'a qu'une importance très minime. Il n'est perçu que dans la presqu'île du cap Bon, sur les terrains arrosables de l'Outhan-Kably qui sont affectés à des cultures maraîchères, et aux environs de Sfax, sur des terrains autrefois incultes, aujourd'hui transformés en jardins d'oliviers et d'arbres fruitiers. Il est encore payé par quelques propriétaires de terrains autrefois affectés à la culture du tabac, mais auxquels on a retiré l'autorisation de se livrer plus longtemps à cette culture.

Les terrains soumis à cet impôt sont divisés en trois classes payant une taxe différente. Ceux de la première classe sont frappés d'une taxe de deux piastres et un quart par merdja ; ceux de la deuxième classe payent une piastre et un seizième par merdja ; ceux de la troisième classe ne payent que dix karoubes pour la même surface. Peu important au point de vue des sommes qu'il rapporte au Trésor tunisien (seulement soixante mille piastres) et de l'étendue du sol sur lequel il est appliqué, cet impôt est un de ceux qui soulèvent le moins d'objections.

Contributions indirectes

Parmi les contributions indirectes, il en est auxquelles nous n'avons pas à nous arrêter : celle du timbre qui n'a rien de bien particulier, l'impôt dit : « karoube sur les ventes et locations d'immeubles », le monopole des poudres, établi sur le modèle du nôtre et régi par le gouvernement lui-même....

Mais il existe une catégorie d'impôts indirects, particuliers à la Tunisie, sur lesquels il est nécessaire de donner quelques détails. Il s'agit des monopoles affermés. Ces impôts méritent les plus vives critiques, et ils devront être supprimés aussi promptement que possible ; mais, comme ils rapportent des sommes considérables, leur remplacement n'est pas sans présenter bien des difficultés.

Ces monopoles sont des impôts dont la perception est concédée par adjudication à des fermiers qui s'engagent à en faire le recouvrement à leurs frais et à verser au Trésor une somme annuelle fixe. Que les impôts rendent plus ou moins, cela importe peu à l'Etat qui reçoit du fermier toujours la même somme. Comme ce dernier serait tenté d'augmenter ses bénéfices en élevant outre mesure les taxes comprises dans son monopole, l'administration a soin de les déterminer aussi exactement que possible dans le cahier des charges. Mais, malgré toutes les précautions prises sur le papier, il s'est peu à peu introduit dans la pratique des usages qui aggravent encore les inconvénients du détestable système de perception des impôts dont nous parlons. L'examen des différents monopoles fera mieux ressortir leurs défauts que toutes les considérations générales auxquelles nous pourrions nous livrer.

Le principe du *monopole du sel* est établi par décret du 14 hidgé 1301 (3 octobre 1884), dont l'article 81 dit que « l'achat, la fabrication et la vente du sel naturel ou artificiel, sont exclusivement réservés au monopole dans toute l'étendue de la Régence ». Par l'article 82, « les sels naturels ou artificiels de provenance étrangère sont prohibés à l'entrée de la Régence, à moins qu'ils ne soient achetés pour le compte de la régie ».

Cependant le sel étranger destiné à la salure des sardines, dont il se fait des pêches abondantes sur quelques points de la côte, notamment à Mahédia, et celui qui est destiné aux pêcheries de thon, sont soustraits à cette interdiction, jusqu'au jour « où le monopole sera à même de distribuer aux saleurs la quantité de sel artificiel qui leur sera nécessaire ».

Le même décret fixe le prix du sel dans toute la Régence en établissant un prix spécial, moins élevé de plus de moitié pour celui destiné à la salure des olives, « mais à la condition que les propriétaires d'olives qui voudront jouir de ce prix de faveur se soumettront à toutes les prescriptions, formalités et surveillances que l'administration du monopole jugera utile de prendre pour prévenir les abus et les fraudes ».

Quant aux saleurs de sardines et de thons qui sont autorisés par l'article 82 à se servir de sel de provenance étrangère, ils sont soumis pour ce privilège à un droit de six piastres par caffis de sel importé, et ils sont, en outre, « tenus d'acheter au monopole, à raison de quarante-quatre piastres le caffis, une quantité de sel indigène équivalente au quart du sel importé ».

Par le même décret, il est interdit à tout citoyen de détenir en sa possession plus de quinze kilogrammes de sel sans justifier de sa provenance; la vente du sel est limitée aux femmes autorisées par le fermier, etc. Enfin, les agents du monopole et les employés des douanes sont autorisés à faire « les perquisitions les plus minutieuses dans les maisons des personnes soupçonnées de se livrer à la contrebande ». Il est vrai que « les perquisitions ne peuvent être faites, s'il s'agit de justiciables des tribunaux français, qu'en présence d'un délégué de la municipalité ou d'un officier de police judiciaire, ou d'un fonctionnaire qui sera désigné pour en remplir les fonctions; s'il s'agit de justiciables des tribunaux indigènes, les perquisitions ne pourront être faites qu'en présence de l'autorité tunisienne ».

Le concessionnaire du monopole du sel ne doit faire entrer du sel étranger dans la Régence sans autorisation de la direction des contributions indirectes. Dans ce cas, le sel entre en franchise de tout droit de douane.

Le fermier a le privilège de l'exploitation, pour les besoins de la consommation intérieure, des salines naturelles de Bizerte, Porto-Farina, Kerkena, Mebtouh, Coursia, Testour, Biada, Sers, Soliman, Korba et des lacs de Soukra, situé à douze kilomètres environ au N.-N.-E. de Tunis; de Sidi-el-Hani, situé à douze kilomètres environ au S.-O. de Kairouan; de Moknine, situé à dix kilomètres environ à l'O.-N.-O. de Méhadia; d'El-Mellaha, situé à dix kilomètres environ au S.-O. de Zarzis.

Le *monopole du tabac* est, avec celui du sel, l'un des plus importants de la Régence. Nous en avons suffisamment parlé plus haut pour n'avoir pas à y revenir ici. Bornons-nous à dire qu'il a été concédé le 1er janvier 1886 à une compagnie, moyennant une redevance annuelle de deux millions deux cent soixante-seize mille piastres, c'est-à-dire près de la moitié des redevances totales des monopoles qui figurent au budget pour une somme de cinq millions quatre cent mille piastres.

Le *monopole des chaux et briques* entraîne pour le fermier le droit de fabriquer seul ces objets à Tunis et dans la banlieue de Tunis ou d'en autoriser la fabrication, moyennant le payement d'un droit de vingt-cinq pour cent sur la fabrication de la chaux autre que la chaux dite « Keddal », le prix de la chaux étant fixé à vingt-huit piastres par mètre cube de chaux en poussière, et le payement d'un droit de huit pour cent de la valeur sur la fabrication des briques, tuiles et carreaux, la valeur étant déterminée d'après les actes de vente ou d'après le cours du marché le jour de la vente.

Nous ne parlerons pas du monopole de la fabrication et de la vente des plâtres réservé au gouvernement, à Tunis et dans sa banlieue ; ni du monopole du charbon vendu sur le marché de la rue Al-Djazira, à Tunis, sur lequel est perçue une taxe de six un quart pour cent ; ni du fermage du fil d'argent comprenant la perception des droits dont est frappé le travail de l'or et de l'argent à Tunis et dans la Régence ; ni du monopole de la taxe sur les changeurs de monnaie, comprenant la perception des taxes dont sont frappés les nombreux usuriers qui exploitent le change de la piastre ; ni du monopole de la pêche des éponges, du corail et des poulpes ; ni de celui des pêcheries de poissons de Bizerte, de la Goulette, de Porto-Farina et de Zarzis. Nous ne parlerons pas davantage du monopole des taxes à percevoir sur le marché, ou Fondouk-el-Ghalla, de Tunis, bien qu'il rapporte au gouvernement tunisien près d'un million de piastres...

Mais nous ne pouvons faire autrement que d'entrer dans quelques détails relativement à deux monopoles qui sont les plus remarquables de la Régence : celui du Dar-el-Jeld et celui des Mahsoulats.

Le Dar-el-Jeld comporte la perception des droits sur la vente des animaux, la tannerie des peaux, les droits sur les ventes des peaux et des laines, la taxe sur les musiciens indigènes de Tunis et de sa banlieue, etc.

Le fermage du Dar-el-Jeld a une durée de trois années.

Aux termes des décrets du 23 Rabi-el-Aoual 1288, 16 Moharrem, 27 et 28 Sfar 1291, 17 Moharrem, 2 Joumada-Ettenia et 14 Hodja 1301 et du 27 Rebia-el-Aoual 1302, voici quels sont les revenus les plus importants ou les plus curieux, à des titres divers, appartenant au Dar-el-Jeld, et que le fermier n'a en aucun cas la faculté de modifier :

Tout individu qui vend un animal de quelque espèce que ce soit, au marché, doit payer une karoube par piastre ;

Tout musicien de profession, jouant de la guitare (aroud) ou du violon (rebab), à Tunis et dans sa banlieue, doit payer le tiers du produit de son gain ;

Les joueurs de tambour ou grosse caisse (tabbalas), de tambour de basque et de cornemuse (renader et mezcoued) doivent payer la moitié du produit de leur gain ;

Le droit d'ouverture des boutiques pour la vente, à Tunis, de la kefta, du kebab, de marka, des tebikhs, du mosly, du kebda, pour la vente des œufs au Fondouk-el-Ghalla, des dattes de z-'labia (pendant le mois de Rhamadan et les jours du Mouled), du fould, de la haouba, des Mozabites et des halameyats, est adjugé par le fermier du Dar-el-Jeld ;

Toute boutique de vente de salaisons pendant le mois de Rhamadan payera vingt-cinq piastres pour ce seul mois ;

L'autorisation d'égorger et de vendre des chevreaux à Tunis est acquise par adjudication publique au Dar-el-Jeld, et l'adjudicataire paye à cette administration le prix de l'adjudication (art. 22) ;

Le fermage des Hefassen est adjugé par enchères publiques au Dar-el-Jeld. La taxe des Hefassen consiste dans le payement d'un droit d'une demi-aspre par jour, exigible de tout individu qui vend des aliments, sans distinction de nature (art. 23) ;

Tout individu qui vend du lait caillé (rayeb), du lait aigre (leban), paye une karoube par piastre (art. 24 et 25) ;

Le droit d'ouverture d'un magasin pour la vente du lait simple, du lait de beurre, du fromage, le droit de vendre de la « herghema » (pieds de bœuf), sont mis en adjudication par le Dar-el-Jeld (art. 26 et 27) ;

Tout individu qui vend des dattes (dagla) au marché paye un droit de kteb, de deux piastres par charge ; si les dattes sont de qualité aligh ou bsser, le droit est de une piastre cinquante-six centièmes par charge (art. 28) ;

Toute boutique de vente d'herbages et légumes frais, de kefta, de dattes, paye mensuellement un droit de deux piastres (art. 29 à 31);

Les boutiques de vente de merka (bouillon de tête de bœuf), de tebikh (cuisine de légumes), de kebab et mosly (tête et pieds de mouton rôtis au four), une piastre cinquante par mois (art. 32, 33 et 34);

Chaque moulin paye une taxe de zéro piastre quatre-vingt-trois centièmes par mois (art. 35);

Les boutiques de souki dont l'installation est antérieure à 1280 (1863) payent une taxe de 0 p. 25 par mois; celles d'une date postérieure payent une taxe 0 p. 50. Au mois de mai, indépendamment de cette taxe, les boutiques de Souki payent une surtaxe de 0 p. 83 (art. 36 et 37);

Chaque fois que la vente au détail de l'huile est tarifée à un prix supérieur au prix de vente en cours, l'ensemble des boutiques de souki paye une taxe de quatre piastres et demie. L'amine fait la répartition de cette taxe entre elles (art. 38);

Chaque boutique de ftayars (marchands de beignets à l'huile) paye une taxe de 1 p. 6 par mois; si la vente est tarifée à un prix supérieur à la précédente période, le fermier perçoit une taxe supplémentaire de 0 p. 27 par boutique (art. 39);

Les boutiques de vente de pois chiches grillés et de marrons cuits payent une taxe d'une demi-piastre par mois (art. 40 et 41);

Les boutiques de vente de kebda (foie) payent une taxe d'une piastre et demie par mois (art. 42);

Les boutiques de vente de foul (fèves) payent une taxe d'une piastre par mois; mais s'il est vendu dans ces boutiques des herbages, il est perçu une taxe supplémentaire de 0 p. 25 (art. 43);

Les emplacements de vente des œufs au marché aux légumes (Fondouk-el-Ghalla) payent une taxe de 0 p. 25 par mois (art. 44);

Toutes les boutiques pour la vérification des pois khaddori et souki payent 0 p. 25 par vérification (art. 45);

Tout individu qui vend dans une boutique ou comme colporteur des fruits secs importés, paye une taxe d'une demi-piastre par mois (art. 46) ;

Tout individu qui veut vendre des galettes (ka-cak) et des gâteaux appelés makroub (gâteaux faits avec des dattes et des gheraïba), devra se munir d'une autorisation de l'adjudicataire du Dar-el-Jeld, qui en a le fermage (art. 47) ;

Le droit de vendre des semences de courges et de melons grillés, le droit d'ouvrir boutique pour la vente des torchis et tbiks (salade et cuisine aux légumes), le droit de vente ambulante du foul des israélites, le droit de kantria, des noisettes et des châtaignes sèches, sont donnés en fermage par le Dar-el-Jeld (art. 48 à 51 inclus) ;

Le fermage de la moitié du foie produit par l'abattoir des israélites appartient au Dar-el-Jeld, c'est-à-dire que les israélites se sont engagés à verser au Dar-el-Jeld la moitié de ce produit, pour ne pas être tenus à en donner la totalité, comme cela est exigé des bouchers qui vendent la viande à Tunis (art. 52) ;

Chaque boutique de souki nouvellement installée paye, à cette occasion, un droit de cent piastres pour l'autorisation (art. 53) ;

Chaque boutique de pois chiches grillés ou de ftayars, nouvellement installée, paye cinquante piastres pour l'autorisation (art. 54) ;

Il est perçu à Tunis sur la vente de la laine en toison et de la laine dite bonnetouf, sur la vente des peaux de mouton lainées (betana), sur la vente des peaux de chèvre, sur la vente des peaux de mouton et de chèvre préparées, sur la vente, dans la Régence, de la laine en toison des peaux de chèvre, un droit d'une karoube par piastre (art. 55 à 59) ;

La laine lavée paie, à l'occasion de son embarquement dans les ports de la Régence, deux piastres par quintal, et celle non lavée, une piastre par quintal (art. 60);

Les peaux de bœuf de toutes formes ne peuvent être tannées qu'à Tunis ; par exception, les peaux de bœuf tannées à Kairouan seulement payent un droit de vingt-cinq pour cent au Dar-el-Jeld (art. 61 et 62);

Il est perçu sur la vente des peaux de bœuf à Tunis et sur les autres points de la Régence, une karoube par piastre (art. 63);

Un décret du 16 Moharrem (4 mars 1874), établit que le droit de karoube sur la laine sous toutes les formes, c'est-à-dire les toisons, les peaux de mouton lainées mortes et la laine bonnetouf (laine crotin), est exigible à l'entrée des portes de Tunis et des villes maritimes de la Régence, et que, pour les autres villes, le droit est également exigible aux portes, à moins que la laine ne soit en simple transit pour un autre point ;

Dans le cas d'exportation, l'expéditeur est tenu de montrer le bulletin constatant le droit d'acquittement de la karoube ;

Un décret du 27 Sfar 1291 (14 avril 1874) établit que tout individu qui vend un animal, même en dehors du marché, doit payer le droit sur la vente ;

Un décret du 28 Sfar 1291 (15 avril 1874) décide que les peaux de bœuf introduites à Kairouan, soit pour l'usage personnel, soit pour être vendues, doivent payer le droit de vente aux portes de la ville ;

Un décret du 17 Moharrem 1301 (17 novembre 1883), fixe à une karoube par semaine la taxe du fermage des keffarâs ;

Un décret du 2 Joumada-Ettenia 1301 (29 mars 1884) établit que tout animal introduit à Tunis et destiné, après avoir été abattu, à être débité par le propriétaire qui l'a introduit, doit payer au marché le prix de vente par estimation;

Un décret du 27 Rebia-el-Aoual 1302 (13 janvier 1884) a apporté de profondes modifications dans les décrets précédents;

Il est permis maintenant à tout marchand, après déclaration préalable, d'ouvrir, dans le quartier de la ville qui lui conviendra, des boutiques pour la vente des aliments à Tunis et sur quelques points de sa banlieue, moyennant un droit de patente. Cette patente comprend cinq catégories, suivant une division de Tunis en cinq quartiers :

1° — 1re catégorie. Sept cent cinquante piastres, si l'on y débite un seul mets ; quinze cents piastres, pour le débit de plusieurs de ces mets.

2e catégorie : Cinq cents piastres pour le débit d'un seul aliment ; mille piastres pour le débit de plusieurs ou de la totalité.

3e catégorie : Trois cent cinquante piastres pour un seul des mets ; sept cents piastres pour le débit de plusieurs ou de la totalité.

4e catégorie : Trois cents piastres pour un seul des mets ; six cents piastres pour le débit de plusieurs aliments ou pour la totalité.

5e catégorie : Cent cinquante piastres, si l'on ne débite qu'un seul mets ; quatre cents piastres si l'on en débite plusieurs.

2° — Chaque boutique de débitant de torchi et de tebikh des israélites paye un droit de patente annuel de trois cents piastres, quel que soit le quartier.

3° — Chaque boutique de vente de la haouli (macaroni sec, fèves, etc.) paye un droit de patente de cent vingt piastres.

4° — Chaque boutique de vente de m-'lebbès (biscuit) de halameyats (gâteaux sucrés) paye annuellement cent vingt piastres.

5° — Chaque boutique de vente de foul (fèves) paye annuellement trente-six piastres.

6° — Chaque boutique débitant du leben (lait aigre) seulement, ou du leben et des dattes, paye un droit de vingt-quatre piastres par an (art. 1er).

Il est perçu sur les dattes, au moment de leur entrée en ville, savoir :

Lorsque l'introduction aura lieu par voie de terre, par charge de chameau : 1° quinze piastres sur les dattes dagla ; 2° sept piastres et demie sur les dattes hora, ghars, aligh, kemta, dattes de Gabès, de Hamma, de Djerba, etc. ; 3° cinq piastres sur les dattes bsser.

Lorsque l'introduction aura lieu par mer, par quintal tunisien : 1° cinq piastres sur les dattes dagla ; 2° deux piastres et demie sur les dattes des autres qualités ; 3° une piastre et demie sur les dattes bsser.

Les dattes ne peuvent entrer à Tunis que par les deux portes de Bab-Alaoua et de Bab-Sidi Abdallah, et par le port de la Marine.

Moyennant le payement de ce droit, le commerce de la vente des dattes est libre, et il n'est plus perçu aucun droit de vente, ni aucune taxe mensuelle (art. 6).

Les articles 7 et 8 abolissent l'usage relatif au foie tant pour les musulmans que pour les israélites, ainsi que la taxe appelée k'fassa, sauf en ce qui concerne les boutiques de soukis et de ftayars.

L'article 10 maintient la taxe des quatre karoubes et demie par semaine, soit de quatorze piastres et dix karoubes par an, perçue d'après l'usage sur les boutiques des Soukis à Tunis et comprise dans les droits et taxes du Fondouk-el-Ghalla.

Les dispositions du présent décret sont applicables aux localités suivantes de la banlieue de Tunis : la Goulette, la Marsa et Hammam-Lif, sous réserve des modifications ci-après, savoir :

A la Goulette, le droit de patente sur les boutiques du débitant de kefta est de six cents piastres par an ; il est de trois cents piastres sur les boutiques des débitants des autres aliments compris sous le § 1 de l'article 1ᵉʳ et sur celles dont il est question au § 2 du même article; enfin, il est de cent vingt piastres sur les boutiques de m-'lebbès et halameyats (n° 4).

A la Marsa et à Hammam-Lif, il est perçu cent vingt piastres par boutique débitant des mets et aliments compris sous chacun des §§ 1, 2 et 4 de l'article 1er.

Les droits sont les mêmes qu'à l'article 1er, §§ 5 et 6, pour les boutiques de foul et de leben à la Goulette, à la Marsa et à Hammam-Lif.

La longue énumération que nous venons de faire des revenus du Dar-el-Jeld montre quels abus peuvent se commettre à l'abri de l'autorité de fermiers jouissant de pareils avantages.

On se demande, par exemple, comment les détenteurs du monopole peuvent évaluer le gain des joueurs de grosse caisse, de violon ou de guitare, et l'on s'imagine facilement les vexations auxquelles sont exposés les individus qui se livrent à ce métier, lorsqu'ils ne veulent pas se prêter aux fantaisies financières des agents du fermier.

Il est facile également de se rendre compte des pertes de temps occasionnées par l'interdiction faite aux propriétaires ou marchands de dattes de pénétrer dans l'intérieur de la ville, par une voie autre que les deux portes désignées à cet usage, simplement pour la plus grande commodité des percepteurs de l'impôt.

On remarquera aussi la progression des taxes relativement à la vente de l'huile au détail, chaque fois qu'elle est tarifée à un prix supérieur au prix de vente en cours. Enfin, ce qui caractérise les taxes du Dar-el-Jeld, c'est la tendance à frapper tous les objets de consommation, même les plus minimes, et les boutiques, pour chaque catégorie d'objets mis en vente.

Le second monopole affermé, dont il est nécessaire que nous parlions avec quelques détails, est celui des Mahsoulats. Il est subdivisé en cent quarante-cinq fermages mis en adjudication chaque année au mois de septembre. Il comprend des droits frappant tous les produits de la terre, autres que le blé et l'orge, qui se vendent dans les villes ou sur les marchés de la Régence. Ces droits varient selon les circonscriptions ; ils sont très lourds pour certains produits, qui payent parfois quarante-cinq pour cent, et parmi lesquels sont compris les légumes frais, les choux, les salades, etc.

Les fruits sont taxés, en général, à la charge. Ainsi, les abricots communs payent, pour une charge de chameau, une piastre ; pour une charge de cheval, une demi-piastre, et pour une charge d'âne, un quart de piastre ; les abricots-pêches payent, pour une charge de chameau, trois piastres ; pour une charge de cheval, deux piastres, et pour une charge d'âne, une piastre.

La charge prise comme base de l'impôt est, on le comprend, une source d'abus ; elle est d'abord plus ou moins complète, et repose sur la force des animaux employés à cet usage. Or, l'écart entre la charge de deux animaux de même espèce peut être considérable, et l'inégalité des taxes ainsi perçues est de nature à favoriser dans des proportions énormes certains vendeurs au détriment de leurs voisins. Aussi est-ce là une mine féconde de difficultés et de réclamations pour le pauvre paysan qui vient vendre sur le marché les produits de son lopin de terre. A son arrivée, il est taxé par les collecteurs qui lui réclament le prix de sa charge ou qui prétendent imposer une charge comme représentant réellement soit deux charges, soit une charge et demie. Si le paysan refuse de payer, on lui séquestre sa marchandise. Comme les fermiers sont généralement des caïds ou des personnes qui leur sont dévouées, il n'obtient que bien rarement gain de cause, et il se décide le plus habituellement à verser entre les mains des agents du monopole la meilleure part de l'argent qu'il a retiré de son marché.

D'autres articles payent sur le nombre. Ainsi, mille noix, cent œufs, cent balais indigènes grand format, cent couffes en feuilles de palmier, format in-4°, cent feuilles en sparterie, sont taxés vingt-cinq karoubes pour chaque article.

Certains objets sont taxés par quintal tunisien. De ce nombre sont : le safran bâtard, qui paye dix piastres ; les éponges et le savon en pain, deux piastres cinquante karoubes ; le raisin sec, les roses, les fleurs d'oranger, deux piastres ; les amandes sans coque, quatre piastres ; les pommes de terre, cinquante karoubes.

Le sésame, et en général toutes les graines, sont taxés à la mesure.

Il est des produits qui payent une, deux ou quatre karoubes par piastre ; d'autres sont taxés vingt-cinq pour cent de la valeur, tels que les herbages, les légumes, les fruits frais de toutes sortes, les graines de pastèques, les melons, etc., sans compter les droits de charge, de marché, etc., qui, pour ces objets et beaucoup d'autres, atteignent un total de quarante-cinq pour cent de la valeur.

Il existe des droits qui sont perçus mensuellement. Par exemple, les boutiques qui vendent des saucisses, des ragoûts, des fèves, du charbon, des herbages et légumes frais, des produits alimentaires, payent deux piastres par mois ; les boutiques qui vendent des viandes rôties en brochette payent trois piastres par mois ; les boutiques qui vendent des fruits secs sont taxées quatre piastres, et les boutiques de boucher, cinq piastres par mois.

Tout emplacement occupé pour la vente des fleurs paye deux karoubes par jour ; le même emplacement, occupé pour la vente des herbages et des fruits hors boutique, paye, par jour, quatre karoubes.

Les taxes sur les produits dont nous venons de parler sont payées par le vendeur ; mais, en dehors de ces dernières, il existe un certain nombre de droits payés en nature par l'acheteur. Ainsi, il est prélevé seize oranges par charge de chameau, douze par charge de cheval et six par charge d'âne ; il en est de même pour les citrons, les grenades, les coings. Par chaque tas de melons, de pastèques ou de courges, il est prélevé une pièce ; par cent concombres, deux pièces ; par cent paquets de radis, quatre paquets ; sur un quintal tunisien de tomates, de petits pois verts, de fèves fraîches, de jujubes, de pommes, de poires, de figues, d'abricots, etc., on prélève deux livres.

Les courges, tomates, aubergines, melons, citrons, oranges et autres articles de la même catégorie payent une karoube par piastre, payable par le vendeur sur le produit de sa vente après déduction du droit de vente.

Nous ne pouvons pas entrer dans tous les détails d'un fermage aussi compliqué que celui des Mahsoulats. Nous croyons en avoir donné une idée suffisamment complète pour montrer les inconvénients d'un pareil système. On comprendra facilement les abus auxquels donne lieu un semblable régime, quand on saura que le tarif général de ces droits est partout modifié par des usages locaux dont personne ne connaît exactement la nature. Nous en trouvons la preuve dans une lettre adressée par le premier ministre du Bey au président d'une commission chargée d'étudier la revision des lois et usages qui régissent les Mahsoulats.

Après avoir annoncé l'envoi des tarifs existants des divers droits des Mahsoulats et un relevé statistique des produits de cet impôt pendant les exercices 1298, 1299, 1300, 1301, 1302 et 1303, le premier ministre ajoute : « Le gouvernement aurait désiré présenter, en regard de ces tarifs, le tableau des usages qui dans chaque circonscription sont venus les modifier. Mais les renseignements qu'il possède à cet égard sont trop imparfaits pour pouvoir être utilisés. Il s'en dégage, toutefois, la remarque que ces usages, variables suivant les régions ou même les localités, se rattachent, pour la plupart, à la situation particulière de chaque pays, au point de vue de la production, de la consommation, des mœurs et des traditions des habitants, etc., etc.

« La commission tiendra certainement compte de cette remarque dans son travail de revision.

« A un autre point de vue, il eût été évidemment utile de mettre sous les yeux de la commission l'indication détaillée des recettes effectuées sur chaque article du tarif.

« Malheureusement, et vous le comprendrez sans peine, monsieur le président, le système des fermages, tel qu'il a été toujours suivi dans la Régence, rend impossible la production d'un pareil document. »

La perception de l'impôt des Mahsoulats soulève, on le comprend sans peine, des difficultés de toute espèce. Les indigènes sont à la merci des collecteurs d'impôts, qui les exploitent sans vergogne. L'absence de tout texte précis, la faculté d'évaluer la marchandise sont autant d'armes dangereuses laissées entre les mains des fermiers. L'innombrable quantité de taxes qui frappent de toutes les façons le vendeur et l'acheteur arrêtent la production et paralysent le commerce et l'agriculture dans une contrée où un régime de liberté les développerait avec une incroyable rapidité. Il faut à un pays ainsi atteint dans sa production, une vitalité énorme pour y résister, et on peut espérer beaucoup de la Régence qui supporte de pareilles charges, et qui, néanmoins, ne cesse de se développer.

2° Douanes

Les ports ouverts aux opérations de commerce sont : Tabarka, Bizerte, Tunis, la Goulette, Galippia, Hammamet, Sousse, Monastir, Mahédia, Sfax, la Skira, Gabès, Zarzis, et les quatre ports de Djerba : Houdamet-Souk, Aghim, Aghir, El Kantara.

Les bureaux des frontières de terre ouverts au commerce sont : Babouch, Bordj-Hammam, Ghardimaou, Saki et Sidi Youssef, Ouled Bou Ghanem, Haïdra, El Bira, Gafsa, Oudiane, Tozeur, Nefta et Hamma.

Les droits perçus par les douanes tunisiennes sont de deux sortes : les droits à l'exportation et les droits à l'importation.

Les droits à l'exportation ont rapporté en 1302 la somme de trois millions trois cent sept mille cent soixante-douze piastres ; ils sont compris dans l'exercice 1303 pour une somme de deux millions de piastres.

Nous n'entrons en ce moment dans aucune considération générale relativement aux droits de douanes ; nous en parlerons avec plus d'à-propos dans la partie de ce travail relative aux réformes à introduire dans le régime économique de la Tunisie.

Les droits à l'importation sont uniformément de huit pour cent, *ad valorem*, sauf pour les quelques articles suivants :

Tarif des droits d'importation

Bijouterie en argent :	1 %	sur la valeur.
Bijouterie en or :	1/2 %	d°
Bijouterie montée avec pierres précieuses :	1/4 %	d°
Corail brut :	3 %	d°
Dorures fines au titre de 750^{mm} et au-dessus :	3 %	d°
Horlogerie or :	1 %	d°
Horlogerie argent et cuivre :	1 %	d°
Ivoire brut :	1 %	d°
Vins et spiritueux :	10 %	d°

Les particuliers qui font venir du vin pour leur consommation ne payent qu'un droit de trois pour cent.

Voici les tarifs des droits à l'exportation :

TARIF DES DROITS D'EXPORTATION

DÉSIGNATION DES MARCHANDISES		UNITÉS	DROITS à l'exportation	DROITS supplémentaires	TOTAL
			Pi. Kar.	Pi. Kar.	Pi. Kar.
Alfa et diss	A Sfax et dans les ports au Sud de cette ville......	quintal tunisⁿ	1 »	» 2	1 2
	Dans les autres ports et bureaux de la Régence.	id.	1 9	» 1	1 10
Amandes	en coques..........	id.	5 »	» 3	5 3
	sans coques........	id.	15 »	» 8	15 8
Anes		tête	10 »	» 5	10 5
Beurre frais et salé.		quintal tunisⁿ	20 »	» 12	20 12
Bœufs et veaux..............		tête	25 »	» 5	25 5
Boutargue et thon............		quintal tunisⁿ	5 »	» 3	5 3
Cire........................		id.	10 »	» 6	10 6
Citrons.....................		caisse de 200	» »	» »	» 4
Chameaux..................		tête	30 »	» 10	30 10
Chevaux de cinq ans et plus...		id.	100 »	1 4	101 4
Chiffons....................		quintal tunisⁿ	2 »	» 2	2 2
Dattes	Dagla...............	id.	11 »	» 5	11 5
	Horra...............	id.	4 »	» 5	4 5
	Bsser...............	id.	» 8	» 2	» 10
	Gabès et autres......	id.	1 8	» 2	1 10
Éponges	non lavées..........	id.	15 »	» 8	15 8
	lavées.............	id.	30 »	1 2	31 2
Figues sèches................		id.	2 »	» 2	2 2
Goudron		id.	5 »	» 3	5 3
Graine de lin................		caffis	10 »	» 6	10 6
Graisse.....................		quintal tunisⁿ	5 »	» 3	5 3
Grignons...................		caffis	2 »	» 2	2 2
Henné.....................		quintal tunisⁿ	3 »	» 3	3 3
Huiles d'olives...............		id.	10 »	» 5	10 5
Huile de grignons, extraite par l'emploi du sulfure de carbone.		id.	3 »	» 3	3 3
Laine	en suint.............	id.	11 »	» 5	11 5
	Bonnetouf (débris)....	id.	13 »	» 5	13 5
	lavée	id.	22 »	» 10	22 10
	filée................	valeur	10 0/0	2 0/0 s le droit	
Miel.......................		quintal tunisⁿ	10 ?	» 6	10 6
Moutons, agneaux, boucs et chevreaux...................		tête	2 »	» 2	2 2
Mulets.....................		id.	25 »	» 5	25 5
Olives en saumure...........		quintal tunisⁿ	7 »	» 5	7 5
Os et cornes d'animaux.......		id.	1 »	» 1	1 1
Peaux	de bœuf, de vache, de veau, de cheval, de chameau, d'âne, de mulet................	id.	6 »	» 4	6 4
	de chèvre, de chevreau..	id.	10 »	» 6	10 6
	de mouton et d'agneau..	id.	8 »	» 4	8 4
Pistaches...................		id.	30 »	» 12	30 12
Poils de chèvre et de chameau.		id.	10 »	» 6	10 6
Poissons salés		id.	» 12	» 1	» 13
Poulains....................		tête	50 »	» 10	50 10
Poulpes.....................		quintal tunisⁿ	10 »	» 6	10 6
Raisins secs		id.	2 »	» 2	2 2
Savon......................		id	4 »	» 5	4 5
Scories.....................		id.	1 4	» 1	1 5
Soude......................		caffis	15 »	» 8	15 8
Tan autre que celui du chêne-liège........................		quintal tunisⁿ	1 8	» 2	1 10
Tissus de laine...............		valeur	5 0/0	2 0/0 s le droit	

Marchandises prohibées : Les femelles de tous les animaux.

Tous les autres articles sans distinction, et sauf les exceptions suivantes, huit pour cent.

Articles admis en franchise

Céréales (blé, orge, maïs). — *Or et argent en lingots.* — *Pierres meulières.*

Les instruments et machines servant à l'agriculture et les bestiaux et animaux destinés à l'amélioration des races indigènes sont également exempts de taxes, lorsqu'il est prouvé que lesdits instruments et animaux sont destinés à l'usage privé d'un particulier et non au commerce, cas auquel ils sont soumis au droit de huit pour cent.

Articles dont l'introduction est prohibée

1re CATÉGORIE. — *Armes et munitions de guerre.* — *Nitrate de soude.* — *Salpêtre, Soufre, Sel et Tabac.* — *Kif, Chira et Haschisch.*

2º CATÉGORIE. — *Ceps de vigne ou sarments, fruits et légumes frais.* — *Plants d'arbres et feuilles de vigne.* — Seules, les pommes de terre sont admises à l'importation, moyennant le payement de huit pour cent, mais après avoir été lavées et entièrement dégarnies de terre.

Les prohibitions pour les articles de la deuxième catégorie ne s'étendent pas aux frontières de terre. Ces articles, lorsqu'ils proviennent de l'Algérie, peuvent même être importés par voie de mer, sur la production d'un certificat d'origine délivré par le maire du port d'embarquement et visé au port de débarquement par l'autorité consulaire française. En ce cas, ils sont soumis à leur entrée au droit de huit pour cent.

Le cinq pour cent de droits à l'importation est affecté au remboursement des certificats de coupons antérieurs à 1870, sortis au tirage. Il ne figure donc au budget ordinaire que le trois pour cent de ces droits qui ont rapporté en 1302 la somme de un million deux cent vingt-cinq mille six cent quarante piastres. Ils sont inscrits au budget de 1303 pour un million deux cent mille piastres.

Les droits sur les vins et spiritueux ont rapporté de même en 1302 quatre cent douze mille huit cent quarante-huit piastres dont trois cent quatre-vingt-un mille cent quatre-vingt-une piastres recouvrées. Ils figurent au budget de 1303 pour trois cent cinquante-trois mille piastres.

CHAPITRE VIII

Les voies de communication et les ports

Au moment où la France a pris le protectorat de la Tunisie, il n'existait dans ce pays d'autres voies de communication que le chemin de fer de la Goulette à Tunis et celui de Tunis à Ghardimaou. Quant aux routes carrossables, il n'en existait pas une seule. Piétons, chevaux et voitures suivaient des lignes plus ou moins directes entre les principaux centres des populations de la Régence. Le sol battu sur ces trajets se transforme en sortes de pistes qui se déplacent peu à peu suivant les besoins de la circulation. Pendant l'été, on peut parcourir assez aisément sur ces pistes la majeure partie du pays, non seulement à pied et à cheval, mais encore en voiture, parce que le sol est durci par le soleil et que les rivières sont dépourvues d'eau. Pendant l'hiver, la circulation est fréquemment interrompue par les ruisseaux et les rivières. Il n'existe, en effet, dans toute la Tunisie qu'une dizaine de ponts. Quant aux parties montagneuses de cette contrée elles n'offrent que des sentiers à peine praticables pour les piétons et les chevaux.

Depuis que la France a occupé la Régence, la ligne de Tunis à Ghardimaou a été prolongée jusqu'à la frontière d'Algérie et on a construit une voie ferrée reliant Tunis à Hammam-Lif, sur le bord du golfe de Tunis, dans la direction du cap Bon et de l'Enfida.

Des études importantes ont été faites dans le but de doter le pays d'un réseau complet de routes carrossables. Déjà, on en a construit entre Tunis d'une part, la Goulette, la Marsa, le Bardo, de l'autre; on travaille activement à une route, déjà faite en quelques points, entre Tunis et Bizerte. Mais ces travaux coûtent très cher, à cause des nombreux ponts qu'il faut établir sur les ruisseaux et les rivières, et des chaussées qu'il faut élever dans les lieux marécageux. On ne peut pas espérer que le réseau des routes projetées soit achevé avant un grand nombre d'années, et sans que des sommes extrêmement importantes aient été dépensées.

Cependant, tout le monde reconnaît la nécessité absolue de procéder sans retard à l'établissement de voies de communication mettant en relations constantes toutes les parties, du moins les parties cultivables et riches de la Régence. On se demande ce que deviendront les vins que l'on ne tardera pas à faire dans les vignobles français dont nous avons parlé, s'il n'y a pas de routes ou de chemins de fer pour les transporter dans les centres populeux où ils peuvent être consommés et dans les ports où ils seront embarqués pour l'exportation.

En présence de la lenteur inévitable des travaux de construction des routes, les colons français commencent à manifester la crainte fort légitime de ne pas pouvoir vendre convenablement les produits de leurs domaines, et ils demandent à l'administration de modifier ses plans de manière à rendre leur exécution plus rapide. Il n'y a pas un seul point de la Tunisie où je n'aie entendu exprimer ces craintes et formuler ces observations. « Pourquoi, disent les colons, calquer les plans des travaux publics de la Tunisie sur ceux de la France ? Nous n'avons pas besoin de routes aussi belles que celles de la Normandie ou de la Provence. Pourvu que nos charrettes, nos chevaux, nos ânes, nos chameaux puissent circuler en tout temps sans trop de difficultés et transporter en toute saison nos produits, nous nous déclarons satisfaits. Ce qu'il faut, d'abord, dans un pays plat comme la Tunisie, où les rivières, sèches pendant l'été, se transforment en quelques heures en torrents infranchissables, ce sont des ponts partout où les pistes traversent un ruisseau ou une rivière. Qu'on nous donne, d'abord, des ponts partout où il est besoin ; plus tard on fera des routes ; en attendant, nous nous servirons des pistes que nous déclarons très suffisantes aux besoins de l'agriculture et du commerce. Si, du reste, l'administration veut réellement se lancer à faire des travaux publics importants, qu'elle nous donne tout de suite des chemins de fer, qu'elle dépense en constructions de voies rapides et établies prestement les fonds destinés à la construction de routes qui, du train dont vont actuellement les choses, ne seront pas achevées dans cinquante ans. »

Ce n'est pas là, je le répète, le langage de quelques personnes isolées et chagrines, mais celui de la colonie française tout entière, de la majorité des Tunisiens intelligents avec lesquels il m'a été donné de m'entretenir de ces questions ; or, j'en ai vu un très grand nombre, les notables de toutes les villes dans lesquelles je suis passé étant venus m'apporter, avec le témoignage de leur attachement à la France, l'expression des besoins du pays. A Zaghouan, à Kairouan, à Sousse, à Monastir, à Mahédia, tous les indigènes que j'ai vus m'ont prié de transmettre au gouvernement français le désir qu'ils ont de voir des routes, et surtout une ligne ferrée, relier avant peu ces villes qui sont les centres les plus riches de notre établissement tunisien.

Je ne dissimule pas que j'écoutais avec quelque complaisance les observations que je viens de résumer. Je suis d'avis que le premier élément de colonisation et le plus puissant moyen d'accroître la production d'un pays neuf, c'est de le doter aussi promptement que possible de voies de communication, et j'ajoute de voies de communication rapides, autrement dit de chemins de fer. Les routes ordinaires, même les meilleures, sont loin de produire les mêmes effets économiques que les chemins de fer. J'ajoute que cela est vrai surtout pour la Tunisie. Ainsi que je l'ai dit plus haut, on peut la parcourir presque dans tous les sens, sauf dans les montagnes, avec des charrettes et des voitures. J'en ai moi-même visité la plus grande partie avec une voiture à quatre roues, que traînaient presque toujours au trot quatre chevaux attelés de front. Il est vrai que j'ai fait le voyage en été, c'est-à-dire à une époque où l'on peut traverser presque toutes les rivières à pied sec ; mais, sauf en ce qui concerne le passage des rivières, mon voyage aurait pu être fait en tout temps et dans les mêmes conditions.

Dans un pareil pays, les routes carrossables n'ont sur les conditions économiques qu'un effet proportionnellement très inférieur aux dépenses qu'elles entraînent, puisqu'elles n'augmentent que fort peu la sécurité et la facilité des communications et pas du tout leur rapidité. Il en serait tout autrement des chemins de fer. Avec eux, sécurité, facilité, rapidité des communications seraient simultanément accrues dans des proportions dépassant l'imagination des indigènes et produisant sur eux une influence transformatrice absolument irrésistible, en même temps qu'elles placeraient les colons dans les conditions auxquelles ils sont accoutumés dans la mère-patrie.

Lorsque j'ai visité la belle vallée de Zaghouan, les Français qui y sont établis me montraient les collines les plus propres à la culture de la vigne, encore couvertes de lentisques, et m'exprimaient leur résolution bien arrêtée de ne les défricher et de ne les transformer en vignobles que le jour où un chemin de fer traverserait la vallée. « Actuellement, ajoutaient-ils, que ferions-nous de nos vins ? Il faudrait, pour les transporter à Tunis, c'est-à-dire à trente-cinq kilomètres seulement, payer en frais de transport presque la valeur de la marchandise ! » A l'Enfida, la question du transport des vins que l'on commence à faire en quantité importante, préoccupe tellement nos compatriotes, que la Société franco-africaine songe à faire, à ses propres frais, un petit port en face de Dar-el-Bey. Partout la colonisation est arrêtée par la crainte de voir les produits survenir avant que le pays soit doté des voies de communication propres à les transporter sur les marchés ou sur les lieux de consommation. Partout, aussi, elle reprendrait une activité considérable, si elle voyait commencer la construction des lignes ferrées qu'elle sollicite unanimement.

Je m'empresse de dire que les représentants de l'autorité française ont compris, comme les colons et la population indigène, la nécessité d'une prompte exécution de voies ferrées destinées à relier les principaux centres de population de la Régence en traversant les vallées et les plaines les plus riches, celles qui sont occupées et cultivées par les colons français. Il a été fortement question d'un projet de chemin de fer qui, partant d'un point de la ligne de Tunis à Ghardimaou, par exemple, de Djedeida, relierait Tunis à Bizerte, en passant par Mateur.

Un second projet, plus vaste, relie Tunis à Sousse, en passant soit par Grombalia, Hammamet et Dar-el-Bey, soit par Zaghouan et Kairouan, avec un embranchement sur Dar-el-Bey et longeant la mer jusqu'à Sousse. Je m'empresse d'ajouter que, quelle que soit la ligne adoptée pour relier Tunis à Sousse, il est indispensable qu'elle ne s'arrête pas à Sousse, mais qu'elle se prolonge à travers le Sahel, jusqu'à Mahédia d'abord, et plus tard jusqu'à Sfax en passant par El-Djem. Le Sahel est, sans contredit, à l'heure actuelle, la partie la plus riche de la Tunisie. Le chemin qui la traverserait aurait sur sa route un grand nombre de villages populeux et riches, et il serait certain de faire un transport important de marchandises et de voyageurs.

Une autre ligne partirait de Kairouan et se dirigerait vers Kasryn, puis vers Feriana, où elle s'embrancherait sur une grande ligne venant de Tebessa (Algérie) et traversant le sud de la Tunisie par Gafsa, pour aller se terminer à Gabès.

D'après un autre projet plus vaste encore, on ajouterait au réseau dont je viens de parler une ligne partant de Gafsa, traversant les oasis du Djerid, entre les chotts R'harsa et Djerid, puis le désert sans eau qui s'étend au sud de la Tunisie, pour aller se terminer à R-'hadamès.

A R-'hadamès aboutissent les caravanes d'une grande partie du Soudan, notamment celles du lac Tchad et de la vallée du Niger. Relier R'hadamès à la Tunisie et à l'Algérie par une voie ferrée à voie étroite et peu coûteuse, ce serait détourner vers nos établissements de l'Afrique septentrionale le courant commercial qui aboutit en ce moment en Tripolitaine et assurer à nos produits le marché commercial du centre de l'Afrique.

Mais, avant d'accomplir d'aussi vastes projets, il est indispensable de doter la Tunisie des voies ferrées les plus indispensables, c'est-à-dire celles qui relieraient d'une part Tunis à Bizerte et d'autre part Tunis à Sousse, à Monastir et à Mahédia, c'est-à-dire au Sahel, en passant par le bas de la riche presqu'île du cap Bon d'une part, et, d'un autre côté, par Zaghouan et Kairouan, et enfin à Béja et Tabarka.

Ainsi que je l'ai dit plus haut, tout le monde est du même avis à cet égard. On peut discuter sur la priorité à donner à telle ou telle de ces lignes, mais indigènes, Européens, administration et colons sont d'accord pour reconnaître qu'il y a lieu de les construire.

La Tunisie a non moins besoin de ports que de voies de communication. Ce ne sont pas les lieux convenables qui manquent pour cela, mais rien ou presque rien n'a été fait depuis des siècles pour améliorer les ports naturels du pays et les doter de l'outillage indispensable au commerce moderne.

Je ne parlerai pas ici de tous les ports naturels qui existent sur les côtes de la Tunisie. Je laisserai de côté ceux qui n'ont et ne pourront avoir pendant longtemps qu'une importance secondaire, pour parler seulement de ceux qui jouent déjà et sont appelés à jouer un rôle notable dans les relations commerciales de la Tunisie avec les autres nations.

Sur la côte septentrionale, deux ports présentent, à des titres différents, ces caractères, et doivent retenir notre attention: celui de Bizerte et celui de Tabarka.

La ville de Bizerte est située sur les bords du golfe de ce nom, entre la côte du golfe et le lac de Bizerte, sur les bords des deux bras du canal qui relie la mer au lac.

Les deux bras de ce canal traversent la partie basse de la ville en entourant le quartier européen. Celui-ci est relié au reste de la ville par deux ponts; celui de Bab-Tounis sur le bras Est, et le pont de la Skala sur le bras Ouest, à côté du marché. Le bras Est forme la darse du port de Bizerte, entre le pont de Bab-Tounis et le point où les deux bras se réunissent. La darse est abritée de tous les vents par les maisons et les remparts qui l'entourent. L'entrée de la darse est protégée par deux petites jetées d'inégale longueur, la plus grande n'ayant qu'une cinquantaine de mètres seulement de long. Au niveau de son extrémité, se trouve une barre sur laquelle il n'y a pas plus d'un mètre quatre-vingts à deux mètres d'eau. Mais à cent cinquante mètres de l'entrée de la darse, le golfe de Bizerte offre des fonds de dix à quinze mètres.

Le canal qui relie le golfe au lac de Bizerte a une longueur d'un kilomètre environ et une largeur moyenne de deux cents mètres. Sa profondeur est minime ; dans certains points il n'y a pas plus de cinquante à soixante centimètres d'eau ; dans d'autres, il y a de un à deux mètres ; à mesure qu'on se rapproche du lac, la profondeur augmente. Le fond est formé de sable et de vase molle extrêmement facile à creuser par de simples dragages. Quant au lac de Bizerte, c'est un des plus beaux lacs marins qui existent ; il est à peu près circulaire, avec un diamètre de quatre kilomètres environ dans tous les sens; sa profondeur atteint dans la plus grande partie de son étendue, dix, douze et même quinze mètres. Son fond est formé, comme celui du canal, de sable, et serait non moins facile à creuser, partout où cela serait nécessaire.

Les eaux du lac sont sans cesse renouvelées par la marée et par les courants souterrains, et aussi, en hiver, par les pluies. A la suite des longues pluies de l'hiver, on voit sous les arches du pont de Bab-Tounis un véritable déversoir des eaux du lac vers la mer. Ce qui permet de croire que le lac est en communication constante avec la mer par des courants souterrains, c'est la présence, à soixante centimètres de profondeur au-dessous de la plaine de Zarzouna, d'une couche d'eau salée qui s'élève et s'abaisse avec les marées et qui reste toujours au même niveau que les eaux de la mer.

On pourrait, moyennant une dépense relativement peu élevée, construire à Bizerte l'un des plus beaux ports intérieurs de la Méditerranée. Le lac est assez vaste pour loger toutes les flottes de l'Europe ; il est entièrement à l'abri des vents et des attaques par mer ; mais actuellement il est impossible aux plus petits navires d'y pénétrer à cause de l'insuffisance de profondeur du canal. Des personnes très compétentes ont proposé de faire à Bizerte deux ports distincts : un port de guerre représenté par le lac que l'on mettrait directement en communication avec la mer par un canal creusé en dehors de la ville, à travers les dunes qui se dressent au nord-est de la passe actuelle ; et un port de commerce constitué sur le port actuel, considérablement amélioré.

Il faudrait creuser le premier à cinq mètres de profondeur, prolonger la jetée qui est actuellement à l'entrée du canal, de manière à saper les fonds de cinq à six mètres, à éviter la barre et à fermer l'entrée du chenal aux vagues du large qui, poussées par les vents du N.-E., viennent, en hiver, déferler jusque sur les quais. Grâce à ces premiers travaux, le port de commerce de Bizerte pourrait être fréquenté, en tout temps, par des navires de deux cent cinquante à trois cents tonneaux. Mais il faut ajouter que son étendue est trop restreinte pour lui permettre d'en recevoir un grand nombre ; la darse n'a, en effet, pas plus de cinquante mètres de large et deux ou trois cents mètres de long. En remplaçant le pont de Bab-Tounis par un pont tournant, on permettrait aux navires de pénétrer dans le canal du lac, si l'on avait soin de le draguer pour lui donner une profondeur convenable, et, par là, dans le lac lui-même.

L'administration des ponts et chaussées estime à cinq cent mille francs environ les dépenses nécessaires pour améliorer le port de commerce, c'est-à-dire le creuser à cinq mètres, protéger la jetée jusqu'aux fonds de cinq à six mètres et remplacer le pont de Bab-Tounis par un pont tournant qui permettrait de faire passer les navires de la darse dans le canal du lac. Quant au creusement du canal jusqu'aux fonds de cinq mètres, la dépense qu'il nécessiterait n'est pas évaluée à plus de cent mille francs. Ainsi, moyennant une dépense de six cent mille francs, mettons un million, pour être certain de ne pas rester au-dessous de la vérité, on pourrait rendre le port actuel de commerce de Bizerte apte à recevoir des navires de deux cent cinquante à trois cents tonneaux, c'est-à-dire tous les caboteurs de la Méditerranée.

Actuellement, les barques seules peuvent pénétrer dans le port de Bizerte, aussi est-il absolument désert, et la ville, qui est cependant placée dans les conditions les plus avantageuses qu'il soit possible d'imaginer, témoigne d'une décadence qui va chaque jour se prononçant davantage. Grâce à la faible dépense que nous avons indiquée plus haut, on lui rendrait la vie et on la préparerait aux destinées beaucoup plus brillantes que nous enviions pour elle, en admirant sa situation, ses magnifiques alentours, et en jouissant de la douceur de son climat.

Aujourd'hui, la petite ville de Bizerte n'a pas plus de six mille habitants ; elle est entourée de fortifications construites par les Arabes, et protégée par deux forts, situés, l'un à l'entrée du port, l'autre sur un point culminant qui domine toute la rade. Son alimentation en eau douce est assurée par des sources, dont une partie sont déjà canalisées, et qui toutes ensemble pourraient donner huit cent soixante-quatre mille litres d'eau par jour, moyennant une dépense évaluée à environ trois cent cinquante mille francs. Les environs immédiats de la ville sont couverts de beaux jardins, dans lesquels on cultive, avec les oliviers, presque tous les arbres fruitiers de notre pays, et la vigne. A l'ouest, la plaine étroite de Bizerte est bordée par une rangée de collines plantées d'oliviers et cultivées en céréales par les indigènes. Ces collines s'étendent tout le long du lac, à l'abri des vents de nord-ouest, jusqu'à Djebel-Ischeul qui est le point le plus élevé de la région ; elles conviendraient admirablement à la vigne. Les sources y abondent et permettraient d'y faire toutes les cultures vivrières qui exigent des arrosages fréquents.

Mais, pour que les colons français s'établissent dans cette région, il faut qu'elle soit reliée au reste de la Tunisie par des voies de communication. On construit en ce moment une route carrossable entre Tunis et Bizerte ; elle coûtera fort cher et ne rendra pas à la localité les services qu'on en attend. Bien mieux eût valu faire tout de suite l'embranchement du chemin de fer de Djedeida à Bizerte dont j'ai parlé plus haut. Avec cette voie ferrée et l'amélioration de son port actuel, Bizerte entrerait dans une ère de prospérité. Les colons français ne manqueraient pas de mettre en culture les riches terres qui l'entourent et de tirer profit de la beauté de sa plage et de son délicieux climat.

Mais cela ne suffirait pas encore pour lui donner toute l'importance qu'elle mérite. Ce qu'il faut pour cela, c'est la doter du port de premier ordre, auquel sa situation topographique et l'existence d'un superbe lac intérieur lui donnent droit.

Ainsi que je l'ai dit plus haut, l'avis de personnes très compétentes est qu'il faudrait établir entre le lac de Bizerte et la mer une communication indépendante de celles qui existent actuellement. On y trouverait l'avantage considérable de pouvoir faire les travaux à travers les terrains non bâtis et dans des conditions qui rendraient aussi faciles que possible les relations entre la mer et le lac. Mais je n'insiste pas sur cette question purement technique ; ce qui doit retenir plutôt mon attention c'est le rôle à attribuer au port que l'on créerait dans le lac de Bizerte.

Beaucoup de personnes voudraient qu'on en fît un port exclusivement militaire. Elles font valoir à l'appui de cette opinion la sûreté absolue dont y jouiraient les bâtiments, les arsenaux, les approvisionnements, etc., et l'admirable situation qu'occuperait ce port de guerre sur la route du canal de Suez et de Gibraltar, presque en face de Toulon, et à une faible distance du port de Malte que les Anglais ont transformé en un refuge imprenable.

J'ai moi-même, dans un ouvrage paru récemment, attiré l'attention du gouvernement français sur les avantages que notre marine de guerre retirerait de la création d'un port militaire à Bizerte. Les observations que je viens de faire sur place n'ont pas modifié mes idées à cet égard ; mais l'examen des conditions militaires et commerciales dans lesquelles se trouvent l'île de Malte et son port m'ont amené à élargir l'idée que je m'étais faite du futur port de Bizerte. Je crois aujourd'hui que l'on commettrait une faute si l'on se bornait à créer dans le lac de Bizerte un port exclusivement militaire et je suis d'avis qu'il y faudrait creuser plutôt un port mixte et franc, comme celui de Malte.

En gens pratiques, les Anglais ne se sont pas contentés d'accumuler à Malte tous les moyens de défense et l'outillage nécessaires à un port de guerre ; ils ont également fait tout ce qu'ils ont pu pour y attirer les commerçants et les navires. Ils n'y ont établi aucune douane ; ils en ont fait une sorte d'entrepôt où les navires apportent et viennent prendre des marchandises de toutes sortes sans avoir à payer autre chose que les frais les plus ordinaires des ports.

Grâce à ce système, les navires ayant toujours l'espoir, je dirais volontiers la certitude de rencontrer à Malte des embarquements à faire, presque tous ceux qui passent par cette partie de la Méditerranée y font escale. Ils y trouvent, avec les marchandises et les passagers, du charbon à meilleur marché qu'à Marseille et presque au même prix qu'en Angleterre ou à Anvers.

Port de guerre de premier ordre par son admirable situation, son étendue et les fortifications naturelles ou artificielles qui l'entourent, Malte est devenue, grâce au système dont nous venons de tracer l'esquisse, l'un des ports de commerce les plus fréquentés. Il n'y a guère de jour où il n'y entre cinq, six, ou même dix grands paquebots à vapeur, et où il n'en sorte un nombre égal. Chacun de ces navires laisse à Malte des sommes importantes et la ville s'enrichit chaque jour davantage.

Ce que les Anglais ont fait à Malte, les intérêts politiques et commerciaux de la France exigent qu'elle le fasse à Bizerte, et elle peut le faire avec la certitude d'en tirer les mêmes avantages que les Anglais ont retiré du port de Malte.

Au point de vue géographique, Bizerte n'a rien à envier à Malte.

Comme Malte, Bizerte est située sur la route de tous les navires qui vont à Gibraltar ou à Suez. Le port naturel de la seconde est encore plus vaste que celui de la première, et il est beaucoup plus facile à aménager, à cause de la nature des terrains qui l'entourent. A Malte, c'est dans la roche vive qu'il a fallu creuser ; à Bizerte, tout est sable ou terrain meuble. Quant à la sûreté, Bizerte est supérieur à Malte en ce que Malte n'a pas de rade, tandis que Bizerte offre aux navires qui l'abordent la magnifique rade naturelle que forme son golfe. Bizerte offre encore sur Malte un autre avantage important. Le port de Malte est creusé dans une île à peu près improductive, tellement aride qu'autrefois on n'y laissait pas aborder les navires s'ils n'apportaient pas une certaine quantité de terre végétale. Bizerte, au contraire, est placée au centre d'un pays d'une extrême richesse, propre à toutes les cultures, aisément reliable aux parties les plus fécondes de la Tunisie. Les navires seraient donc assurés d'y trouver non seulement les marchandises de transit, mais encore les produits de la Tunisie et des portions voisines de l'Algérie.

Pour ces motifs, je considère la création d'un port mixte, à la fois militaire et commercial, à Bizerte, comme l'une des œuvres dont le gouvernement beylical et surtout les autorités françaises de Tunis doivent le plus se préoccuper. Mais j'insiste sur le caractère de franchise qu'il faudrait donner au port de Bizerte. C'est seulement en y accordant aux marchandises de transit, et particulièrement au charbon, la plus entière liberté d'entrée et de sortie, qu'on pourra y attirer les marchandises et les navires qui vont actuellement à Malte. La disposition des lieux se prêterait d'ailleurs fort bien à l'établissement autour du port du cordon de douanes destiné à protéger contre la fraude le reste du territoire tunisien.

Le second port naturel de la côte septentrionale de la Tunisie qu'il serait utile, sinon nécessaire d'aménager aussi promptement que possible, est celui de Tabarka. Protégé par l'île de ce nom, le petit port de Tabarka est le lieu naturel d'embarquement des produits d'exportation de la Kroumirie, c'est-à-dire des bois et des minerais qui font la richesse de cette portion de la Tunisie. Les travaux à faire dans cette ville pour l'établissement d'un port suffisant aux besoins de la région ne seraient pas très considérables, du moins provisoirement, et les compagnies concessionnaires de mines s'étaient engagées à les faire. Mais l'exploitation minière n'est pas encore commencée et les compagnies n'ont rien pu faire en vue de l'exportation de minerais qu'elles n'ont pas encore extraits du sol. Quant aux forêts, elles entrent à peine dans la période de la production, ou, pour mieux dire, elles ne font que se préparer pour cette période ; l'administration ne se sent donc pas encore pressée par le besoin d'un port d'embarquement. Néanmoins, il est nécessaire d'être prêts pour le jour où mines et forêts seront en pleine exploitation, et il faut outiller Tabarka, qui est le port naturel d'embarquement de tous ces produits.

Actuellement, cette petite ville, ou plutôt ce village, où vivent deux cent cinquante Européens seulement, en majeure partie Français, est entièrement isolée de tout le reste de la Régence. Aucune route ne la relie à aucun autre centre de population ; pendant l'été, on suit des sentiers peu praticables ; pendant l'hiver, les torrents qui coupent ces sentiers en cent endroits rendent toute communication impossible avec Tabarka. Les habitants demandent, avec raison, que les autorités beylicales et françaises mettent fin à cet état de choses ; je ne puis que m'associer au vœu très légitime qu'ils m'ont transmis à ce sujet.

Sur la côte orientale de la Tunisie, les ports assez importants pour que je doive en parler avec quelques détails sont, du nord au sud : Tunis, ou pour mieux dire, la Goulette, Sousse, Monastir, Mahédia, Sfax et Gabès.

La ville de Tunis est bâtie dans le fond et sur le bord du lac de ce nom, c'est-à-dire dans le point le plus éloigné de la mer. Devant Tunis, le lac a une largeur d'environ quatre kilomètres ; il est séparé du golfe de Tunis par un ruban de terre n'ayant, dans sa partie la plus étroite, qu'une cinquantaine de mètres de largeur et ouvert en un seul point où l'on a établi un pont de bateaux qui permet de faire à pied sec tout le tour du lac. C'est à l'entrée du lac, entre celui-ci et le golfe de Tunis, qu'a été bâtie la petite ville de la Goulette. Elle est reliée à Tunis par un chemin de fer qui appartient à la compagnie italienne Rubattino. Les navires mouillent devant la Goulette, à un mille environ de terre; on ne peut les charger et les décharger qu'à l'aide de chalands amenés le long du bord, qui eux-mêmes chargent et déchargent à la Goulette, le long d'un quai en bordure d'un petit canal qui relie le golfe au lac de Tunis. Ce dernier n'a que très peu d'eau, de trente à cinquante centimètres, à peine un mètre dans les endroits les plus profonds; les petites barques seules y peuvent pénétrer.

Il résulte de cet état de choses que les marchandises à destination de Tunis doivent subir la série d'opérations suivantes : 1° débarquement des navires dans les chalands en plein golfe, et sans abri contre les vents ou la mer, ce qui fait que le déchargement est souvent impossible pendant des journées entières ; 2° débarquement des chalands à la Goulette ; 3° embarquement sur les wagons de la Compagnie italienne et transport à Tunis par voie ferrée ; 4° débarquement des wagons à Tunis et transport à l'aide des charrettes dans les magasins. Il est aisé de se rendre compte de l'importance des frais dont les marchandises qui ont subi tous ces transbordements et transports se trouvent grevées quand elles arrivent enfin à destination.

L'idée de créer un port à Tunis devait donc tout naturellement surgir dans l'esprit des colons et dans celui des administrateurs français. Aussi, dès la fin de 1881, une convention était conclue entre le gouvernement beylical et une société française, la Compagnie des Batignolles, pour la construction d'un port à Tunis. L'affaire, cependant, marcha lentement. Tout le monde n'était pas d'accord sur le lieu où il convenait de faire le port. On prétend même que quelques intérêts s'opposaient à sa construction dans le but de drainer les produits tunisiens vers l'Algérie et le port de Bône; mais c'est là une question que je ne veux même pas aborder.

Quant à celle du lieu le plus convenable à l'établissement du port, elle ne manque pas d'importance. Un certain nombre de bons esprits voudraient qu'il fût construit sur l'emplacement de l'ancienne Carthage, c'est-à-dire sur le golfe de Tunis, à l'abri de la pointe sur laquelle est bâtie la charmante petite ville de Sidi-Bou-Saïd. Ils font valoir que l'on pourrait aisément créer en ce point un port en eau profonde pouvant recevoir les navires de toutes les dimensions, et beaucoup plus rapproché de la grande mer, par conséquent plus facilement abordable qu'un port creusé à Tunis même.

Les partisans de ce dernier projet font valoir, non sans raison, que l'intérêt du commerce exige que les marchandises soient toujours apportées par les navires aussi près que possible des magasins destinés à leur vente; qu'en faisant le port à Carthage ou à la Goulette on laisserait subsister une partie des transbordements et le transport par chemin de fer qui, aujourd'hui, grèvent les marchandises de frais très onéreux. Ils ajoutent que sa construction coûterait beaucoup plus cher à Carthage qu'à Tunis même, et qu'on risquerait de compromettre les intérêts et l'avenir de Tunis au profit d'une ville nouvelle qui ne manquerait pas de se créer autour du port.

Ces sentiments étaient sans doute ceux de l'administration, car elle s'est décidée, avec raison selon moi, pour l'établissement du port à Tunis même. On creuserait dans le lac de Tunis un canal de six mètres cinquante de profondeur, réunissant le golfe à la ville, et, auprès de cette dernière, et dans la partie la plus envasée du lac un port de douze hectares, bordé par des quais de cent mètres de large. Les plus grands navires de commerce qui viennent à Tunis étant ceux de la Compagnie transatlantique, qui calent cinq mètres cinquante en pleine charge, on estime qu'en donnant au canal et au port une profondeur de six mètres cinquante, on satisfait largement à tous les besoins du commerce. Rien d'ailleurs n'empêcherait de porter ultérieurement le fond à huit mètres ou huit mètres cinquante, afin de permettre l'abord de Tunis aux navires de guerre et aux grands paquebots de l'Indo-Chine et de l'Australie.

Quant aux dépenses prévues pour cette œuvre, elles avaient d'abord été estimées à douze millions, puis à seize millions de francs. Le 9 décembre 1885, une nouvelle convention est intervenue entre le gouvernement beylical, représenté par le directeur général des travaux publics, et la Compagnie des Batignolles. A la convention de 1881 étaient substituées les stipulations suivantes : dans le délai de deux mois et demi, et sous peine de déchéance, la Compagnie des Batignolles devait remettre au directeur général des travaux publics le projet complet d'exécution du port de Tunis, dressé conformément aux indications générales d'une note annexée à la nouvelle convention. Le projet déposé par la Compagnie devait être soumis au Conseil général des ponts et chaussées de France, qui pourrait y faire toutes les modifications qu'il jugerait nécessaires ou utiles, et qui fixerait les prix d'application. Le projet arrêté souverainement par le Conseil serait notifié à la Compagnie des Batignolles, qui devrait faire connaître, dans le délai d'un mois, son acceptation ou son refus des conditions imposées par le Conseil général des ponts et chaussées. En cas d'acceptation, la Société des Batignolles s'engageait à exécuter les travaux pour le compte et aux frais du gouvernement tunisien. En cas de refus, le gouvernement tunisien se trouvait délié de tout engagement vis-à-vis de la société de construction des Batignolles, et il pourrait pourvoir à l'exécution du port de Tunis par tels moyens qu'il jugerait convenables.

Dans cette convention, il y a une chose qui ne peut manquer

de frapper l'esprit, c'est l'intervention souveraine de l'administration des travaux publics de la France, dans une affaire exclusivement tunisienne, car c'est la Régence qui fait tous les frais de l'entreprise. Est-ce cette intervention qui a entravé la marche de l'affaire ? Je ne saurais le dire exactement, mais je suis obligé de constater que les travaux ne sont pas encore commencés, et qu'ils ne paraissent pas devoir l'être prochainement.

Je saisis, d'ailleurs, volontiers cette occasion, pour mettre en lumière les inconvénients de l'intervention des administrations centrales dans des affaires dont les pouvoirs publics des pays de protectorat devraient avoir la direction et la responsabilité. Le rôle des résidents devient tout à fait nul, si les affaires dont ils ont la surveillance et le contrôle sont traitées souverainement, en dehors d'eux, par les bureaux ou les conseils administratifs de la métropole, auxquels manquent presque toujours les éléments nécessaires à un jugement éclairé. Les travaux publics de la Tunisie ont déjà beaucoup souffert de cet état de choses, et tout porte, malheureusement, à croire qu'elle en souffrira davantage encore dans l'avenir.

Après Tunis, la ville qui a le plus besoin d'un bon port est celle de Sousse. L'ancienne Hadrumetum des Romains est située dans la partie sud du golfe d'Hammamet, que limitent au nord la pointe de Ras Marmor et, au sud, la pointe de Monastir avec les petites îles qui la prolongent.

La ville de Sousse est bâtie en amphithéâtre sur une petite colline dont le pied descend jusque dans la mer. Avec sa muraille blanche, haute de neuf à douze mètres et crénelée, la ville produit un séduisant effet. Elle peut être considérée comme la capitale du Sahel, le pays par excellence des beaux oliviers, et, quoique sa population ne dépasse pas dix mille habitants, elle forme, avec les nombreux et riches villages qui l'entourent, le centre le plus important de la Régence après Tunis. Peut-être même est-elle appelée à un avenir commercial et industriel plus brillant que la capitale.

Non seulement Sousse est destinée à concentrer la majeure partie des produits du Sahel mais encore elle est le débouché naturel de ceux de l'Enfida et des plaines de Kairouan, où le mouvement de la colonisation européenne commence à devenir très intense. On estime généralement que dans un avenir prochain le mouvement maritime du port de Sousse atteindra cent mille tonnes.

La rade est ouverte à tous les vents du sud au nord; cependant le mouillage y est assez sûr, et il est rare que les navires soient forcés de la quitter pour éviter des accidents.

L'ancien port s'étendait, depuis la batterie de la Quarantaine, où est installée la chefferie du génie, jusqu'à la batterie rasante qu'occupe le Cercle militaire. Il est en grande partie ensablé et n'est plus fréquenté que par quelques barques de pêcheurs qui viennent s'échouer sur la plage pour se radouber.

On voit encore, à marée basse, les traces du brise-lames qui reliait autrefois les deux batteries et on remarque encore à terre, du côté de la porte Bab-el-Bahr, des ruines que l'on dit être celles des anciens murs du quai. On peut estimer d'après cela que la superficie abritée était de trois à cinq hectares.

Depuis l'occupation française, le service du génie a construit, pour les bains militaires, un appontement en charpente contre la face sud du môle de la batterie rasante. De son côté, le service des travaux publics de la Régence a établi, pour l'usage du commerce, un second appontement accoté au premier et muni d'une grue de trois tonnes, pour le débarquement des marchandises. On a aussi élargi de cinquante mètres le quai des Transatlantiques par voie d'empiètement sur la mer.

Dans l'état actuel des choses, les barques des caboteurs du pays mouillent au sud du môle de la batterie rasante, où elles sont à l'abri de tous les vents, sauf ceux de la région comprise entre le N-E. et le S.-E., par l'Est. Lorsque ces derniers vents soufflent avec violence, les barques vont se réfugier dans le fond sud de la baie, où il existe une fosse offrant des fonds de deux à trois mètres, couverts par une barre qui s'est formée à une faible distance de la plage et parallèlement à elle.

Les navires de fort tonnage mouillent au large à un demi-mille ou à trois quarts de mille de terre. Ils n'y sont abrités par rien contre les vents du N.-O. au S-E. par l'Est.

Le chargement et le déchargement des marchandises s'effectuent au moyen de « mahonnes » qui vont prendre les marchandises le long du bord des navires et qui les déchargent à l'appontement indiqué plus haut. Mais les communications des « mahonnes » avec les navires mouillés en rade ne sont pas toujours faciles. En hiver, avec les vents du N.-O., la mer est souvent assez mauvaise pour rendre impossibles toutes les opérations de chargement ou de déchargement. Tout cela augmente considérablement le prix du fret; les personnes les mieux informées évaluent à cinq francs au minimum, par tonne, l'économie que le commerce réaliserait si les navires pouvaient opérer leur chargement et leur déchargement à l'abri par tous les temps.

Aussi, tous les commerçants et industriels de Sousse demandent-ils très énergiquement, et non moins justement, des améliorations qui faciliteraient les opérations maritimes. On leur promet une grande jetée-abri d'un développement de mille mètres, qui atteindrait les fonds de huit à neuf mètres et qui couvrirait une surface de cinquante hectares, avec des fonds suffisants pour le mouillage des grands navires. Mais ils n'ignorent pas que cela coûtera fort cher et exigera beaucoup de temps, sans compter l'incertitude du résultat, et ils demandent qu'on fasse moins grand, mais plus vite.

La municipalité de Sousse m'a transmis officiellement les vœux de la population à cet égard. Je crois devoir insérer ici la pétition qu'elle m'a remise, en me priant de l'appuyer :

« La municipalité de Sousse,

« Considérant que le port de Sousse prend de l'extension de jour en jour ;

« Considérant que, dans les conditions actuelles, les opérations de chargement et de déchargement des navires s'effectuent difficilement aux appontements ;

« Considérant qu'il importe, dans l'intérêt du développement commercial, d'améliorer cette situation ;

« Considérant enfin que la construction d'un port abrité nécessite de grandes dépenses ou exige beaucoup de temps ;

« Emet le vœu que le gouvernement fasse exécuter de suite, à titre de travaux d'amélioration et en attendant la construction de la grande jetée :

« 1° Le prolongement de l'appontement du commerce jusqu'aux fonds de deux mètres quarante ;

« 2° L'établissement d'un petit brise-lames qui couvrira ledit appontement. »

De son côté, le représentant de la Compagnie transatlantique à Sousse m'a exprimé, au nom de cette Compagnie, qui a beaucoup fait pour activer le mouvement commercial de la Tunisie, l'intérêt qu'elle aurait à l'établissement immédiat d'un brise-lames couvrant les appontements actuels. Il me faisait remarquer que ce travail pourrait être fait très rapidement pendant les mois d'août et de septembre et à très peu de frais, au moyen de vieilles barques remplies de pierres que l'on coulerait à l'extrémité de la batterie, dans la direction sud-est. Cela n'empêcherait ni de prolonger l'appontement du commerce jusqu'aux fonds de deux mètres cinquante, comme le demande la municipalité, ni de construire ultérieurement la grande jetée dont il a été question plus haut. Mais, en attendant ces travaux, le débarquement des marchandises serait beaucoup facilité, pour le plus grand profit du commerce et de l'industrie de Sousse.

Il est impossible de ne pas s'associer à des vœux aussi modestes, mais il me paraît indispensable d'ajouter qu'ils n'ont pas encore été exécutés. L'un des plus grands torts des administrations publiques, en Tunisie comme ailleurs, est de vouloir toujours « faire grand » ; elles répugnent aux améliorations secondaires ; elles élargissent les plans des travaux outre mesure, si bien qu'elles se condamnent souvent à ne pouvoir pas les exécuter. Cela est surtout fâcheux dans un pays comme la Régence où tout est à faire. Si l'on veut y faire tout grand, on se condamne presque fatalement à ne rien faire du tout.

Le port de Monastir n'est éloigné de celui de Sousse que de onze milles ; il est moins important, mais mieux situé, abrité qu'il est par les îles Kuriat et Egdemsi contre tous les vents, sauf ceux de la région N.-E. par l'est.

Rien n'avait été fait par l'administration beylicale pour favoriser le développement du commerce maritime de ce port, dont le trafic annuel n'est cependant pas inférieur à vingt mille tonnes.

Le service des travaux publics a construit un appontement en charpente de soixante-seize mètres de longueur et de huit mètres de largeur, atteignant les fonds de deux mètres cinquante à l'endroit de la plage où se faisaient d'habitude les chargements d'huile et où il existait un débarcadère embryonnaire formé de deux madriers reposant sur des chevalets. Cet appontement, avec la grue dont on l'a pourvu, facilite beaucoup les opérations et est très apprécié par le commerce.

On a aussi relié le port à la ville par une route empierrée de huit mètres de largeur. On construit en ce moment une cale à huile, une douane et un terre-plein. Ces travaux touchent à leur fin.

Il serait possible de créer un abri ou un bassin fermé à Monastir, et cette création serait même favorisée par le voisinage des îles Egdemsi, qu'une passe étroite sépare du continent ; mais la dépense qu'entraînerait un semblable travail ne serait pas justifiée par l'importance actuelle du trafic. Ce n'est donc là qu'un projet d'avenir.

Le port de Mahédia est situé dans un petit enfoncement au sud du cap Africa.

La rade n'est pas sûre par les vents d'est, et elle n'est pas très saine. On signale notamment un plateau dangereux de roches et d'herbes qui s'avance assez loin en mer et sur lequel il n'y a pas plus de trois mètres d'eau, mais les petits caboteurs et les embarcations peuvent s'abriter dans une espèce de fosse qui existe le long de la plage et que couvre une barre naturelle sur laquelle les lames du large viennent se briser. Le port de Mahédia est fréquenté chaque année par un grand nombre de bateaux siciliens qui viennent pêcher la sardine sur les côtes. Il s'y fait un important commerce d'huile d'olive.

Le service des travaux publics a établi un quai de débarquement maçonné de deux cents mètres de développement avec une cale de chargement pour les huiles, et creusé en avant de ce quai un bassin d'opération offrant des fonds de un mètre cinquante à marée basse.

On a construit, en outre, un brise-lames de deux cent soixante mètres de développement dans le but de couvrir la passe et le mur de quai. On se propose d'accoler plus tard à ce brise-lames un quai vertical de quinze à vingt mètres de largeur et de draguer le bassin d'opération ainsi que la passe jusqu'aux fonds de deux mètres cinquante. Malheureusement, pendant l'hiver dernier, une partie importante du brise-lames a été enlevée par la mer qui le bat perpendiculairement. Les marins du pays affirment que la jetée a été construite dans un lieu peu favorable et suivant une direction mauvaise. Elle est perpendiculaire à un brise-lames naturel sur lequel on aurait dû, selon eux, la construire, parce que la mer l'aurait frappée obliquement et, par suite, avec moins de force.

Le port de Sfax peut rivaliser d'importance avec celui de Sousse, et il a, au point de vue nautique, un avantage sérieux sur ce dernier, résultant de ce que les opérations de chargement et de déchargement n'y sont jamais interrompues par le mauvais temps. La rade est, en effet, protégée du côté du large par les îles Kerkenah.

Malheureusement les grands fonds ne se trouvent que très loin de terre, à quatre ou cinq milles, ce qui rend l'escale de mer et les opérations de chargement et de déchargement très onéreuses.

On a commencé en 1885 la construction d'un mur de quai en maçonnerie de deux cents mètres de longueur, s'avançant de cent cinquante mètres sur la mer et au pied duquel il y aura deux mètres cinquante d'eau à marée basse.

Le projet en cours d'exécution comprend, en outre, le creusement d'un bassin d'opération et d'un chenal d'accès.

L'administration supérieure paraît disposée, comme travail d'avenir, à approfondir ce chenal jusqu'à six mètres cinquante, de façon à ce que les navires de fort tonnage puissent venir opérer bord à quai, ce qui réaliserait une amélioration notable.

Le port de Gabès a surtout de l'importance au point de vue du ravitaillement des troupes d'occupation ; on y embarque aussi de l'alfa.

La rade est ouverte à tous les vents du large et est peu protégée du côté des terres, celles-ci étant très basses; aussi arrive-t-il fréquemment pendant l'hiver que les navires de la Compagnie transatlantique sont obligés de partir sans avoir pu débarquer leurs marchandises, ni même parfois leurs passagers. Le port de Gabès est, sans contredit, le plus mauvais de toute la côte tunisienne.

Le Génie a construit, il y a deux ans, un appontement en bois de deux cent quarante mètres de longueur, qui est aujourd'hui à peu près ensablé. C'est le seul ouvrage qui existe.

Le service des Travaux publics prépare un projet en vue d'améliorer l'embouchure de l'Oued Gabès, pour permettre aux barques d'aller se réfugier dans l'oued lorsque la mer est mauvaise et d'y faire au besoin leurs opérations. Mais, quoi qu'on fasse, on n'arrivera jamais à faire de Gabès un port même passable.

Le port de Djerba se trouve à peu près dans les mêmes conditions nautiques que celui de Sfax. Le mouillage est sûr, mais encore plus loin de terre, à neuf ou dix milles environ. On a déjà amélioré un peu la situation en construisant un appontement métallique le long duquel les barques peuvent opérer facilement. On a projeté le creusement d'un chenal d'accès et d'un bassin d'opération, mais ce sont là des ouvrages trop coûteux pour qu'on puisse espérer qu'ils soient faits avant longtemps.

Le port de Zarzis, aujourd'hui peu fréquenté, si ce n'est par les caboteurs du pays et par les pêcheurs d'éponges, pourrait être aisément amélioré. Il est protégé par un brise-lames naturel semblable à celui de Mahédia, sur lequel il serait aisé de construire une jetée. La rade est bonne et les navires peuvent mouiller à un demi-mille seulement de terre.

Par la salubrité de son climat, la présence de l'eau douce, sa situation géographique et la qualité de son port, Zarzis conviendrait beaucoup mieux que Gabès comme siège des troupes destinées à garder le sud de la Tunisie. Il est étonnant que les autorités compétentes ne s'en soient pas rendu compte.

CHAPITRE IX

Les procédés d'exécution des travaux publics

Il résulte de tout ce que nous venons de dire que l'exécution immédiate d'une quantité importante de travaux publics s'impose en Tunisie, sous peine de voir s'arrêter le mouvement si remarquable de colonisation qui s'est produit dans ce pays depuis quelques années. Mais il importe de déterminer les moyens de procéder à cette exécution sans compromettre les finances du pays, et, par contre-coup, cette même colonisation, au profit de laquelle les travaux publics doivent être faits.

Faut-il, pour doter la Régence des voies ferrées et des ports qui lui sont indispensables, en concéder la construction et l'exploitation à des sociétés qui se procureraient l'argent nécessaire à l'aide d'emprunts garantis par le gouvernement tunisien? Ou bien faut-il faire faire les travaux par l'Etat lui-même ?

Le premier de ces systèmes a l'inconvénient d'exiger l'intervention des pouvoirs publics français, aucune garantie d'intérêts ne pouvant être consentie par la Tunisie sans avoir été approuvée par le parlement français, c'est-à-dire, en réalité, sans être elle-même garantie par la France. Mais il offre l'avantage d'assurer l'exécution rapide des travaux sans grever le budget tunisien, puisque celui-ci n'aurait à payer que la garantie d'intérêts.

Le second système, c'est-à-dire la construction par l'État, peut être mis en pratique de deux façons : ou bien le gouvernement tunisien contracterait un emprunt, ce qui lui permettrait de faire les travaux rapidement ; ou bien il n'y consacrerait que des excédents de recettes. L'emploi du premier système exige l'intervention de la France, la Tunisie ne pouvant faire aucun emprunt sans l'autorisation des Chambres, et il nécessite la garantie de la France, car, sans cette garantie, le gouvernement tunisien ne réussirait pas à faire couvrir son emprunt. Le second système peut être appliqué directement, sans que les pouvoirs métropolitains aient à s'en occuper ; mais il offre l'inconvénient capital de rendre très lente et même très aléatoire l'exécution des travaux, car l'excédent des recettes ne sera jamais bien élevé, si même il y a toujours un excédent.

C'est cependant à ce système que l'administration tunisienne semble s'être ralliée, sans doute à cause de l'avantage, considérable, il faut bien le dire, qu'il offre, de ne nécessiter ni l'intervention des pouvoirs publics français, ni la garantie financière de la France.

Les dispositions de l'administration tunisienne résultent des actes relatifs au règlement du budget de 1885.

Le *Journal officiel tunisien* du 23 juillet 1886 publie un décret fixant définitivement le budget de 1885-86 de la façon suivante :

Le total des recettes effectives s'est élevé, en chiffres ronds, à la somme de cinquante-huit millions de piastres.

Le total des dépenses s'est élevé, également en chiffres ronds, à la somme de quarante-six millions de piastres.

Il en résulte un excédent de recettes de douze millions de piastres, sauf une petite somme à réserver pour certains crédits spéciaux.

Le même journal publie un décret constituant un fonds de réserve destiné à pourvoir aux insuffisances éventuelles des recettes du budget. Cette réserve ne pourra être affectée qu'aux dépenses ordinaires, dans le cas où le budget ordinaire des recettes serait accidentellement en déficit. Il est attribué à ce fonds de réserve une première dotation de dix-huit millions de piastres à prendre sur les vingt-sept millions de piastres disponibles en octobre 1885; il devra être porté à trente millions de piastres.

Enfin le *Journal officiel tunisien* publie un rapport du résident général au bey, proposant qu'après la dotation totale du fonds de réserve dont nous venons de parler, l'excédent de la disponibilité du gouvernement tunisien soit imputé à la construction du port de Tunis, en portant pour cet objet onze millions de piastres au budget des dépenses de 1303.

En résumé, d'après le système proposé, on prélèverait d'abord sur les excédents de recettes de chaque année une certaine somme, pour porter à trente millions, et maintenir à ce chiffre, le fonds de réserve destiné à couvrir les déficits accidentels du budget ordinaire. Après le prélèvement, on prendrait tous les ans sur les excédents de recettes une somme déterminée qu'on emploierait en travaux publics. Ceux-ci seraient donc exécutés à l'aide des seules ressources du budget ordinaire.

Le seul avantage de ce système, c'est qu'il peut être mis en pratique sans l'intervention des pouvoirs publics français, mais il offre des inconvénients tels qu'il me paraît difficilement acceptable.

On ne manque pas d'objecter, avec beaucoup de raison, qu'il repose tout entier sur l'espoir d'une permanence des excédents de recettes qui existent en ce moment en Tunisie, et l'on fait remarquer que cette espérance pourrait bien n'être, en réalité, qu'une illusion, les contribuables tunisiens payant à l'heure actuelle tout ce qu'ils peuvent payer et même au delà. On fait remarquer qu'une partie des recettes de la Régence provient d'impôts dont l'opinion publique demande déjà la suppression et qu'il ne sera peut-être pas possible de remplacer intégralement ; on ajoute qu'en instituant une caisse de réserve, c'est-à-dire en déclarant inutile au budget ordinaire des dépenses une somme de trente millions de piastres, on provoque les contribuables à demander des dégrèvements qu'on ne tardera pas à être obligé d'accorder. D'autre part, s'il survient une ou plusieurs années difficiles, le gouvernement tunisien pourra, il est vrai, combler les déficits à l'aide du fonds de réserve, mais il devra interrompre les travaux publics, puisqu'il n'aura plus d'excédents de recettes, et, cependant, c'est dans les moments de crise financière que les travaux publics sont plus particulièrement nécessaires, parce qu'ils fournissent un aliment au travail.

Il est impossible de nier la valeur de ces objections. Justes quand elles s'appliquent d'une façon générale à une nation quelconque, elles prennent une force plus grande encore quand il s'agit d'un pays en voie de transformation, trop chargé d'impôts, n'ayant encore ni industrie ni commerce, une agriculture rudimentaire, et pas du tout de voies de communication, c'est-à-dire aucun des éléments les plus indispensables à l'entretien de la vie sociale. Enfin, elles se trouvent encore renforcées quand elles s'adressent à des travaux comme ceux dont la Tunisie a plus particulièrement besoin en ce moment, et dont tout le monde considère l'exécution comme absolument urgente, je veux parler du port de Tunis et des principales voies ferrées.

Par suite de la disposition des lieux, le port de Tunis ne peut pas être utilisé au fur et à mesure de l'avancement des travaux ; c'est seulement quand il sera complètement achevé, quand le canal sera ouvert à travers le lac, le bassin creusé et muni d'appontements, que le commerce en pourra tirer parti.

Par conséquent, si le port doit être construit avec une partie seulement des excédents annuels, — car on ne peut pas songer à arrêter tous les autres travaux publics jusqu'à son achèvement,

— il faut admettre que les travaux s'échelonneront sur un temps assez long, et il faut reconnaître que si les excédents de recettes diminuent ou même disparaissent pendant une ou deux années difficiles, les travaux du port seront arrêtés ; les sacrifices faits jusqu'à ce moment peuvent demeurer stériles pendant un temps plus ou moins long, sans préjudice des détériorations auxquelles sont exposés les travaux de ce genre qui restent inachevés.

D'autre part, s'il construit le port avec les excédents du budget ordinaire, le gouvernement beylical doit renoncer à percevoir aucune taxe sur les navires et sur les marchandises qui l'utiliseront ; il serait probablement très difficile de faire admettre aux négociants de Tunisie qu'ils doivent une redevance quelconque pour l'usage d'un port construit avec les impôts qu'ils ont eux-mêmes payés. On peut dire qu'il est toujours avantageux pour une ville de commerce d'alléger les taxes des ports et que les ports francs ont, de tout temps, rapidement prospéré, etc. ; mais les ports francs sont surtout ceux dans lesquels la marchandise ne paye pas de droits de douane, et ils n'ont de raison d'être que quand ils constituent des sortes d'entrepôt de transit.

Or, Tunis ne peut pas être un lieu de transit ou d'entrepôt international et le gouvernement tunisien n'a pas l'intention de supprimer les droits de douane à l'exportation ou à l'importation ; on ne voit pas, par conséquent, pourquoi le gouvernement tunisien ne frapperait pas les navires ou la marchandise d'un droit équivalent aux services qu'il leur rend, soit la compensation partielle ou totale des charges en argent et en pertes de temps qu'il économisera au commerce, comme cela se fait dans la majorité des ports.

On peut utilement considérer à ce sujet ce que font les Anglais : un grand nombre de leurs ports ont été construits et sont actuellement entretenus et améliorés par des associations indépendantes, qui, en échange des dépenses qu'elles s'imposent, perçoivent des taxes ; c'est cette situation qui permet au gouvernement anglais de contracter, avec la France, par exemple, sur la base de la réciprocité, des engagements avantageux, puisqu'ils assurent à ses navires l'usage gratuit des ports français construits par l'État, en laissant payer des droits aux navires français dans les ports anglais construits par des associations ; en fait, les Français payent en Angleterre et les Anglais ne payent rien en France.

Il serait peut-être pratique de faire comme le gouvernement anglais, de laisser un certain caractère industriel à la construction et à l'exploitation du port, tout en en conservant le contrôle au gouvernement, de telle manière qu'au fur et à mesure du développement du trafic, les droits pussent être abaissés, et les bénéfices des exploitants limités ou partagés par le gouvernement, qui se créerait ainsi des ressources pour d'autres travaux, au lieu de tout attendre de l'augmentation des impôts.

En France, d'ailleurs, et malgré l'habitude de compter en tout sur le gouvernement, on a appliqué très souvent aux agrandissements ou améliorations des ports la méthode financière de l'emprunt. Les chambres de commerce sollicitent-elles de nouveaux bassins, de nouvelles écluses, de nouveaux quais, etc. ; le gouvernement reconnaît en principe l'utilité des travaux, admet qu'ils pourront plus tard, et quand leur tour sera venu, être inscrits au budget et exécutés par l'État quand il y aura des fonds disponibles ; les chambres de commerce offrent alors au gouvernement de lui fournir immédiatement les capitaux nécessaires pour exécuter rapidement et immédiatement les travaux réclamés, sans attendre que le budget leur attribue des crédits qui ne pourraient d'ailleurs que s'échelonner sur un nombre d'années assez long ; et, après accord avec l'État, les travaux sont exécutés immédiatement avec l'argent fourni par les chambres de commerce, lesquelles, en échange de leur avance de fonds, reçoivent, suivant le cas, en remboursement, la délégation des crédits à long terme inscrits annuellement au budget ou l'autorisation de prélever des droits temporaires sur les marchandises et les navires.

On ne comprendrait pas d'ailleurs qu'à Tunis, où l'influence française a eu longtemps à compter avec les agents consulaires anglais ou italiens, nous fissions servir les disponibilités budgétaires, créées par la garantie financière du gouvernement français, à construire un port offrant son abri et ses ressources gratuitement aux navires anglais et aux navires italiens; le cabotage français, déjà si menacé dans la Méditerranée, par la rivalité de l'Italie, serait bien vite supplanté à Tunis par la marine marchande de cette puissance qui n'a pas besoin qu'on lui assure la gratuité pour faire concurrence à notre marine marchande à voiles ou à vapeur, et à nos services réguliers de navigation.

Ce qui vient d'être exposé pour le port peut s'appliquer aux chemins de fer. Il a été dit que le gouvernement tunisien avait l'intention d'en construire d'abord quelques kilomètres avec les ressources du budget et d'employer leurs produits à prolonger les amorces construites. C'est une conception erronée, car les chemins de fer en Tunisie doivent être considérés surtout comme un stimulant de la production, et non pas comme un moyen d'écouler la production existante; des tronçons de chemins de fer de quelques kilomètres ne donneraient aucun produit susceptible d'être appliqué à leur prolongement et ne payeraient même pas leurs frais d'exploitation.

Ajoutons que la construction des chemins de fer doit, sinon précéder celle des ports, du moins marcher parallèlement. Le port de Tunis ne serait d'aucune utilité au pays s'il n'existait pas des voies rapides permettant d'y transporter les produits du sol. Or, comment pourrait-on faire à la fois des chemins de fer et des ports à l'aide des seuls excédents budgétaires? Il faudrait supposer ceux-ci bien considérables et bien constants ; mais, alors, les populations tunisiennes auraient le droit de se plaindre qu'on fît supporter par une seule génération tout le poids des énormes impôts qui produiraient de semblables plus-values.

En résumé, sans connaître exactement l'opinion des autorités beylicales et françaises de la Régence, et, par suite, sans prétendre émettre aucune critique personnelle qui pourrait tomber à faux, je crois qu'on se bercerait d'une illusion dangereuse et qu'on compromettrait les plus chers intérêts de la Tunisie, si l'on condamnait ce pays à exécuter les travaux publics, dont il ne peut plus se passer, qu'à l'aide des seuls excédents de son budget ordinaire des recettes. Mieux vaudrait, à mon avis, consacrer ces ressources à la constitution d'un fonds de garantie pour les travaux publics. Peu partisan, en principe, des travaux publics directement exécutés par l'État, moins partisan encore de ce système en ce qui concerne la Tunisie, où règne encore tant d'inexpérience, je pense que le mieux serait de concéder à l'industrie privée la construction des chemins de fer et même celle des ports. Les fonds constitués à l'aide des excédents des budgets serviraient à payer les garanties d'intérêts des emprunts faits pour ces travaux, jusqu'au jour où ports et chemins de fer pourraient vivre de leur propres recettes. Rien d'ailleurs n'empêcherait les autorités tunisiennes d'exiger que les emprunts fussent faits en France, par des procédés permettant d'assurer le placement de l'argent français. On créerait ainsi un débouché à nos capitaux sur une terre française, en même temps qu'on doterait notre colonie des instruments destinés à faciliter son développement agricole, commercial et industriel.

CHAPITRE X

Des réformes à opérer dans l'intérêt du pays et de la colonisation

Je me suis efforcé de tracer dans les pages qui précèdent un tableau aussi fidèle que possible de la situation agricole, industrielle, financière et commerciale de la Tunisie. Sans autre préoccupation que la recherche de la vérité, et dominé par l'intérêt du pays dont le gouvernement m'avait confié l'étude, je me suis fait un devoir de dire tout ce que je crois bon et tout ce que je crois mauvais dans ses institutions économiques. Pour terminer ma tâche, il me reste à signaler les réformes que je considère comme immédiatement nécessaires au développement de la Régence et à l'expansion de notre influence dans ce pays.

Par ses conditions géologiques et climatériques et par le caractère de ses habitants, la Tunisie nous apparaît comme un pays essentiellement voué à l'agriculture. L'histoire confirme à cet égard l'observation directe ; elle nous montre à toutes les époques cette contrée peuplée d'agriculteurs indigènes ou de colons agricoles étrangers et fournissant aux peuples de la Méditerranée, plus civilisés, mais moins bien dotés par la nature, une partie considérable des céréales nécessaires à leur alimentation. Il suffit d'avoir vu les ruines innombrables des établissements agricoles romains qui ont couvert jadis le sol de la Tunisie pour être convaincu de l'exactitude du nom qui lui a été donné de « grenier de Rome ». Pendant plus de deux cents ans, elle joua ce rôle ; mais, depuis la chute de l'empire romain et l'invasion arabe, elle n'a cessé de descendre la pente de la ruine et de la misère, sous l'influence des causes que nous avons indiquées plus haut. Son agriculture, autrefois si prospère, est tombée presque partout aussi bas que possible. Mais pour la relever, il suffit de faire disparaître les causes de son effondrement ; c'est à cette œuvre éminemment utile et civilisatrice que la France doit consacrer ses premiers et ses plus énergiques efforts. L'agriculture étant relevée, le commerce et l'industrie ne tarderont pas à devenir prospères.

La réforme des impôts

Parmi les causes du mauvais état de l'agriculture tunisienne, nous avons signalé, au premier rang, le poids trop lourd des impôts et leur nature défectueuse.

La caractéristique essentielle des impôts tunisiens, c'est qu'ils ne frappent, en général, ni le sol ni la propriété immobilière ou mobilière, c'est-à-dire le capital, mais directement et presque exclusivement le produit du sol, c'est-à-dire le revenu agricole ; j'ajoute qu'ils frappent les produits du sol d'une façon si onéreuse qu'ils en rendent presque impossible l'exploitation, tout au moins d'une grande partie, et qu'ils découragent les cultivateurs. Sans revenir sur les détails donnés déjà, il ne sera pas inutile d'insister ici quelque peu sur cette question.

Rappelons d'abord que les impôts les plus importants sont l'achour sur les céréales et les oliviers, le kanoun sur les oliviers et les dattiers, les impôts du Dar-el-Jeld et ceux des Mahsoulats. Pour avoir une idée complète des charges qui pèsent sur les produits du sol, il faut ajouter à ces impôts les droits de douane à l'exportation, c'est-à-dire à la sortie de la Régence, et les droits de douane à l'entrée en France.

Afin de se rendre compte de l'élévation des taxes qui frappent les produits du sol, on peut prendre comme exemple l'huile d'olive. Désireux de ne pas m'exposer à des erreurs, je me borne à reproduire textuellement une note qui m'a été remise par un colon tunisien, dont la compétence en cette matière ne saurait être contestée, car ses affaires commerciales et industrielles portent principalement sur les huiles d'olive.

« Note sur le régime fiscal des huiles dans la région de Tunis, la presqu'île du cap Bon et la région de Bizerte :

« L'impôt frappe uniquement la récolte et se perçoit d'abord sur la vente des olives qui payent un achour de........ 11 %

« Au moment de la trituration, le fermier de l'achour perçoit en nature sur le produit fabriqué.............. 11 %

« De plus, le fabricant paye le notaire chargé de percevoir la dîme et les frais de mesurage, soit environ...... 1 %

« Dans l'arrondissement de Tunis, les grignons appartiennent au gouvernement, et on doit les lui rendre à Tunis, ce qui représente une perte de................ 5 %

« Les droits d'exportation s'élèvent à dix piastres cinq karoubes par cinquante kil., soit par cent kil., treize francs, ou .... 13 %

« Enfin, les droits d'entrée à Marseille sont de quatre francs cinquante par cent kilog. bruts, soit, pour le net, cinq francs par cent kil. ou......................... 5 %

Total des droits............ 46 %

Ainsi les huiles fabriquées dans la région de Tunis, de Bizerte, du cap Bon, etc., ont payé, quand elles sont entrées en France, quarante-six pour cent de leur valeur. Si elles sont consommées dans le pays, elles ont payé avant d'entrer dans le commerce vingt-huit pour cent de leur valeur sous la forme de taxes diverses.

Il me paraît inutile d'insister sur les obstacles qui sont mis au développement des oliviers, mais je dois rappeler qu'aux impôts s'ajoutent mille vexations plus désagréables les unes que les autres, et qui contribuent puissamment à détourner les indigènes d'une culture qui, cependant, est l'une de celles qui conviennent le mieux à la Tunisie.

J'ai suffisamment insisté, dans un autre chapitre de ce livre, sur les vexations auxquelles je fais allusion, telles qu'obligation de tailler les arbres, de labourer le sol, de faire la récolte, etc., à des époques fixes, déterminées par les autorités, etc., pour n'avoir plus besoin d'en parler ici.

Un autre bon exemple de l'exorbitance des droits qui frappent les produits de l'agriculture nous est fourni par les laines. Cent toisons de laine dite en suint, c'est-à-dire non lavée, vendues au marché trois cents piastres ou cent quatre-vingt-six francs, payent d'abord le droit de six un quart pour cent qui frappe toutes les ventes, soit dix-huit piastres soixante-quinze ; puis un certain nombre de droits qui ne figurent sur aucun tarif officiel, mais qui sont dus en vertu des usages : le vendeur donne deux toisons de boni à l'acheteur, et une toison au crieur public qui a fait la vente ; il paye pour le notaire et pour le papier timbré de la quittance, environ trois piastres vingt-cinq ; il a en outre payé deux piastres pour le chameau qui a porté les toisons au marché, soit en totalité trente-deux piastres ou vingt francs pour des toisons qui valent cent quatre-vingt-six francs. Si ces toisons sont exportées, elles payent encore à la sortie cinquante-six piastres ou vingt-cinq francs pour deux cent cinquante-six kilos, ce qui est le poids ordinaire de cent toisons. Au moment où elles quittent la Tunisie, les cent toisons ont donc payé cinquante-cinq francs de taxes diverses pour une valeur de cent quatre-vingt-six francs. Il est vrai qu'à l'entrée en France, elles sont plus favorisées que l'huile d'olive et ne sont soumises à aucun droit d'importation. Au droit qui frappe la laine, il faut joindre les droits à l'exportation auxquels sont soumis les moutons à la sortie de la Tunisie. J'ai signalé ailleurs les procédés qu'emploient les indigènes pour éluder toutes les fois qu'ils le peuvent les impôts sur les laines dont nous venons de parler. La plupart de ceux qui ont leurs troupeaux sur les frontières de l'Algérie les font passer dans ce dernier pays au moment de la tonte, coupent et vendent leurs laines sans avoir quoi que ce soit à payer, puis rentrent dans la Régence. Ce qu'ils cherchent à éviter, ce n'est pas tant l'impôt lui-même que les vexations de mille sortes dont sa perception est accompagnée de la part des fermiers des Mahsoulats. Le Trésor perd ainsi chaque année des sommes considérables qui rentreraient dans ses caisses si l'impôt était établi sur d'autres bases.

Dois-je rappeler les vices plus grands encore des impôts dont les céréales sont frappées, l'arbitraire qui entre dans leur répartition, les ennuis dont leur perception est entourée et les pertes qui en résultent pour le Trésor ? Tout cela est suffisamment exposé plus haut pour que je n'aie pas besoin d'y revenir ici. Je crois utile cependant d'insister sur le dommage que l'Etat subit par suite de la répartition de cet impôt. On se rappelle que les commissions de répartition jouissent du droit d'exonérer les cultivateurs d'orge et de blé d'un nombre quelconque de seizièmes de l'impôt, en ne considérant comme ayant été ensemencée qu'une surface de terrain inférieure d'un ou plusieurs seizièmes à celle qui a réellement reçu la semence de blé ou d'orge ; comme les commissions sont, à cet égard, tout à fait souveraines, et qu'elles diminuent le chiffre de l'impôt à percevoir au gré de leurs fantaisies ou de leurs intérêts, il en résulte une grande incertitude sur le produit annuel des recettes, et, d'une année à l'autre, de grandes différences entre les sommes qui pénètrent dans le Trésor. C'est ainsi que l'exercice 1300 prévoyait pour les deux achours en argent et en nature sur les céréales la somme de un million sept cent soixante mille cinq cent quatre-vingt-treize piastres, tandis que l'exercice 1302 prévoit seulement la somme de neuf cent vingt-cinq mille piastres, c'est-à-dire près de la moitié des prévisions de l'année 1300.

En comparant ce chiffre de neuf cent vingt-cinq mille piastres, c'est-à-dire cinq cent soixante-quinze mille francs, prévu au budget de l'année 1302, comme représentant l'achour sur les céréales, avec celui des méchias ensemencées, on est étonné de la faiblesse de l'impôt dont les terres à céréales sont frappées. On estime, en effet, qu'il y a au moins cinquante mille méchias ensemencées chaque année dans la Régence, ce qui donne un impôt moyen de onze francs cinquante centimes par méchia ou un franc quinze centimes par hectare. Si la répartition était faite également entre les cinquante mille méchias ensemencées, l'impôt de l'achour, bien loin de devoir être considéré comme onéreux, pourrait passer pour tout à fait léger et même insuffisant. Mais la répartition est loin d'être équitable : grâce à l'intervention des commissions et de leurs amines, certains propriétaires payent beaucoup tandis que d'autres se ressentent à peine de l'impôt. C'est surtout cela qui rend l'achour impopulaire et qui nécessite son remplacement, aussi promptement que possible, par un impôt plus juste.

Ces observations s'appliquent également au kanoun des oliviers et des dattiers. S'il était perçu avec équité, cet impôt ne pourrait guère soulever d'objection, mais la répartition est faite, comme celle de l'achour sur les céréales, d'une façon aussi injuste qu'arbitraire, les amines pouvant réduire autant qu'ils le veulent le nombre des pieds d'oliviers ou de dattiers qui payent le kanoun, grâce à la subtilité, indiquée plus haut, qui consiste à considérer deux, trois, quatre, un nombre quelconque de pieds d'oliviers ou de dattiers comme n'en formant qu'un seul.

Quant aux impôts divers dont sont frappés, sous le nom de

Mahsoulats, les légumes, les fruits, etc., qui paraissent sur les marchés tunisiens, nous en avons suffisamment indiqué la nature vexatoire et capricieuse pour n'avoir pas besoin d'y revenir en ce moment.

En passant en revue, les uns après les autres, tous les impôts dont nous venons de parler, il serait aisé de montrer qu'ils sont à la fois très lourds et peu productifs. Ils sont très lourds, parce que, étant très mal répartis, ils ne sont en réalité payés que par un nombre restreint d'agriculteurs; ils sont improductifs, parce que, ne portant que sur un petit nombre de personnes, ils ne peuvent pas être élevés au chiffre total qu'ils atteindraient aisément si chaque fraction de terre en payait une part égale. Nous avons vu que l'achour sur les céréales réparti également sur toutes les terres ensemencées ne représentait pas plus de un franc cinquante par hectare, chiffre inférieur aux impôts payés par n'importe quelle terre d'Europe. Les droits intérieurs sur les laines s'élèvent, d'après ce que nous avons dit plus haut, à vingt francs pour cent moutons, c'est-à-dire à vingt centimes par tête d'animal, ce qui n'est pas très considérable; mais la manière dont ils sont perçus les rendent aussi désagréables que possible et poussent les agriculteurs à s'en exonérer par tous les moyens imaginables ; la fraude les rend aussi improductifs que le mode de perception les fait impopulaires.

Je dois ajouter qu'il est impossible de connaître exactement la somme des impôts payés par les contribuables. En effet, aux chiffres qui figurent dans le budget des recettes, il faut ajouter la portion inconnue qui représente les frais de perception et les bénéfices des fermiers.

Il est bien évident, en effet, que les fermiers ne se risquent pas dans une entreprise comme celle de la perception des impôts dans le seul but d'être agréables à l'Etat : il faut qu'ils y trouvent un bénéfice considérable. Il est vrai que l'Etat limite leur avidité à l'aide de ses tarifs, mais les échantillons que nous en avons donnés suffisent pour indiquer les ressources qu'ils peuvent fournir à un agent doué de quelque imagination, sans parler des « usages », qui les modifient profondément, et qui n'ont certainement pas été inventés dans l'intérêt des contribuables. Tout cela permet d'affirmer que les fermiers retirent des impôts dont ils louent la perception tout ce qu'ils peuvent donner, et même au delà. Pourquoi, d'ailleurs, le fermier ménagerait-il le contribuable ? A cela il n'a aucun intérêt, puisque sa ferme est de courte durée, un an pour la plupart des impôts, et qu'il n'est pas certain de pouvoir en obtenir l'adjudication une seconde fois. Il faut qu'il s'enrichisse pendant le temps, court ou long, que dure son fermage : après lui le déluge !

On pourrait croire que les impôts perçus directement par l'Etat, ou du moins par ses agents, c'est-à-dire par les cheikhs et les caïds, le sont d'une façon plus juste et moins ruineuse pour les contribuables. Il n'en est rien cependant. Cheikhs et caïds ne sont pas certains de rester longtemps en fonctions, à cause des nombreuses compétitions dont leurs places sont l'objet ; ils n'ont d'ailleurs pas d'autre traitement que la part des impôts à laquelle ils ont officiellement droit ; ils sont donc naturellement tentés de prendre des mesures pour que cette part soit aussi considérable que possible. Ils ont pour cela bien des moyens sur lesquels il me paraît inutile d'insister, tels que les amendes, les frais de poursuites, etc., habilement distribués de manière à frapper impitoyablement les faibles et les timides, tandis que les largesses des riches et des forts compensent les complaisances dont ils sont l'objet.

Il résulte de tout cela que, tout en étant peu productifs pour le Trésor, les impôts tunisiens sont cependant aussi lourds que possible pour les contribuables et leur prennent tout ce qu'il est possible de leur arracher. Cette opinion ne m'est pas personnelle ;

elle est celle de toutes les personnes qui connaissent tant soit peu le pays.

Enfin l'un des grands vices, à mon avis, des impôts tunisiens, c'est qu'ils frappent à peu près exclusivement les produits du sol et non le sol lui-même, c'est-à-dire le revenu et non le capital. Voyant que ses produits sont saisis sous toutes les formes et qu'il paye d'autant plus d'impôts qu'il fait davantage valoir sa propriété, l'agriculteur finit par négliger la terre et ne lui demander que ce qui est strictement nécessaire à la satisfaction de ses besoins. Il y eut une époque où les Tunisiens évitaient d'avoir de beaux chevaux, parce que tout beau cheval ne tardait pas à passer, pour un motif ou pour un autre, entre les mains du cheikh, du caïd, ou même du premier ministre. Un colon français de Tunis, un de ceux qui ont vécu dans ce pays avant son occupation par les Français, me montrait un jour un indigène qui était venu le prier de lui acheter fictivement son cheval parce que le premier ministre lui avait fait demander de le lui vendre, ou, pour mieux dire, manifestait le désir de s'en emparer. Faire produire au sol d'abondantes et belles moissons, c'est tenter la convoitise des cheiks et des caïds, des fermiers d'impôts de toute sorte..... L'indigène préfère négliger son champ et vivre plus misérable, mais aussi plus obscur, et, partant, plus tranquille...

Depuis l'établissement du protectorat français, les choses se sont, à cet égard, beaucoup améliorées; une plus grande justice a été introduite dans la perception des impôts, les abus si nombreux et si odieux du passé ont considérablement diminué de nombre et de gravité. Ce n'est pas nous seulement qui l'affirmons, mais les Arabes eux-mêmes qui le reconnaissent. Dans l'un des plus riches villages du Sahel, les notables étant venus me complimenter et m'exprimer leurs désirs, l'un d'eux me dit ce mot très significatif: « Nous nous félicitons de la présence des Français dans le pays, parce que, depuis qu'ils y sont, celui qui possède une piastre est bien réellement le maître de sa piastre. »

Mais quelle que soit la vigilance apportée par les autorités françaises dans le contrôle de la perception des impôts, il est impossible que tous les abus anciens soient prévenus ou réprimés. On peut bien, dans une certaine mesure, surveiller efficacement la perception de l'impôt de capitation. Mais comment mettre les contribuables à l'abri des injustices des commissions de répartition de l'achour sur les céréales, sur les oliviers et sur les dattiers ? Comment empêcher qu'elles favorisent tel propriétaire au détriment de tel autre ? Comment surtout pourrait-on surveiller la perception des Mashoulats, dont le gouvernement lui-même ignore les tarifs véritables, ces tarifs que l'usage a introduits à côté et en sus des taxes officielles ?

La vérité est que nous connaissons les abus ou du moins une partie d'entre eux, mais qu'il nous est impossible de les réprimer et que nous sommes rendus impuissants par la nature même des impôts et par le détestable système mis en pratique pour leur perception. Nous en concluons naturellement que ce qu'il faut réformer d'abord, c'est la nature de l'impôt et son mode de perception.

Je n'ai pas l'intention de tracer ici un plan complet d'organisation fiscale en Tunisie ; je n'ai pour le faire ni le temps indispensable, ni la multitude d'éléments de détail, sans lesquels il est impossible de procéder à un semblable travail. Je dois me borner à indiquer quelques grandes lignes de cette organisation nouvelle, à faire connaître les idées qui ont cours à cet égard parmi les Français les plus compétents de la Régence avec lesquels je me suis trouvé en rapport, et les réflexions que j'ai pu faire moi-même en présence des faits qu'il m'a été donné d'observer directement et sur place.

Je parlerai d'abord de l'impôt de capitation ou medjba. Ainsi que je l'ai dit, il est uniformément de quarante-cinq piastres pour tous les individus indigènes non pourvus d'une dispense légale, tels que l'état religieux ou militaire. Ce chiffre de quarante-cinq piastres, et surtout son uniformité, sont vivement critiqués par tous les hommes au courant des choses de la Tunisie. Tous le considèrent comme beaucoup trop élevé pour la majorité des indigènes. Comment, par exemple, peut-on supposer qu'un khammès gagnant au plus cent cinquante ou deux cents francs par an pourra, sans s'endetter, en payer plus de vingt-sept au fisc? Et le nomade qui ne possède qu'une chèvre et un chameau, qui laboure à peine de quoi récolter l'orge et le blé nécessaires à lui-même et à sa famille, où prendra-t-il les vingt-sept francs de l'impôt de capitation? Ne sera-t-il pas obligé de les emprunter ou de les voler? Telles sont les réflexions que j'ai entendu faire par la plupart des personnes qui connaissent le mieux l'état de la Régence. Cependant la plupart d'entre elles, même parmi les plus hostiles à l'impôt de capitation, ne vont pas jusqu'à demander qu'on le supprime entièrement; elles se bornent à manifester le désir qu'il soit mieux proportionné à la fortune des individus, élevé au besoin pour les riches et considérablement abaissé pour les pauvres.

Quant à moi, si l'impôt de capitation ne présentait pas certains avantages politiques, s'il ne nous fournissait pas un moyen efficace de contrôle de la population indigène, je réclamerais simplement sa suppression. Si l'on ne peut pas aller jusque-là, il faut du moins qu'on le divise en plusieurs catégories, de manière à ne pas faire payer la même somme au khammès et à son propriétaire, au domestique et à son maître, au plus pauvre nomade comme au plus riche financier de Tunis. En établissant d'une manière convenable les catégories de cet impôt, il serait probablement possible de le remanier sans diminuer son rendement total, sans léser aucun intérêt sérieux, et en procurant à la partie pauvre de la population un soulagement manifeste. Mieux vaudrait, du reste, s'exposer à perdre une partie des recettes qu'il procure et qu'on chercherait ailleurs, que de le maintenir alors qu'il est condamné aussi bien par la population que par les colons. Ce n'est du reste un mystère pour personne que les individus le plus aisément dispensés de la medjba par les cheikhs ne sont pas les malheureux, mais au contraire les riches, ceux qui jouissent d'une assez grande influence pour intimider les autorités tunisiennes. En surveillant davantage la répartition de cet impôt, il est donc probable qu'on pourrait recouvrer, parmi la population riche, la partie qui ne serait plus payée par les pauvres.

Il est un autre impôt dont la réforme, également demandée par tout le monde, pourrait être aisément accomplie : c'est l'achour sur les céréales.

Nous avons vu qu'il est à la fois improductif, très lourd et très vexatoire, à cause de la façon déplorable dont il est réparti. L'avis général des personnes compétentes est qu'il serait aisé de le remplacer par un impôt frappant la surface du sol, à raison d'une somme d'argent déterminée pour chaque méchia ensemencée. Cet impôt existe déjà en Algérie, où il est très bien accepté par les indigènes. Comme la terre n'est pas également fertile et productive dans toutes les parties du Protectorat, on établirait plusieurs catégories de terres payant un chiffre différent d'impôt. On estime généralement entre cinquante et soixante-dix mille le nombre de méchias ensemencées chaque année en Tunisie. A raison de cinquante mille méchias seulement ou cinq cent mille hectares, nous avons dit que les deux achours, en nature et en argent, ne pèsent actuellement sur le sol que dans la proportion de un franc cinquante par hectare environ, somme véritablement très faible. En élevant cet impôt à trois francs seulement en moyenne, on aurait pour cinquante mille méchias ou cinq cent mille hectares ensemencés, une recette annuelle de un million cinq cent mille francs, soit le double au moins de ce que rapportent actuellement les deux achours sur les céréales. Si l'on admet, avec beaucoup de personnes, que le nombre des méchias ensemencées chaque année s'élève à soixante-dix mille, soit sept cent mille hectares, on obtiendrait, avec un impôt de trois francs par hectare ou trente francs par méchia, une recette annuelle de deux millions cent mille francs. A ce taux on pourrait sinon faire disparaître, du moins diminuer beaucoup l'impôt de capitation.

L'impôt sur les méchias ensemencées serait infiniment plus juste que celui des achours, et ne prêterait à aucun des abus qui marquent la perception de ces derniers, la seule opération un peu délicate consistant dans l'évaluation, une fois pour toutes, de la valeur des terres. On pourrait l'éviter en adoptant un chiffre assez bas pour qu'il ne grève pas trop lourdement les terres, même de qualité inférieure. Il en serait ainsi, nous l'avons vu, avec le chiffre de un franc cinquante par hectare, ou quinze francs par méchia, et peut-être même avec le chiffre double de trente francs par méchia ensemencée.

Rappelons, en effet, qu'en ce moment, avec les procédés de culture si défectueux des indigènes, le sol de la Tunisie ne rapporte pas moins de six hectolitres à l'hectare, ou soixante hectolitres à la méchia de dix hectares. A douze francs l'hectolitre, c'est un revenu de sept cent vingt francs par méchia, sur lequel il n'est pas exorbitant de prélever un impôt de trente francs, surtout si l'on diminuait en même temps l'impôt de capitation.

Moins lourd pour le contribuable, plus juste que les achours et prêtant beaucoup moins, ou même pas du tout, aux vexations et aux inégalités de traitement, l'impôt sur la surface ensemencée aurait encore cet avantage qu'il exciterait l'agriculteur à améliorer ses procédés agricoles pour augmenter le rendement de sa terre. Actuellement, toute augmentation de production profite d'abord au fisc. Avec le système que nous préconisons, avec la taxe fixe par surface ensemencée, l'augmentation de production serait exclusivement profitable au cultivateur, qui ne manquerait pas de la provoquer, afin de diminuer la charge de l'impôt.

Il y a une autre considération que je veux faire valoir en faveur de l'impôt sur la surface ensemencée. Actuellement, le blé et l'orge sont les seules céréales payant l'impôt. Qu'un Arabe sème son champ en maïs, en sorgho, en mil, etc., ou en luzerne, en haricots, etc., s'il ne porte pas ces produits au marché, c'est-à-dire s'il évite de tomber sous le coup des fermiers des Mahsoulats ou du Dar-el-Jeld, il ne payera aucun droit. Les cultures maraîchères, les vergers d'arbres fruitiers, sont presque partout soustraits à l'impôt. Nous avons vu, en effet, que les mradjas ou impôts sur les jardins n'existent que dans la presqu'île du cap Bon et aux environs de Sfax. Partout ailleurs, les jardins, même les mieux cultivés, échappent au fisc, si, du moins, ils n'apportent pas leurs produits sur les marchés, ce qui est le cas pour les jardins de tous les gens riches. Il y a mieux. Quand on examine avec soin les taxes des Mahsoulats, on ne tarde pas à s'apercevoir que les fruits les plus recherchés, c'est-à-dire ceux qui sont produits ou achetés par les classes fortunées, sont soumis à des droits beaucoup plus faibles que ceux des fruits inférieurs produits ou achetés par les pauvres gens. Si l'impôt frappait toutes les surfaces cultivées, sans distinction de culture, en ne distinguant tout au plus que la valeur de la terre, les inégalités injustes que je viens de rappeler disparaîtraient pour le plus grand profit, à la fois, du budget des recettes et de notre influence sur l'esprit des populations de la Tunisie.

En étendant le même impôt aux cultures d'oliviers et aux oasis de dattiers, on pourrait supprimer le kanoun sur les oliviers et les dattiers dont la répartition prête, comme nous l'avons montré, aux mêmes injustices et aux mêmes vexations que celle de l'achour sur les céréales. On y trouverait, en outre, l'avantage de débarrasser le pays des règlements tracassiers relatifs aux oliviers, et l'on exciterait les propriétaires à remplacer par des arbres jeunes et productifs les vieilles souches improductives des environs de Tunis et de Bizerte. Il suffirait, pour les encourager à persévérer dans cette voie, de maintenir le décret en vertu duquel les plantations nouvelles d'oliviers et de dattiers sont dispensées d'impôts pendant les quinze premières années, c'est-à-dire jusqu'à ce que les arbres entrent en pleine production. Comme, pendant les dix premières années, le sol pourrait rapporter, sans payer aucune taxe, des récoltes de blé, d'orge et d'autres plantes herbacées, les propriétaires seraient doublement incités à multiplier les plantations d'oliviers. Or, nous avons dit que l'olivier est, avec la vigne, l'élément principal de la richesse agricole de la Tunisie.

Il est un autre impôt dont l'Algérie tire d'importantes ressources et dont beaucoup de personnes demandent l'établissement dans la Régence, je veux parler de l'impôt nommé Zekkat en Algérie, qui frappe chaque tête de bétail d'une taxe annuelle déterminée.

Cet impôt est conforme aux principes du Coran ; il ne peut donc soulever aucune objection d'ordre religieux.

Ainsi que je l'ai dit plus haut, il n'existe pas de statistique du bétail de la Tunisie ; il est par conséquent impossible de calculer, même approximativement, le produit du Zekkat dans ce pays ; mais tous ceux qui connaissent la Régence savent quel nombre considérable de bœufs, de chameaux, de chevaux, de moutons, de chèvres, etc., elle contient, et toutes les personnes qui réclament la création de l'impôt sur le bétail fondent sur lui de très grandes espérances au point de vue des sommes qu'il rapporterait au trésor.

Quant à sa perception, elle serait plus facile encore qu'en Algérie, où elle ne donne lieu à aucune difficulté sérieuse. En Tunisie, les tribus nomades et riches en troupeaux sont moins nombreuses, et, si je puis m'exprimer de la sorte, moins nomades qu'en Algérie : il serait donc aisé de leur faire payer l'impôt sur le bétail. Quant à la statistique qu'il faudrait établir pour le payement de cet impôt, elle ne serait pas plus délicate que celle des oliviers et des dattiers. Il suffirait de rendre les cheikhs et les caïds responsables de l'exactitude des chiffres qui serviraient de base à la perception de l'impôt.

Les sommes produites par le Zekkat seraient très probablement suffisantes pour permettre la suppression du droit qui frappe les laines à l'exportation et pour contribuer à la diminution de l'impôt de capitation et à la suppression des Mahsoulats.

Pour remplacer ces derniers, on pourrait encore avoir recours à la création de patentes sur les boutiques des commerçants, sur les industriels, etc., et, s'il le fallait, à l'institution d'octrois dans les villes les plus importantes. Ces impôts, perçus directement par l'Etat, ne pourraient manquer de paraître relativement bien doux, aux pauvres gens qui sont aujourd'hui les victimes des fermiers.

L'Administration trouverait encore des excédents considérables de recettes dans le remplacement de certaines fermes par la régie directe. Je ne veux citer que la ferme du tabac. Tout le monde parle en Tunisie des bénéfices énormes, je dirais volontiers scandaleux, qui sont réalisés par les fermiers du tabac ; n'ayant que peu ou pas de frais de surveillance, par suite de la suppression de la culture indigène, ils sont devenus de simples commerçants revêtus de tous les privilèges les mieux imaginés pour assurer de gros profits. Pendant que je me trouvais à Tunis, on citait volontiers le gain colossal que venait de réaliser l'un des fermiers par la seule vente de sa part à ses co-associés. Transformée en régie d'Etat, la ferme des tabacs donnerait au gouvernement des recettes bien supérieures à celles qu'il perçoit actuellement. On pourrait en dire autant d'un certain nombre d'autres fermes.

Mais, même en dehors de cette considération, la suppression

des innombrables et avides fermiers qui exploitent en ce moment la Tunisie s'impose à l'autorité française dans le plus bref délai, comme un devoir de conscience. Imaginé par un gouvernement dont le seul soin était de remplir ses caisses sans savoir s'il ruinait les contribuables, maintenu par la commission financière qui songeait avant tout à assurer le payement régulier des coupons de la dette tunisienne, le système des fermages de l'impôt ne saurait persister sous le protectorat d'une nation comme la France, qui prétend vivre elle-même et faire vivre ses colonies sous le régime des principes démocratiques.

Avec les fermes, il est vrai, l'Etat sait exactement quelles sont les sommes qui doivent chaque année rentrer dans ses caisses, mais il ne faut pas oublier d'ajouter qu'il ignore de la façon la plus absolue quelles sont les sommes qui, durant le même laps de temps, sortent de la poche des contribuables pour s'engouffrer dans celles des fermiers et de leurs agents.

Il nous est donc impossible de prêter l'oreille aux arguments que font valoir les partisans des fermages, arguments qui se réduisent à ceci : « Nous savons ce que nous rapportent les fermages, nous ne savons pas ce que nous rapporteront les impôts par lesquels nous les remplacerons. »

A cela il est aisé de répondre que les impôts actuels, tout en pesant aussi lourdement que possible sur les contribuables, rapportent aussi peu que possible au Trésor, parce que la majeure partie des sommes payées par les citoyens entre dans la poche des fermiers et de leurs agents. On peut ajouter que, quels que soient les impôts par lesquels on remplacera les mahsoulats, les achours, les kanouns, etc., s'ils sont perçus directement par l'Etat et soigneusement contrôlés par l'autorité française, ils rapporteront non seulement autant, mais encore beaucoup plus que tous les fermages dont on hésite à se priver.

Améliorations à introduire dans le régime de la propriété

La réforme des impôts aura pour conséquence nécessaire d'améliorer considérablement le sort des indigènes en diminuant leurs charges; elle favorisera le développement de l'agriculture indigène; mais elle ne serait pas suffisante pour accélérer d'une manière marquée le mouvement de la colonisation française.

Il faudra y joindre une deuxième réforme non moins importante, celle du régime auquel est soumise actuellement une partie très considérable de la propriété foncière tunisienne.

Ainsi que je l'ai dit plus haut, la Tunisie diffère essentiellement de l'Algérie en ce que la propriété y est à peu près partout individualisée, et, par conséquent, aisément transmissible des indigènes, qui la possédaient seuls il y a quelques années, aux Français qui commencent à s'en rendre propriétaires dans une très forte proportion. Je dois ajouter, pour être complet et pour donner un tableau exact du régime de la propriété en Tunisie, qu'un grand nombre de propriétés individuelles ont été placées en dehors de la circulation et rendues inaliénables par des actes spéciaux de leurs propriétaires.

On donne le nom de biens « habbous » à tous ceux qui se trouvent dans ce cas. Tantôt ce sont des maisons ou des terres dont le revenu a été affecté à perpétuité à l'entretien d'une mosquée, d'une école ou d'un établissement religieux quelconque; tantôt ce sont des biens qu'un père de famille a voulu mettre à l'abri des confiscations dont les beys de Tunis ne se sont jamais privés d'user pour enrichir leurs favoris; il les a transformés en « habbous », dont les revenus devaient être remis à ses héritiers.

Les biens habbous sont gérés par une administration spéciale dont les agents sont répandus sur tout le territoire de la Régence.

C'est à cette administration qu'incombe le devoir de tenir l'état des propriétés faisant partie de la catégorie des habbous, d'affermer les terres et les maisons, d'en percevoir le revenu et de veiller à ce qu'il soit réellement consacré à l'usage qui a été prescrit par le propriétaire qui a constitué le habbou. Ai-je besoin de dire que des désordres de toutes sortes se sont peu à peu glissés dans cette administration? Ils sont tels que l'on ignore aujourd'hui le chiffre réel des biens dont nous parlons. Les uns disent qu'ils représentent la moitié, les autres le tiers, d'autres le quart seulement des terres cultivables de la Tunisie. Ce qui n'est pas douteux, c'est que leur étendue et leur valeur sont extrêmement considérables.

On travaille en ce moment à Tunis à la collation des titres de ces biens et à l'établissement d'une sorte de cadastre qui permettra de connaître exactement leur situation, leur étendue, leur valeur, leur état de culture ou au contraire d'abandon, les revenus qu'ils rapportent et l'usage qui est fait de ces revenus. Mais ce travail est tellement considérable qu'il n'est guère permis d'espérer qu'il soit terminé avant plusieurs années. L'administration des habbous n'y apporte peut-être pas tout le zèle qu'elle pourrait et qu'elle devrait y mettre. Elle se trouve en présence d'abus qu'elle ne se soucie pas de faire connaître, et que beaucoup de gens sont intéressés à conserver.

Pour en donner une idée, il me suffira de citer les quelques passages suivant d'un article relatif à cette question, publié dans un journal très modéré, mais en même temps très bien informé, de Tunis :

« Quand un chef de famille craint que ses héritiers ne dissipent les biens qu'il leur laissera, il constitue ces biens « habbous » — *séquestre*. Seulement, il déclare par acte solennel que les revenus de ces biens seront perçus par tel ou tel membre de sa famille, et que, à l'extinction de sa descendance, ces biens feront retour à telle mosquée ou à telle institution pieuse.

« Il arrive parfois que le testateur, après avoir constitué ses biens « habbous » au profit de tel membre de sa famille, ne désigne pas à quel ordre ils doivent faire retour plus tard. Dans ce cas, les ayants-droit peuvent, par un *Amar Bey*, c'est-à-dire par une autorisation écrite du bey, rentrer dans la possession absolue de ces biens.

« Dans le cas contraire, ils retournent à jamais à l'administration des habbous, dont le cheikh El-Ouartani est le grand pontife.

« Comme on le voit, il y a deux sortes de habbous : le habbous définitif, ressortissant au cheikh El-Ouartani et affecté à des œuvres pieuses, et le habbous conditionnel, constitué au profit de tel ou tel membre d'une famille, et pouvant même parfois lui faire retour en toute propriété. Ces derniers ressortissent à des administrateurs spéciaux auxquels on donne le nom de « mokhaddems ».

« Voyons un peu comment les mokhaddems exécutent leur mandat.

« En vertu des pouvoirs illimités qu'ils tiennent du cadi, ils ont le droit d'exploiter, d'affermer et même d'échanger.

« *Exploiter :* Il leur est loisible d'exploiter eux-mêmes la propriété qu'ils ont en séquestre. Si c'est une maison, ils peuvent l'habiter : si c'est une terre, ils peuvent la cultiver.

« Il est bien entendu qu'ils ne remettent aux ayants-droit que ce qu'ils veulent bien partager avec eux, et ils ont le soin de se faire la part du lion.

« *Louer :* Ils peuvent louer. En ce cas, ils perçoivent seuls les fermages, les locations, et agissent sans aucun contrôle, comme si le bien leur appartenait en propre.

« *Echanger :* Oh ! c'est ici que l'arbitraire du mokhaddem devient odieux ; c'est ici que l'immoralité de l'institution se fait voir dans tout son cynisme...

« Le mokhaddem gère un *henchir* qui vaut cinq cent mille piastres ; sous un prétexte quelconque, il en opère la *maouda*, c'est-à-dire l'échange ou remploi, contre une autre propriété valant dix fois, vingt fois, cent fois moins.

« Il est évident que cette petite opération rapporte au mokhaddem des bénéfices énormes ; car elle ne se fait pas, comme bien l'on concevra, sans un pot-de-vin considérable.

« Et voilà comme les ayants-droit se trouvent tout d'un coup appauvris, ruinés, par le bon plaisir du mokhaddem !

— « Mais, me dira-t-on, ils peuvent le dénoncer au cadi, avoir recours contre lui, le poursuivre.

— « Quelle justice voulez-vous qu'obtiennent les malheureux d'un cadi qui est *d'accord* avec le mokhaddem et qui partage avec lui ces petits profits ?

« Il y a le vieux dicton arabe :

— « Comment veux-tu que le cadi te rende justice, s'il est lui-même ton adversaire ?

« Le mokhaddem, de par l'autorité du cadi, est inattaquable, et des familles entières sont absolument ruinées par sa gestion immorale et sans contrôle. »

L'auteur de cet article, M. Jules Montels, ajoute :

« Il y a quelques jours, me trouvant à la Charâa, j'ai vu deux familles riches, dont les revenus montent à une *quarantaine de mille francs*, entièrement réduites à la misère parce que, depuis dix-sept ans, leur mokhaddem ne leur donne pas un centime, et se refuse même à leur fournir le moindre compte.

« Et pas le moindre recours possible !... »

L'administration des habbous se débarrasse souvent des ennuis de la gestion des biens qui lui est confiée par un procédé sur lequel je crois devoir attirer l'attention, parce qu'il est de nature à prouver, avec les précédents, combien il est nécessaire de réformer, aussitôt que possible, le régime des habbous.

Un grand nombre de propriétés habbous sont transformées par l'administration en terres « M'harssa », c'est-à-dire que l'administration en abandonne l'usage à un tiers, à perpétuité, à la seule condition qu'il s'engage à planter le terrain d'arbres dont une partie des fruits (ordinairement le quart) doit être remise à l'administration à titre de loyer en nature. Quant aux cultures faites sur le sol lui-même, le produit tout entier appartient au locataire. Celui-ci devient en réalité le propriétaire véritable de la terre érigée en « M'harssa ». Comme la loi ne dit ni quelle est la quantité ni quelle est la qualité des arbres à fruits dont cette terre doit être plantée, le locataire se contente souvent d'y mettre quelques cactus qui poussent sans soins, mais dont les fruits n'ont presque aucune valeur.

Il est bien évident qu'aucun particulier n'abandonnerait ses droits de propriété avec la désinvolture qu'y mettent dans ce cas les administrateurs des biens habbous. La conséquence est que ces biens ne rapportent presque rien ni à l'administration qui les gère, ni aux caisses de l'impôt. On cite des terres « M'harssa » d'une immense étendue qui donnent un revenu de cinq à six francs par an à leur propriétaire, c'est-à-dire à l'administration des habbous. Du reste, la généralité des terres habbous ne rapporte pas plus de vingt-cinq à cinquante centimes par hectare et par an à l'administration.

Il est bien évident qu'un pareil état de choses ne saurait être maintenu sans péril, étant donné surtout l'immense étendue des terres habbous qui existent en Tunisie, et la valeur intrinsèque de la plupart d'entre elles.

Dans le but de rendre ces terres à la culture et de les mettre à la disposition de la colonisation française, la nouvelle loi immobilière de la Tunisie autorise leur location à perpétuité, par la voie de l'adjudication; c'est ce que l'on nomme en Tunisie la mise à « enzel » des biens habbous. Le locataire s'engage à payer une rente perpétuelle, ou enzel, d'une somme déterminée, moyennant quoi il acquiert le droit absolu de jouissance de la propriété qu'il a prise en location ; la nue-propriété seule lui fait défaut.

On ne peut qu'applaudir à cette mesure, qui ne manquera pas de faire entrer en valeur un grand nombre de terres aujourd'hui tout à fait abandonnées. Malheureusement, la mise en adjudication de l'enzel est entourée d'un certain nombre de conditions qui, jusqu'à ce jour, lui ont beaucoup nui dans la pratique.

En premier lieu, un bien habbous ne peut, d'après la loi immobilière, être mis en adjudication qu'en totalité. Or, un grand nombre de ces biens ont plusieurs milliers d'hectares de surface, ce qui, même à un taux minime, peut élever la rente annuelle à une somme considérable. Supposons par exemple un enzel dont la rente annuelle serait de dix francs : si son étendue n'est que vingt, trente, cinquante, cent hectares même, il est encore à la disposition de beaucoup de bourses, car le loyer ne sera en totalité que de deux cents, trois cents, cinq cents, ou mille francs par an. Mais s'il a une étendue de mille hectares, sa location annuelle et perpétuelle représente une somme de dix mille francs ; c'est-à-dire qu'il n'est à la portée que de capitalistes très riches. Il y aurait grand avantage pour tout le monde à supprimer la clause dont nous parlons, et à autoriser la subdivision des biens habbous mis en adjudication. L'administration y trouverait son compte, puisque le taux de la location par hectare s'élèverait beaucoup, et, d'autre part, les biens habbous seraient mis à la portée des petites bourses, qui sont les plus nombreuses et non les moins utiles à la colonisation. Cette réforme est unanimement réclamée par tous les colons français avec lesquels je me suis entretenu de cette question.

La mise en adjudication des habbous est soumise à une autre formalité que j'ai entendu vivement critiquer, et qui offre, en effet, bien des inconvénients : je veux parler de la publication du nom de celui qui demande la mise en adjudication.

Voici, du reste, comment on procède à cette dernière. La personne qui veut louer un bien habbou à enzel, c'est-à-dire à perpétuité, doit en faire elle-même la demande au directeur de la Djemaïa, ou administration des habbous. Le directeur prend des renseignements sur la situation, l'étendue, la valeur, etc., du lieu à enzéler ; il en fixe la mise à prix, d'accord avec le demandeur. Puis il fait publier au *Journal officiel tunisien* tous les renseignements relatifs à la propriété, le chiffre de la mise à prix et le nom de la personne qui a demandé la mise en adjudication. Les enchères publiques ont lieu pendant les neuf jeudis qui suivent le jour de la publication à l'*Officiel*. Chaque jeudi, un magistrat du tribunal indigène, ou Charâa, siège de neuf heures à dix heures du matin et reçoit les propositions de surenchère. Le neuvième jeudi, les enchères ont lieu seulement pendant dix minutes, et le dernier enchérisseur est proclamé enzéliste, c'est-à-dire locataire à perpétuité, moyennant la rente qu'il a fixée et qui s'est trouvée supérieure à celles proposées par tous ses concurrents. L'enzéliste ne peut désormais être dépossédé de son enzel que pour deux causes : s'il cesse de payer la rente, et s'il est exproprié pour cause d'utilité publique, cas dans lequel il est indemnisé par les pouvoirs publics, l'administration des habbous prélevant sur l'indemnité une somme égale à vingt fois la valeur de la location annuelle.

On a justement critiqué, parmi les mesures que nous venons d'indiquer pour la mise en adjudication, la publication à l'*Officiel* du nom de celui qui a fait la demande. On fait valoir que la publicité donnée à ce nom provoque les tentatives de chantage et autres manœuvres destinées à frustrer le demandeur du bénéfice de son initiative. On reproche, avec non moins de raison, à l'administration des habbous de livrer les propriétés adjugées à l'enzel sans aucune garantie de leur contenance, ni même des titres qui s'y rapportent, exposant ainsi l'enzéliste à des procès et à des ennuis de toutes sortes dans un pays où les habitants peuvent passer pour des maîtres de la chicane. Cette dernière condition est cause qu'un grand nombre de Français hésitent encore à se rendre enzélistes des biens habbous, malgré les avantages considérables que présente cette manière d'entrer en jouissance du sol. Il serait aisé de contraindre l'administration des habbous à placer tous ses biens sous le régime de la nouvelle loi immobilière qui exige le dépôt des titres de propriété, l'établissement de plans des terres, etc.

Il est une autre question relative aux biens habbous que je ne veux pas soulever ici : celle de leur mise en vente. Beaucoup de colons se montrent favorables à la dépossession de l'administration des habbous. Les uns pensent qu'on pourrait conclure avec elle une sorte de concordat par lequel l'Etat s'engagerait à remplir toutes les charges de cette administration en échange de la prise de possession des biens habbous. D'autres font valoir qu'il y a toujours un moment, dans l'histoire de tous les peuples, où les biens de mainmorte doivent faire retour à la nation ; ils estiment que ce moment est venu pour la Tunisie, et ils considèrent comme une nécessité de faire entrer le gouvernement beylical en possession des biens habbous, qui ne sont pas autre chose que des biens de mainmorte.

On comprendra que je ne veuille pas discuter ici ces questions. Elles sont dominées par des considérations politiques d'un ordre très élevé, dont les représentants du gouvernement français en Tunisie devront tenir le plus grand compte, s'ils ne veulent pas compromettre notre influence et l'avenir de notre établissement africain.

Je me borne à rappeler que la loi musulmane autorise la mise à l'enzel, c'est-à-dire la location à perpétuité des biens habbous. Il nous appartient de tirer profit de cette première solution en facilitant autant que possible ces locations à nos compatriotes. Ceux-ci peuvent y trouver un moyen de devenir quasi-propriétaires de terrains très fertiles sans avoir à faire de déboursés importants.

Quant au gouvernement beylical, il est de son intérêt que les biens habbous soient loués en aussi grande quantité que possible par des Français. Ces biens acquerront par la mise en culture une grande valeur, et ils ne tarderont pas à représenter un capital considérable pouvant servir de base à plus d'une opération utile au développement du pays. On ne doit pas oublier, en effet, que les biens habbous représentent, au minimum, le tiers des terres cultivables de la Tunisie, c'est-à-dire une surface d'au moins un million et demi à deux millions d'hectares. Mettre en valeur cette immense portion du territoire tunisien, c'est créer au pays un capital national comme peu de peuples en possèdent.

En facilitant à nos compatriotes par quelques mesures nouvelles la jouissance des biens habbous, sous telle forme qui paraîtra la plus conforme à nos intérêts, on complètera la série des réformes sur le régime de la propriété qui a été inauguré par la promulgation de l'excellente loi immobilière dont jouit actuellement la Tunisie.

Grâce à cette loi, la propriété immobilière acquiert une mobilité qui ne peut manquer de faciliter les acquisitions de terres par les Français ; les titres prennent aussi une valeur que sont loin d'avoir actuellement les titres arabes. Mais on se ferait illusion si l'on espérait que la nouvelle loi produira immédiatement tous ses fruits. Bien des propriétaires, non seulement parmi les Arabes, mais encore parmi les Européens, hésiteront longtemps avant de placer leurs terres sous le régime de la loi nouvelle. Ils ne peuvent en effet le faire que moyennant des frais énormes devant lesquels beaucoup ne peuvent manquer de reculer. J'ai entendu estimer par une personne très compétente à la somme de près de deux cent mille francs les frais qui incomberaient au domaine de l'Enfida s'il voulait bénéficier des avantages de la nouvelle loi. Il faut ajouter que l'obligation pour les propriétaires de faire procéder à un bornage, de faire contrôler leurs titres, etc., est de nature à soulever des procès de toutes sortes.

Pour tous ces motifs, je crois que la loi nouvelle ne produira que lentement les bénéfices qu'on en attend. Si l'on veut qu'elle soit immédiatement utile à la colonisation, il faut commencer par exiger son application à tous les biens de l'administration des habbous. Plus tard, on pourrait la rendre obligatoire pour les propriétaires indigènes, en laissant aux Européens seuls le soin de s'y soumettre, s'ils y trouvaient leur avantage, ou de rester en dehors de ses bienfaits.

La réforme du régime douanier

La réforme des impôts et l'amélioration du régime de la propriété auront certainement, pour résultat, dans un bref délai, un accroissement considérable de la production agricole en Tunisie. Mais celle-ci ne tarderait pas à s'arrêter, si l'on ne prenait en même temps les mesures nécessaires pour faciliter l'écoulement des produits, leur vente sur les divers points du territoire lui-même et leur exportation au dehors. En effet, si prospère que soit son agriculture, un pays ne tarde pas à dépérir si les moyens dont il dispose pour débiter ses marchandises ne sont pas proportionnés à leur abondance.

Or, en Tunisie, il semble que toutes les conditions aient été combinées de façon à limiter, ou, pour mieux dire, à empêcher la vente des produits agricoles, tant à l'intérieur qu'à l'extérieur.

Au dedans, l'absence totale de voies de communication condamne les produits à être consommés sur place ; quant à l'exportation, elle est entravée par la législation fiscale qui frappe de droits considérables les trois quarts des productions du sol à leur sortie du pays.

J'ai donné plus haut suffisamment de détails sur les droits à l'exportation payés par les laines et les huiles tunisiennes pour n'avoir pas à y revenir ici. Mais il est une autre série de droits auxquels j'ai seulement fait allusion dans de ce travail et sur lesquels il est nécessaire que j'insiste en ce moment : je veux parler de ceux que les produits tunisiens payent à leur entrée en France.

Les colons français se plaignent, avec raison, de la différence de traitement existant entre les marchandises algériennes et les marchandises de la Régence à leur entrée en France. Tandis que les premières sont exemptes de droits, il est prélevé sur les secondes des sommes plus ou moins fortes. Ils ajoutent, avec non moins de raison, que certains produits tunisiens payent davantage à l'entrée en France que les produits similaires d'autres pays, tels que l'Espagne, l'Italie, l'Allemagne, etc. La Société d'Agriculture de Tunis signale, dans un mémoire récent, quelques chiffres qu'il me paraît utile de reproduire ici. Elle fait remarquer, par exemple, que le gibier et les volailles venant d'Allemagne, d'Italie, d'Espagne, etc., ne payent qu'un droit de cinq francs par cent kilogrammes, tandis que les mêmes marchandises venant de la Tunisie payent un droit de vingt francs par cent kil. ; les semoules d'Italie ne payent que trois francs par cent kil., tandis que celles de la Tunisie payent six francs ; les huiles d'olive provenant d'Italie ne payent que trois francs, tandis que celles de la Tunisie payent quatre francs cinquante centimes, etc.

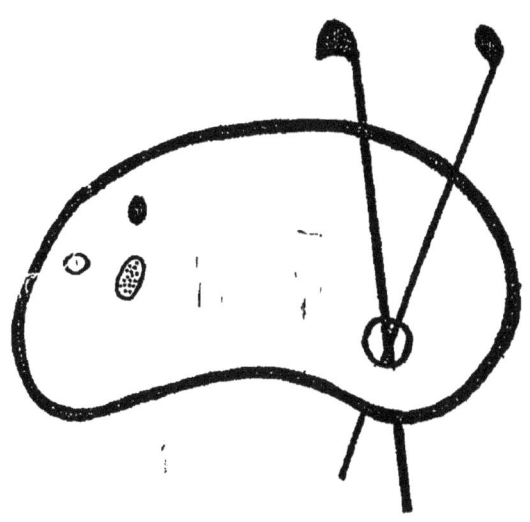

ORIGINAL EN COULEUR
NF Z 43-120-8

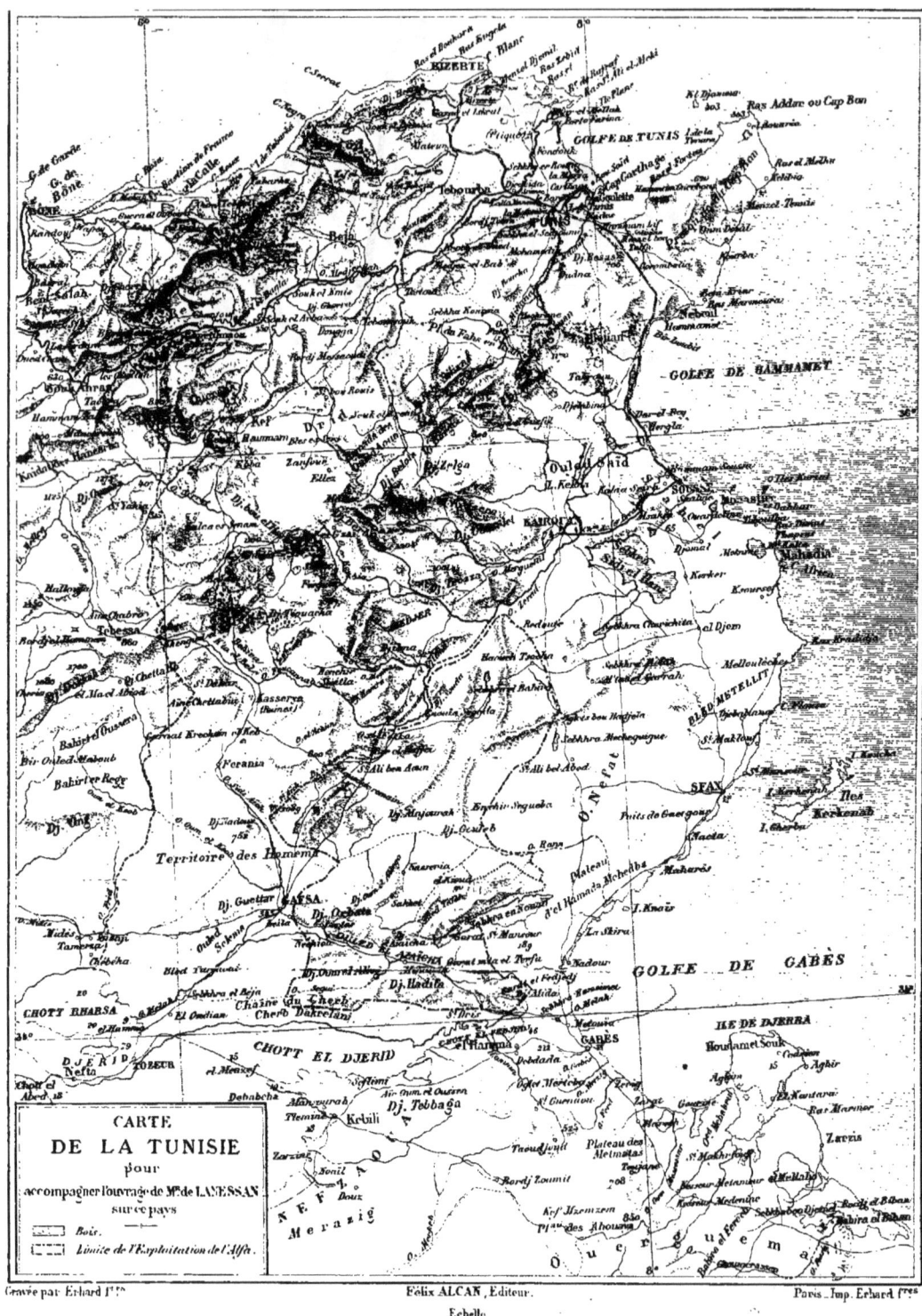

Si l'on ajoute que les mêmes produits ont à payer des droits à l'exportation avant de sortir de la Tunisie, on voit qu'il leur est absolument impossible de lutter sur le marché français avec les produits similaires venant des pays étrangers. Les chevaux étrangers, par exemple, payent à l'entrée en France trente francs, quelle que soit leur valeur, tandis que les chevaux tunisiens soumis aux mêmes droits, quoique valant souvent dix fois moins, ont encore payé, avant de sortir de Tunisie, un droit de soixante-deux francs soixante-quinze centimes par tête. Ainsi un cheval anglais valant mille francs n'a payé pour arriver sur le sol français qu'un droit de trente francs, tandis qu'un cheval tunisien valant trois cents francs a payé trente francs, plus soixante-deux francs soixante-quinze centimes, c'est-à-dire, au total, quatre-vingt-douze francs soixante-quinze centimes, presque le tiers de sa valeur. L'huile d'olive de la Tunisie arrive en France grevée de dix-sept francs trente centimes de droits d'exportation et d'importation par cent kilog., tandis que l'huile d'olive venant d'Italie n'est grevée que d'un droit de trois francs par cent kil. (1).

La Société d'Agriculture de Tunis, la chambre de commerce tunisienne, et, je dois ajouter, tous les colons français ne cessent depuis longtemps de protester contre un état de choses qui est de nature à supprimer toutes relations commerciales entre la France et la Tunisie.

Les autorités françaises de la Régence se sont elles-mêmes associées à ces plaintes, et des demandes très pressantes ont été faites, il y a plusieurs années déjà, par notre résident général, auprès du gouvernement de la métropole, pour qu'une modification profonde soit apportée au régime douanier que subissent à leur entrée en France les produits tunisiens. Le gouvernement a répondu par des paroles pleines de bienveillance, il a même fait des promesses

---

(1) Les tableaux suivants, empruntés au mémoire de la Société d'Agriculture de Tunis, résument les plus importants de ces faits.

formelles, mais la question n'a pas avancé d'un seul pas dans la voie d'une solution pratique. Il me paraît utile de chercher à en dégager les motifs.

Dès que la question a été soulevée, on s'est trouvé en présence d'une objection dont on a, je crois, exagéré la valeur. Le traité de Ksar-Saïd stipulant que la France garantit l'exécution de tous les traités conclus antérieurement par la Régence de Tunis avec les nations étrangères, on a soutenu l'idée que la Régence ne pouvait pas avantager les produits français entrant en Tunisie sans que

Tableau comparatif des droits payés à l'entrée en France par les produits tunisiens et étrangers.

DÉSIGNATION DES PRODUITS	Tarif des droits de douanes perçus en France sur		
	Produits Algériens	Produits Espagnols, Italiens, Allemands, etc.	Produits Tunisiens
Chevaux, par tête	exempts	30 »	30 »
Bœufs » »	»	25 »	25 »
Moutons » »	»	2 »	2 »
Gibier, Volailles, par 100 kilogrammes	»	5 »	20 »
Cire jaune » » »	»	exempte	10 »
Œufs » » »	»	»	10 »
Beurre » » »	»	»	13 »
Miel » » »	»	»	10 »
Céréales, Blé » hectolitre	»	3 »	3 »
» Orge »	»	1 50	1 50
Semoules par 100 kilogrammes	»	3 »	6 »
Citrons, Oranges » » »	»	2 »	4 50
Figues sèches » » »	»	exemptes	6 »
Amandes » » »	»	»	6 »
Pistaches » » »	»	8 »	8 »
Huile d'olives » » »	»	3 »	4 50
Vins l'hectolitre	»	2 »	4 50

Tableau des droits d'exportation payés par les produits tunisiens à la sortie de la Tunisie.

	F. C.		F. C.
Chevaux, par tête.	62 75	Miel les 100 kilog.	12 85
Bœufs »	15 70	Amandes »	6 40
Moutons, »	1 30	Figues sèches »	2 65
Poules, les 100 têtes.	15 80	Pistaches »	38 15
Oies et canards »	23 70	Huile d'olive »	12 80
Cire jaune, les 100 kliog.	12 85	Vins. — Ne figurent pas sur le tarif.	
Beurre »	25 75		

d'autres nations, notamment l'Angleterre, fussent en droit de réclamer un traitement identique. On ajoutait que, d'autre part, la France ne pouvait pas admettre en franchise, ou avec réduction de droits, les produits tunisiens, sans que les nations avec lesquelles elle a des traités contenant la clause de la nation la plus favorisée, par exemple l'Allemagne et l'Italie, se crussent en situation de réclamer le même traitement.

Je crois pouvoir dire que, dès le début de cette affaire, le ministère des affaires étrangères s'est rangé à un avis tout à fait différent de celui que je viens d'exposer. Il estimait, avec raison, que la situation de la France et de la Tunisie vis-à-vis l'une de l'autre, depuis l'établissement du protectorat, n'a rien de comparable à celle de ces deux pays vis-à-vis des autres puissances. Les sacrifices considérables faits par la France en Tunisie, la part qu'elle prend à la gestion des affaires politiques et même administratives et judiciaires de ce pays, nous créent à son égard des droits et des devoirs spéciaux, et nous permettent de traiter ses produits autrement que ceux des nations étrangères avec lesquelles

Si l'on additionne les droits d'exportation et d'importation, on arrive au droit récapitulatif suivant :

Tableau récapitulatif des droits de douanes payés par les produits tunisiens et étrangers importés en France.

DÉSIGNATION des Produits	Exportation de Tunisie	Importation en France	Total des droits de Douane	OBSERVATIONS
Chevaux, par tête.	62 75	30 »	92 75	Le prix moyen des : chevaux est de 300 à 500 f. bœufs est de 200 à 225 fr. moutons est de 18 à 20 fr.
Bœufs »	15 70	25 »	40 70	
Moutons »	1 30	2 »	3 30	
Cire jaune, les 100 kilog.	12 85	10 »	22 85	
Beurre »	25 75	13 »	38 75	
Miel »	12 85	10 »	22 85	
Céréales, Blé, l'hect.	»	3 »	3 »	
» orge »	»	1 50	1 50	
Semoules, les 100 kilog.	2 »	6 »	8 »	
Figues sèches »	2 65	6 »	8 65	Soit environ 23 0/0 en dehors des taxes intérieures, qui s'élèvent à environ 25 0/0. — Soit 48 0/0.
Amandes »	6 40	6 »	12 40	
Pistaches »	38 15	8 »	46 15	
Huile d'olive »	12 80	4 50	17 30	
Vins, l'hectol.	» »	4 50	4 50	

nous n'avons que de simples traités de commerce. Le ministère des affaires étrangères, s'appuyant sur ces considérations, se montrait très disposé à accorder à la Tunisie ce qu'elle demandait, c'est-à-dire l'assimilation de ses produits à ceux de l'Algérie à l'entrée en France, et, par conséquent, l'exemption des droits à l'importation ; mais je crois pouvoir dire, avec autant de certitude, que le ministère du commerce a toujours montré la plus vive répugnance à adopter la manière de voir du département des affaires étrangères.

Ce n'est un secret pour personne en Tunisie, et c'est pour cela que je n'hésite pas à en parler ici, ce n'est, dis-je, un secret pour personne en Tunisie, que les ministres du commerce qui se sont succédé depuis trois ans se sont toujours montrés hostiles à l'exonération de droits réclamée par les colons tunisiens. Chose singulière, ce sont eux, dit-on, qui soulevaient les objections de politique internationale contre lesquelles s'élevait le ministère des affaires étrangères. On ne peut se rendre compte de cette attitude qu'en se rappelant avec quelle intensité s'est produit en France, depuis plusieurs années, le mouvement protectionniste d'où sont sorties nos récentes lois fiscales. Il est bien évident qu'en repoussant les réclamations des colons, le ministère du commerce cédait à l'impulsion d'une partie des agriculteurs du parlement, qui voyaient déjà dans la Tunisie une rivale des produits français.

Je suis convaincu que, mieux informé des conditions dans lesquelles se trouve notre nouvel établissement africain, et de la nature des produits qu'il est susceptible de fournir à la France, soit en ce moment, soit dans l'avenir, le ministre du commerce reviendra sur l'opinion de ses prédécesseurs, et voudra se faire un honneur de provoquer l'adoption à l'égard de la Tunisie des mesures libérales que nos compatriotes réclament avec tant de raison.

Les produits tunisiens sont, ou bien d'une nature différente des produits français, et, par conséquent, ne peuvent leur faire concurrence, ou bien similaires de produits français que notre pays ne fournit pas lui-même en quantité suffisante pour satisfaire à tous les besoins de l'industrie et de la consommation.

Les principaux produits tunisiens sont, en effet, le blé dur, l'huile d'olive et les laines. Le blé dur n'existe pas en France; celui de la Tunisie ne saurait donc nuire aux intérêts de nos agriculteurs ; en revanche, il est de la plus grande utilité à nos fabricants de pâtes alimentaires et de semoules, qui, grâce au blé dur de la Tunisie et à celui de l'Algérie, pourront peut-être, un jour, faire une concurrence avantageuse aux fabricants italiens. L'huile d'olive est loin d'être produite par la Provence en quantité suffisante pour les besoins de la France ; nous sommes obligés d'en acheter une quantité considérable en Italie; nous avons donc tout avantage à favoriser l'entrée dans notre pays de celle qui vient de notre colonie tunisienne. Les mêmes considérations s'appliquent aux laines : la France ne fournit qu'une minime partie de celle qui est mise en œuvre par nos filatures et nos tissages ; nous devrions donc nous estimer heureux si l'élevage des moutons prenait en Tunisie une plus grande extension, si, surtout, nos compatriotes, assurés de bien vendre leurs produits en France, se livraient à l'amélioration des races en vue de l'obtention de produits meilleurs.

La Tunisie pourrait encore, si nous favorisions son développement agricole par des mesures douanières libérales, nous fournir des animaux de boucherie que nous sommes loin d'avoir en excédent pour nos besoins, du gibier, du miel excellent, de la cire, des chevaux très sobres et très rudes à la fatigue, des ânes, etc., sans que les agriculteurs français aient à se plaindre d'une concurrence pouvant leur être préjudiciable, car tous ces objets nous manquent, ou, du moins, ne sont et ne peuvent être produits par la France qu'en quantité tout à fait insuffisante.

Que dirai-je du vin, sur lequel les colons de la Tunisie fondent leurs plus grandes espérances? En présence du phylloxéra qui ravage encore nos provinces et qui menace déjà l'Algérie, nous devons nous estimer heureux d'avoir dans la Régence des vignobles capables de réparer une partie des pertes que nous subissons depuis tant d'années.

Rien, on le voit, ne peut et ne doit empêcher les protectionnistes français, même les plus intransigeants, d'ouvrir aussi grandes que possible les portes de la France aux produits de la Tunisie, comme ils les ont ouvertes à ceux de l'Algérie. Quant au gouvernement, la suppression des droits qui frappent à l'entrée les produits de notre nouvel établissement s'impose à lui d'une manière inéluctable, s'il veut que les hommes et l'argent dépensés en Tunisie ne le soient pas en pure perte. La colonisation de la Régence a marché plus vite que celle d'aucune autre colonie française ou étrangère; les intelligences et les capitaux français y ont afflué depuis quelques années de manière à réfuter victorieusement l'opinion si souvent émise par les adversaires de notre expansion: à savoir que le Français ne serait pas colonisateur. C'est par milliers d'hectares que se comptent les plantations faites par nos compatriotes et par millions de francs que se chiffrent leurs dépenses... Tous ces efforts et cet argent seraient singulièrement compromis, si les produits du sol tunisien étaient traités à l'entrée en France comme ceux de l'Italie ou de l'Allemagne, ou même plus mal encore, ainsi que nous l'avons démontré plus haut.

Quant au procédé à employer pour leur ouvrir les portes de la France, il ne nous appartient pas de l'indiquer au gouvernement; mais on nous permettra de dire que nous ne croyons pas à la thèse d'après laquelle notre pays serait lié par les traités conclus par la Régence avant l'établissement du protectorat. Nous pensons, avec le ministère des affaires étrangères, que le traité du Bardo a modifié de fond en comble la nature de nos relations commerciales avec la Régence, et que nous pouvons ouvrir nos portes à ses produits sans qu'aucune puissance étrangère puisse invoquer le même traitement. Pour en arriver là, un simple décret, une simple modification de nos tarifs douaniers nous paraissent suffisants. Le ministère des affaires étrangères a préparé un projet de loi qui appliquerait à tous nos protectorats la même mesure; je ne crois pas qu'une loi soit pour cela nécessaire; mais, en revanche, je crains que le dépôt d'un projet de loi de cette nature n'ait pour résultat de retarder la solution de la question au lieu de la hâter. Or, particulièrement en ce qui concerne la Tunisie, tout retard apporté dans la modification libérale de nos tarifs douaniers compromet gravement l'avenir de la colonisation et le protectorat lui-même. Si le gouvernement commettait plus longtemps la faute de prétendre que le protectorat est un obstacle à la suppression des droits qui frappent les produits tunisiens à leur entrée en France, il n'y aurait bientôt plus, en Tunisie, un seul colon partisan du protectorat: tous demanderaient à grands cris l'annexion dans le plus bref délai possible.

J'ai considéré comme un devoir de présenter ces considérations au gouvernement français; il doit être bien persuadé qu'elles sont l'écho fidèle de ce que l'on pense et de ce que l'on dit unanimement en Tunisie, et il fera sagement d'en tenir le plus grand compte, s'il ne veut pas compromettre son avenir.

En échange de la suppression des droits d'entrée en France, nous devons demander au gouvernement beylical la suppression des droits d'exportation dont il frappe la majeure partie des produits du sol. Il en résultera pour lui une diminution de recettes dont il trouvera la compensation dans une transformation radicale des impôts, si onéreux et si improductifs, que nous avons étudiés plus haut.

Exécution des travaux publics

Les réformes et les améliorations indiquées dans les pages précédentes ne pourront manquer d'avoir pour résultat un développement considérable de la production agricole de la Tunisie, surtout si les colons français savent user sagement et fructueusement du concours des indigènes.

En même temps qu'on fera ces réformes, en même temps qu'on transformera les impôts intérieurs de manière à les mieux répartir, à les rendre moins lourds et plus justes, et aussi plus productifs, en même temps qu'on supprimera les droits à l'exportation de la Tunisie et à l'importation en France, on devra se préoccuper de fournir aux produits tunisiens les meilleurs éléments de circulation à l'intérieur du pays et d'exportation au dehors ; on devra créer les voies de communication et les ports qui manquent encore à notre colonie, et les travaux devront être menés avec la plus grande rapidité, sous peine de compromettre tout l'ensemble de l'œuvre régénératrice dont nous avons esquissé le tableau.

Or, si l'on veut construire avec la promptitude nécessaire les chemins de fer, les routes, les ports qui sont indispensables à notre protectorat, il faut renoncer à l'idée de faire ces travaux à l'aide des seuls excédents de recettes du budget tunisien ; il faut s'adresser à l'industrie privée, et ne chercher dans le budget beylical que la garantie des intérêts des sommes considérables qui seront absorbées par ces travaux. J'ai montré qu'il était aisé de donner au budget tunisien, en même temps qu'une assiette meilleure, des ressources non moins sûres et non moins considérables que celles dont il dispose aujourd'hui. J'ajoute qu'indépendamment des recettes de son budget, la Tunisie a une source importante de revenus dans les biens de mainmorte dont elle ne tire actuellement aucun parti utile, mais qui représentent un énorme capital de garantie.

Réformes financières

J'ai à peine besoin d'ajouter que, pour donner au commerce et à l'industrie toute l'activité désirable, il faudrait, aussitôt que possible, opérer les réformes financières dont il a été question plus haut, c'est-à-dire : créer une banque locale d'émission dans le but de déterminer l'abaissement du taux de l'argent, transformer la monnaie tunisienne, à valeur si variable, en une valeur légale fixe, de manière à supprimer les spéculations ruineuses et immorales dont la piastre tunisienne est l'objet ; enfin, créer un mont-de-piété, qui contribuerait, avec les réformes précédentes, à faire disparaître la plaie de l'usure qui ruine la Tunisie.

Par les réformes que j'ai indiquées et qu'il serait aisé de multiplier encore, par l'exécution rapide d'un vaste programme de travaux publics, la Tunisie peut devenir en peu de temps la plus prospère de nos colonies. Elle ne peut manquer de trouver un esprit assez hardi pour entreprendre cette belle œuvre et assez prudent pour la bien conduire. Celui qui saurait réunir ces deux qualités rendrait à la France un double service : il la doterait d'une belle province de plus, et il lui persuaderait peut-être qu'elle n'a pas perdu, comme quelques-uns l'affirment, le génie d'expansion qui a fait autrefois sa gloire et sa richesse.

TABLE DES MATIÈRES

	Pages.
Chapitre I. — LE SOL, LE CLIMAT ET LA POPULATION	1
Chapitre II. — LA SITUATION DE L'AGRICULTURE INDIGÈNE.	13
1° Culture des céréales	13
2° Culture des oliviers.	18
3° Culture des dattiers.	26
4° Les jardins.	42
5° La culture du tabac	47
6° La culture du chanvre.	51
7° L'exploitation de l'alfa.	52
8° Les forêts	59
9° Elevage du bétail (bœufs, moutons, chèvres, chevaux).	74
Chapitre III. — SITUATION DE L'INDUSTRIE INDIGÈNE.	81
Chapitre IV. — AGRICULTURE ET INDUSTRIE EUROPÉENNES.	89
Chapitre V. — LES MINES ET LES CARRIÈRES DE MARBRE	123
Chapitre VI. — LA SITUATION COMMERCIALE	131
Le commerce d'exportation	139
Les conditions de crédit.	146
Chapitre VII. — LES IMPÔTS ET LES DOUANES	163
Impôts	163
Contributions directes.	164
Contributions indirectes	174
Douanes.	189
Tarifs des droits d'importation.	190
Tarif des droits d'exportation.	191
Articles admis en franchise.	192
Articles dont l'introduction est prohibée	192

TABLE DES MATIÈRES

Chapitre VIII.	— Les voies de communication et les ports	195
Chapitre IX.	— Les procédés d'exécution des travaux publics . .	221
Chapitre X.	— Des réformes a opérer dans l'intérêt du pays et de la colonisation	229
	La réforme des impôts.	230
	Améliorations à introduire dans le régime de la propriété	246
	La réforme du régime douanier	255
	Exécution des travaux publics.	264
	Réforme financière.	265

Tours. — Imprimerie E. Arrault et Cⁱᵉ

www.ingramcontent.com/pod-product-compliance
Lightning Source LLC
Chambersburg PA
CBHW050327170426
43200CB00009BA/1493